经济管理的
实践与创新

王建伟◎著

中国原子能出版社

China Atomic Energy Press

图书在版编目（ＣＩＰ）数据

经济管理的实践与创新 / 王建伟著. –– 北京 :中
国原子能出版社, 2021.1（2023.1重印）
ISBN 978-7-5221-1188-9

Ⅰ.①经… Ⅱ.①王… Ⅲ.①经济管理－研究 Ⅳ.
①F2

中国版本图书馆 CIP 数据核字(2021)第021188号

经济管理的实践与创新

出　　版	中国原子能出版社(北京市海淀区阜成路43号 100048)	
责任编辑	蒋焱兰（邮箱:ylj44@126.com QQ:419148731）	
特约编辑	刘相同　刘　锋	
责任印制	赵　明	
印　　刷	河北宝昌佳彩印刷有限公司	
经　　销	全国新华书店	
开　　本	787mm×1092mm　1/16	
印　　张	14.25	
字　　数	200千字	
版　　次	2021年1月第1版	2023年1月第2次印刷
书　　号	ISBN 978-7-5221-1188-9	
定　　价	78.00元	

出版社网址:http://www.aep.com.cn　E-mail:atomep123@126.com
发行电话:010-68452845

★☆ 前 言 ☆★
Preface

经济管理包含了我们所知的自然科学、人文科学和社会科学等各类学科，也涉及政治、经济等各个领域，具有综合性的特征，是一种一体化的管理。经济、社会的发展状况与经济管理的研究是相互成就、互为依赖的关系。经济、社会的迅猛发展，丰富了经济管理的思想内涵，扩展了经济管理研究的方式，而对于经济管理思想的研究，最终目的也是要不断促进、推动经济与社会的前进和可持续发展。

时至今日，经济全球化的步伐日益加快，各种各样的科学技术日新月异，其运用的广度和深度时时刻刻都在突破，国际经济格局也是风云变幻的，国家与国家之间、品牌与品牌之间、企业与企业之间的竞争也更加激烈。在此种背景下，无论是政府还是企业，经济管理能力的提升和模式的创新都越来越重要。

其实古代就有了许多成熟的经济管理思想，无论是中国，还是西方国家，其所涉及的范围都是很广的，当我们学会通过留存的各种著作去和那些过往的优秀学者对话，一定会从中得到许多启示。传统的经济管理思想虽然有其不可避免的局限性，但只要我们辩证看待，其中仍然有很多精华可以作为我们现代经济管理研究的参考和借鉴之源。比如说，我国古代的"量入为出""开源节流"等概念，就一直为经济管理者所重视，到今天给予我们的启示是：国家一方面通过合理的税收增加财政来源；另一方面也有效地控制财政支出，"把钱用到刀刃上"，如此一来，可以保证有足够的资金推动整个社会的经济持续、稳定地发展。

当然，仅仅研究理论是没有实际意义的，无论是对传统经济管理思想进行剖析，还是对现代经济管理模式进行分析，最终都是为了服务于经济管理的实践。我们要以科学的理论作为支撑点，以实践经验作为有效的指导，只有将科学理论和实践经验充分地结合在一起，才能在现代经济管理中发挥更大的作用。我们必须继续继承和发扬那些值得传承的传统经济管理思想，并依据经济发展的现实水平和国家发展的现实阶段对其进行重新解读和革新，让它能适应我国现代化的经济管理的需要，适应现代化的经济管理活动，这样才有助于整体经济、社会的协同发展。

目 录
Contents

第一章 绪论

第一节 经济管理概论

经济管理是指经济管理者为实现预定目标,对社会经济活动或生产经营活动所进行的计划、组织、指挥、协调和监督等活动。简言之,经济管理就是经济管理者对经济活动进行的管理。

一、资源的稀缺性

所有的经济问题都起源于我们向往的东西总是超出我们能获得的。经济学家把满足人类欲望的物品分为"自由物品"和"经济物品"。前者指人类无须通过努力就能自由取用的物品,如阳光、空气等,其数量是无限的(至少在人们的观念里面其是无限的);后者是指人类必须付出代价方可以得到的物品,即必须借助生产资源通过人类加工出来的物品。一方面,"经济物品"在人类社会生活中占据相当重要的地位,但它的数量是有限的;另一方面,人们的消费欲望又是无限的。当前种欲望满足以后,又会产生后一种欲望或需要,所以说欲望或需要是无穷无尽的。但由于我们的时间、收入和我们必须支付的价格等的限制,每个人最后总有一些欲望得不到满足。我们的欲望不可能全部得到满足,这个现象叫稀缺性。

(一)稀缺的客观性

人类在地球上不是孤立的,其一举一动都必定要与特定的资源发生直接或间接的联系。离开了资源,人类就无法生存和发展。人类从太阳和地球那里可以得到满足生存所必需的能量。但是,欲望的最显著特征就是无穷大,在人类无限的需求面前,任何资源都可能是稀缺的,资源的稀缺性是客观存在的,是不可避免的。

(二)稀缺的相对性

资源的稀缺性,不是指物品或资源绝对数量的多少,而是指相对于人类欲望的无限性来说资源和物品是有限的。因此,稀缺性一般是指相对稀缺,即相对于人们现实的或潜在的需要而言是稀缺的。从人类生存这个意义上来说,资源的稀缺性应该不是问题,但相对于人们的"过度需求",资源的稀缺性的假定无疑是成立的。

历史上,曾经有很多被视为可以自由取用的资源,如森林、土地、海洋等已经逐渐变得稀缺,而且随着社会的进步、科技的发展,特别是人口的增加,连水也将变得越来越稀缺。正是资源的稀缺性导致了经济学的产生。

二、经济活动的基本问题

稀缺性是经济学的前提,也是一切经济问题的根源。由于稀缺性的存在,人们需要在经济活动中做出各种各样的选择,以追求尽可能大的满足,这便产生了如何利用现有资源去生产"经济物品"来更有效地满足人类欲望的问题。这种选择包括:如何利用现有的经济资源;如何利用有限的时间;如何选择满足欲望的方式;如何在必要时牺牲某种欲望来满足另一些欲望;等等。由此,我们得出了经济学所需要解决的问题:①生产什么物品和劳务以及各生产多少,②如何生产,③为谁生产这些物品和服务,④何时生产。这四个问题被认为是人类社会共有的基本问题。

从经济资源稀缺性的事实出发解决人类经济生活的基本问题,归纳起来就是以下两个方面:一方面是各种欲望的轻重缓急程度,另一方面是为了满足某种欲望所需付出的代价。把这两个方面联系起来考虑,即必须把既定目标与达成这一目标所需要的代价联系起来权衡比较,做出选择。这涉及机会成本和生产可能性边界的概念。

上述基本问题都是研究相对稀缺的经济资源(土地、劳动、资本等)如何分配给各种不同用途的问题,实质上是考察生产资源的合理配置问题。同时,我们还要研究经济资源的充分利用,分析造成生产设备和自然资源闲置的原因,并选择改进这种状况的方法和途径。在经济学体系中,这部分常常被认为是宏观经济学的内容。

三、市场经济

市场经济作为一种体制,是随着自然经济的瓦解而逐步形成的。成千上万的消费者根据自己的爱好和需要在市场上选购产品和服务,成千上万的生产者在生产并非自己所需要的各种材料、半成品和成品,没有人进行统一的指挥和调度。

那么在整个经济运行中是怎样实现有序、协调和有效率的呢?用于解释市场经济机制的一个最简单的模型是:市场活动的主体是大量分散决策的消费者和生产者;有产品市场和要素市场两类市场。在产品市场上,生产者是产品供给方而消费者是产品需求方;在要素市场上,消费者是要素供给方,而生产者是要素需求方。消费者在要素市场上提供要素服务取得收入,而在产品市场上支出,以换取自己需要的产品;生产者在产品市场上销售产品取得收入,而在要素市场上支出,以换取生产所需的要素和服务。每个消费者通过市场交换使自己得到最大的满足,而每个生产者则力求得到最大的利润①。

市场机制是产生均衡价格(即使供应与需求数量相等时的价格)的机制,当供大于求时,价格下跌;当供不应求时,价格上升。这并不是人为规定的法则,而是供需双方在市场中讨价还价的结果。根据各自追求最大利益的行为准则,价格较低时,需求增加或供给减少;或两者同时发生,而价格较高时则相反。当所有市场中都形成了均衡价格时,市场就同时解决了经济上的三个基本问题:产品市场中各种产品的均衡产量,这是生产什么和生产多少的问题;生产者为取得最低成本而采用的技术和企业组织方式,这是如何生产的问题;要素的价格和数量则解决了为谁生产的问题。

市场体制的理论分析是建立在下列假设的基础之上的。

(一)理性选择

人是有理性的动物,每个人都会在一定的约束条件下争取自身的最

①董明堂.市场经济原理研究[M].上海:上海三联书店,2014.

大利益。人们在支出自己的收入时,肯定会选择性价比较高的商品,会寻找一个最能使自己满意的方式。比如人们在求职的时候希望得到包括物质和精神在内的最高报酬的工作。

经济学分析在理性人的假设下,资源配置的机制及其效率,并非一定在推崇自私自利的价值观,并不必然否定人的社会性的一面和利他的高尚行为。反过来,社会上合理的利他行为的存在,也不否定经济学在理性假设下得到的资源配置效率的结论,除非有人专门把自己的劳动或资金放在最没有生产率的地方。

(二)自由和自愿的选择

在人们自愿的前提下自由选择,是另一个基本的假定。自愿保证了交易是增进交易双方利益的,而自由则使得所有可能这样的交易都可以进行,从而把社会总体的利益增加到最大限度。这里还有一个隐含的假定,就是选择的交易活动没有溢出交易双方之外的效果。

(三)权利界定清晰

经济学一般假定在市场经济中,每个行为主体选择的权利是明确界定的,你只能用你拥有支配权的东西做交易,而所有经济物品的权利归属是清晰的。任何人不能强迫、不能盗窃、不能抢劫、不能欺诈。当然,难免有权利界定不清的情况存在,这时交易就有困难。显然,对权利的法律界定和保护是市场机制得以顺利运转的基础条件。有了这些基本假定,经济学的相关研究成果可以证明,在满足完全竞争、信息完备、没有外部性条件等情况时,市场机制可以导致资源在一定意义下的最优配置,"看不见的手"将引导个体的自利行为,增进社会总体的利益。

四、组织与管理

(一)组织

从广义上说,组织是指由诸多要素按照一定方式相互联系起来的系统。从狭义上说,组织就是指人们为实现一定的目标,互相协作结合而成的集体或团体,如党团组织、工会组织、企业、军事组织等。狭义的组织专门指人群,运用于社会管理之中。在现代社会生活中,组织是人们按照一定的目的、任务和形式编制起来的社会集团,组织不仅是社会的细胞、社会的基本单元,而且可以说是社会的基础。

从管理学的角度,所谓组织,是指这样一个社会实体,它是一个具有明确的目标导向和精心设计的结构与有意识协调的活动系统,同时又与外部环境保持密切的联系。根据组织表现出的性质,我们可以把组织的构成要素确定为:组织环境、组织目的、管理主体和管理客体。这四个基本要素相互结合、相互作用,共同构成一个完整的组织。这里我们所要谈论的组织是指狭义的组织。

(二)企业组织

企业是人们共同劳动创造物质财富的场所,可以说管理决定着企业的生存和创造物质财富的成就,管理的好坏决定着企业的兴衰。

1.企业的含义

可以把企业定义为:从事生产、流通、服务等经济活动,以盈利为目的,以产品或劳务满足社会需要,依法设立,自主经营,自负盈亏,独立核算的经济组织,是具有法人资格的基本经济单位。企业的概念主要包含以下四个方面的含义。

(1)企业是盈利性的经济组织

企业不同于事业单位、公益组织和政府部门,它以盈利作为最终目的。在市场经济条件下,一般来说,企业提供的产品或服务对需求者和社会的贡献越大,则取得的利润也越多;反之,利润就越少。利润小的企业可以看作对社会的贡献小,而亏损的企业不仅没有为社会创造财富,反而是在消耗社会的财富。从这点来看,企业确保获取合理的利润,不仅应是企业的目标,而且也是企业对社会承担的责任。

(2)企业是从事生产经营活动或劳务活动的经济组织

企业是市场上资本、土地、劳动力、技术等生产要素的提供者或购买者,又是各种消费品的生产者和销售者,因而是非常重要的市场经营主体。企业不同于政府部门、事业单位,它必须开展生产经营活动和劳务活动。在现代社会经济中,企业按照分工的不同,从事不同的生产经营活动和劳务活动,发挥着不同的作用。

（3）企业必须自主经营、自负盈亏

企业作为一个经济组织，必须拥有一定的独立性和经营自主权。企业有权独立自主地使用和支配其所属的人、财、物等资源，开展市场经营活动，以其自身的收入抵偿各项支出，对自己的经营活动承担全部责任。企业在生产经营过程中面临着许多风险，而最大的风险莫过于市场风险和资本风险。企业必须自我承担由于自身决策失误或由于环境变化所带来的对企业不利影响的风险，表现为经营亏损或客户流失等。这就要求企业必须按照市场的需求自主地组织生产经营活动，科学地决策，并对企业的出资者承担资产保值、增值的责任。

（4）企业应具有法人资格

所谓法人资格是指具有一定的组织机构和独立财产，能以自己的名义进行民事活动，享有民事权利和民事义务，依照法定程序成立的组织。具体地说，企业必须成为具有法人资格，拥有法人财产权，并以其法人财产独立地从事经营活动，独立地承担民事责任与义务的法律实体。

2.企业的基本特征

企业的基本特征是指各行各业、各种类型的企业所拥有的共同点。现代企业具有的基本特征包括以下六个方面。

（1）组织性

企业不同于个人、家庭，它是一种有名称、组织机构、规章制度的经济组织。企业不同于靠血缘、地缘组成的家族组织或同乡组织，它是由企业所有者和员工通过契约关系自由组合而成的一种开放的社会组织。

（2）经济性

作为一种组织，企业本质上具有经济性，它是以经济活动为中心，实行全面的经济核算，追求并致力于不断提高经济效益的经济组织。而且，企业也不同于政府和国际组织等对宏观经济活动进行调控监管的机构，它是直接从事经济活动的实体，企业与消费者同属于微观经济单位。

（3）商品性

企业作为经济组织，其经济活动是面向市场进行的。不仅企业的产品（产品、服务）和投入（资源、要素）是商品，而且企业自身（企业的有形、无形资产)也是商品,企业的产权可以有偿进行转让,可以说企业是生产商品的商品。

(4)盈利性

企业是市场经济条件下的基本单位,是单个的职能资本的运作实体,是以获取利润为直接目的,通过资本经营追求资本增值和利润最大化的商品经济组织。

(5)独立性

企业是一种在法律上和经济上都具有独立性的组织。企业作为一个整体,对外完全独立,依法独立享有民事权利,独立承担民事义务和民事责任。企业与其他自然人、社团法人在法律地位上完全平等,没有行政级别和行政隶属关系。企业是拥有独立的、边界清晰的产权,具有完全的经济行为能力和独立的经济利益,实行独立经济核算,能够自决、自治、自律、自立,实行自我约束、自我激励、自我改造、自我积累和自我发展的独立组织。

(6)风险性

在市场竞争中,优胜劣汰,适者生存。市场瞬息万变,不可控因素很多,企业经营者稍有不慎,就有可能使企业陷入困境甚至濒临破产或倒闭。这种高风险给企业经营者带来的不仅是压力,同时也是机遇和挑战,促使他们不断努力进取,改善经营管理,改进技术,降低成本,提高企业竞争能力。

(三)企业管理

1.概念与特征

企业管理是企业内的管理科学与实践,有一般管理的普遍规律,也有企业管理的特殊规律。企业管理就是企业管理人员为了实现企业目标,根据企业环境、企业特征及其生产经营规律,对企业的各项资源和企业的经营活动,进行计划、组织、领导和控制,以高效率地实现企业目标而进行的一系列的职能活动。一般来说,企业管理具有以下特征。

(1)企业管理的目的性

企业是一个以不断创造社会所需要的产品和服务作为生存价值的经

济组织,经营是企业一切活动的中心,管理是为经营服务的。因此,企业管理的目的就是不断提高劳动生产率,争取最佳的经济效益,保证企业的稳定和发展。管理者的职责就是不断通过管理活动引导和激励组织成员为企业目标的实现而努力。

(2)企业管理的组织性

企业是为了实现一定的经济目标和其他目标而将人、财、物等要素融合为一体的一个人造系统。为了保证企业组织中各种要素的合理配置和协调运转,以实现企业的目标,就需要在企业中实施管理。另外,企业管理的载体是企业的组织架构,有效的管理活动需要通过高效率的组织来实现。

(3)企业管理的人本性

企业管理的人本性是指在企业管理过程中应当以人为中心,把理解人、尊重人、调动人的积极性放在首位,把人作为管理的重要对象和企业的重要资源。这样才能协调好其他要素,实现高水平的管理。

(4)企业管理的创新性

管理的创新性是指管理本身是一种不断创新的社会活动。现今,经济全球化不断推进,市场竞争越来越激烈,面临着动态变化的环境,企业更应在管理中不断寻求创新,以适应快速变化的环境,在激烈的竞争中获得生存。

(5)企业管理的艺术性

影响企业管理效率的因素是复杂多变的。企业管理的艺术性是指在掌握一定的企业管理理论和管理方法的基础上,灵活应用这些知识和技能的技巧和诀窍,以提高企业管理的效率。企业管理的艺术性强调的是,管理人员必须在管理实践中发挥积极性、主动性和创造性,因地制宜地将企业管理知识与具体管理活动相结合,才能进行有效地管理。

2.企业管理的基础工作

企业管理基础工作,是企业在生产经营活动中,为实现企业的经营目标和管理职能,提供资料依据、共同准则、基本手段和前提条件必不可少的工作。企业管理就像一棵大树,基础工作是树根,只有根深才能叶茂。

企业管理基础工作主要包括标准化工作、定额工作、计量工作、信息工作、制度化工作和基础教育工作。

(四)管理与经济

管理科学从其产生之始,就对企业经营和经济的发展起到了巨大的推动作用。在"经济全球化""信息化"的崭新背景中,企业管理者必须加强经济学的学习,把科学的管理决策思维运用于企业的管理活动中,增强企业的竞争力。

到目前为止,管理科学已经从古典管理理论、行为科学理论阶段发展到了现代管理理论阶段,管理实践也从经验管理、科学管理发展到了文化管理,并随着人类社会、经济、政治、科技和文化实践与进步而不断发展。管理对经济的贡献已被认同。管理与经济中的劳动力、资本、技术等要素不同,它既是一种投入要素,又是其他三个要素的组合性要素。

当将其他三个要素投入经济资源储备中时,经济会按生产函数规则增长,而管理要素可能按规则,也可能通过改变规则来影响经济的运行与增长。对企业经营者而言,一方面,要素的组织者要把资本、劳动、技术等生产要素进行合理的配置和组合,并使之有效地运行,产生最优的效率;另一方面,必须捕捉到市场机会,才有可能获得超额利润。因此,经营管理对企业经济效益的作用是一般劳动无法替代的,经营管理作为一种独立的生产要素能够产生经济效益,也能够创造生产力,认清管理对经济的贡献,有助于我们自觉学习管理科学。

企业管理的主要目标是使企业利润最大化。这就要求企业在进行生产经营决策时,应根据其可能的条件,寻求最有利于实现这一目标的行动方案。企业寻求和选择最优行动方案的分析决策过程,即为企业决策的最优化。学习经济学的目的就是提高效率、降低成本以实现企业所追求的利润最大化的最终目标,而在市场经济这个大环境下,企业利润最大化的目标,总是受到市场各方面的影响和制约。企业管理者需要解决"生产什么""怎样生产"等问题,正确地分析市场结构,再结合企业自身实际,寻求企业产品进入市场的切入点。然后,分析市场价格、产品周期,并根据社会生产技术条件,制定各种可能的生产策略,再预测各种策略的风险,以选择适合企业的恰当的生产方式。

在市场经济体制确立之前,企业获得的利润是恒定的,不会随市场的波动而变化,而在市场经济条件下,产品价格随供求状况相对变动而发生波动。企业利润的有无和大小,往往取决于市场上产品价格与成本的相对大小,而经济学的目的就是适应市场的要求,运用科学的方法,结合各种生产要素,实现资源的最优组合,从而实现成本的最小化、企业利润的最大化。

第二节 经济学研究方法

经济学是研究人类社会在各个发展阶段上的各种经济活动和各种相应的经济关系以及其运行、发展的规律的科学。

一、经济学的产生与发展

(一)经济学的产生

大多数自然资源都是相对稀缺的,人类的产品都要靠消耗自然资源来生产,所以人类的产品也是稀缺的。正是由于资源不是无限的,不能挥霍浪费,才产生了如何有效配置和利用资源这个难题。合理配置资源,就是要求在社会经济活动中,以最少的资源消耗取得最大的经济效果。因此,资源的稀缺性以及由此决定的人们要以最少消耗取得最大经济效果的愿望,是经济学作为一门独立的科学产生和发展的原因。经济学要研究如何生产、分配和利用这些资源和产品,以节省资源,达到最佳效用。

(二)古代的经济思想

1.古希腊的经济思想

古希腊在经济思想方面的主要贡献有苏格拉底的弟子色诺芬的《经济论》、柏拉图的社会分工论和亚里士多德关于商品交换与货币的学说。

色诺芬在《经济论》一书中论述了当时的人如何管理家庭农庄、如何使具有实用价值的财富得以增加等内容。色诺芬十分重视农业的发展，认为农业是希腊自由民的最好职业，这对古罗马的经济思想和以后法国的重农学派都有影响。

柏拉图在《理想国》一书中，从人性论、国家组织原理及使用价值的生产三个方面，论述了社会分工的必要性，认为分工是关于人性和经济生活所必需的一种自然现象。这种分析与中国古代管仲的"四民分业"论和孟子的农耕与百业、劳心与劳力的"通功易事，以羡补不足"的理论，基本上是一致的。亚里士多德在《政治学》与《伦理学》两书中指出，每种物品都有两种用途：一是供直接使用，二是供与其他物品相交换。同时，他说明了商品交换的历史发展和货币作为交换媒介的职能，指出货币对一切商品起着一种等同的作用，从而成为最早分析商品价值形态和货币性质的学者。

2.古罗马的经济思想

古罗马对经济思想的贡献，主要是《罗马法》中关于财产、契约和自然法则的思想。在古罗马时期的法律中，对于财产权、契约关系以及与此相联系的买卖、借贷、债务等关系都有明确的解释。中世纪的经院学派也包含某些经济思想，用来论证某些经济关系或行为是否合法或是否公平。

3.中国古代的经济思想

与西方古代的经济思想相比较，中国古代社会的经济思想除在重视农业生产、社会分工思想等方面有些共同之处外，它还有自己的特点。中国古代的经济思想主要有义利思想、富国思想、赋税思想、平价思想等。

（三）古典经济学

1776年，亚当·斯密的《国富论》问世，标志着古典经济学的出现。亚当·斯密把经济研究从流通领域转到生产领域。他克服了重农学派认为只有农业才能创造财富的片面观点，指出一切物质生产部门都能创造财富。他分析了国民财富增长的条件及促进或阻碍国民财富增长的原因，分析了自由竞争的市场机制，把它看作一只"看不见的手"支配着社会经济活动。

古典经济学的另一代表人物大卫·李嘉图发展了亚当·斯密的绝对成本学说，提出了比较成本学说。他在1817年提出了以劳动价值论为基础、以分配论为中心的严谨的理论体系。他强调经济学的主要任务是阐明财富在社会各成员间分配的规律，认为全部价值都是由劳动生产的，工资由工人的必要生活资料的价值来决定，利润是工资以上的余额，地租是工资和利润以上的余额。

英国的威廉·配第和法国的布阿吉尔贝尔是古典经济学的先驱。威廉·配第的主要贡献在于提出了劳动价值论的一些基本观点，并在此基础上初步考察了工资、地租、利息等范畴。布阿吉尔贝尔认为流通过程不创造财富，只有农业和畜牧业才是财富的源泉。

（四）新古典经济学

19世纪70年代初，在欧洲几个国家出现了一个学派——边际效用学派，以倡导边际效用价值论和边际分析为共同特点，在其发展过程中形成了两大支派：一是以心理分析为基础的心理学派，其主要代表为奥地利的门格尔、维塞尔和帕姆·巴维克等。二是以数学为分析工具的数理学派或称洛桑学派，其主要代表有英国的经济学家威廉姆·斯坦利·杰文斯、法国的经济学家里昂·瓦尔拉斯和意大利的经济学家维弗雷多·帕累托。

边际效用学派在美国的主要代表是约翰·贝茨·克拉克，他在边际效用论的基础上提出边际生产力分配论。之后的经济学家把边际效用论的出现称为"边际主义革命"，即对古典经济学的革命。这个学派运用的边际分析方法，后来成为西方经济学发展的重要基础。

新古典经济学主要代表人物是英国剑桥大学的阿尔弗雷德·马歇尔，他在1890年出版的《经济学原理》一书中，以折中主义手法把供求论、生产费用论、边际效用论、边际生产力论等融合在一起，建立了一个以完全竞争为前提、以均衡价格论为核心的，相当完整的、综合的、折中的经济学体系。马歇尔用均衡价格论代替价值论，并在这个核心的基础上建立各生产要素均衡价格决定其在国民收入中所占份额的分配论。他颂扬自由竞争,主张自由放任,认为资本主义制度可以通过市场机制的自动调节达到充分就业的均衡。新古典经济学从19世纪末至20世纪30年代,一直被西方经济学界奉为典范。

(五)西方经济学

西方经济学主要是指从"凯恩斯革命"至今的西方经济学。1936年,约翰·梅纳德·凯恩斯出版《就业、利息和货币通论》一书,标志着现代经济学正逐步形成。凯恩斯主义的流行使西方经济学体系内部产生了干预和反干预以及由此而造成的各种矛盾和不调和之处。鉴于此,新古典综合派逐渐确立。以经济学家保罗·萨缪尔森为代表的该学派将一系列在凯恩斯基本理论基础上的最新研究成果综合起来,形成了"宏观经济学"[①]。而传统的经济学理论,如价格理论、消费理论、生产理论、市场结构理论、分配理论、一般均衡理论与福利经济学等,则被称为"微观经济学"。

20世纪70年代后,西方国家出现一些经济上的问题,这给新古典综合派以沉重打击。新古典综合派不仅无法解释这些问题,还提不出解决这些问题的对策。西方经济学中的许多其他派别包括货币主义、供给学派、理性预期学派、新剑桥学派、新奥地利学派和新制度学派等,纷纷对该学派进行抨击和责难。新古典综合派开始放弃"新古典综合"的名称,他们除了维持原有的基本观点外,还尽量吸纳其他派别的论点,特别是货币主义和理性预期学派的观点。

二、微观经济学

微观经济学通过对个体经济单位的经济行为的研究,来说明现代西方经济社会市场机制的运行和作用以及改善这种运行的途径。价格分析是微观经济学分析的核心,因此微观经济学也被称为价格理论。

(一)微观经济学的研究对象

微观经济学的研究对象是个体经济单位如单个消费者、单个生产者和单个市场等。对个体经济单位的考察,分为三个逐步深入的层次,即

---

①吴晓.经济学[M].北京:北京理工大学出版社,2016.

第一个层次,分析单个消费者和单个生产者的经济行为;第二个层次,分析单个市场的价格的决定;第三个层次,分析所有单个市场的价格的同时决定。

1.微观经济学的基本假设条件

微观经济学理论的建立是以一定的假设条件作为前提的,至少有三个基本假设条件。

(1)市场出清

市场出清假设是指在资源充分利用的常态下,通过价格自由、充分地波动,自发调节社会资源配置,使市场实现充分就业的供求均衡状态。在出清的市场上,没有定量配给和资源闲置,也没有超额供给或超额需求。

(2)合乎理性的"经济人"

"经济人"假设被规定为经济生活中的一般人的抽象。其本性被假设为是利己的。"经济人"在一切经济活动中的行为都是合乎理性的,即都是以利己为动机,企图以最小的经济代价去追逐和获得自身最大的经济利益。

(3)完全信息

完全信息指市场上每一个从事经济活动的个体(买者和卖者)都对有关的经济情况具有完全的信息。

2.微观经济学的理论体系框架

微观经济学的理论体系中,单个消费者和单个厂商分别以产品的需求者和产品的供给者的身份出现在产品市场上,又分别以生产要素的供给者和生产要素的需求者身份出现在生产要素市场上。消费者和厂商的经济活动通过产品市场和生产要素市场的供求关系的相互作用而联系起来。消费者的经济行为表现为在生产要素市场上提供生产要素,如提供一定数量的劳动、土地等,以取得收入,然后,在产品市场上购买所需的商品,进而在消费中得到最大的效用满足。厂商的经济行为表现为在生产要素市场上购买所需的生产要素,如聘用一定数量的工人、租用一定数量的土地等,以进行生产,进而通过商品的出售获得最大的利润。

（二）经济学研究方法

经济学作为社会科学，提出对什么问题进行研究，采用什么研究方法，突出强调哪些因素，涉及研究者个人的价值判断的问题。尽管经济学应该既是实证经济学又是规范经济学，但在现在的经济学中，实证经济学是主流，实证方法是经济分析中的最基本方法。经济学以边际分析为主要工具，以均衡状态为分析依托。边际分析在技术上常常体现为数学上的求导数的问题。正是依据边际分析，产生了管理经济学中一系列极为重要的边际概念和边际规则。均衡能够描述经济变量变动的方向，而且作为引导经济变量力图达到的阶段性"理想"状态和作为经济分析中的依托，对经济分析具有重要意义。下面介绍几种常见的分析方法。

1.均衡分析

在物理学中，均衡是表示同一物体同时受到几个方向不同的外力作用而合力为零时，该物体所处的静止或匀速直线运动的状态。英国经济学家马歇尔把这一概念引入经济学中，主要指经济中各种对立的、变动着的力量处于一种力量相当、相对静止、不再变动的境界。均衡又分为局部均衡与一般均衡。局部均衡分析假定在其他条件不变的情况下来分析某一时间、某一市场的某种商品（或生产要素）供给与需求达到均衡时的价格决定。一般均衡分析是在各种商品和生产要素的供给、需求、价格相互影响的条件下，分析所有商品和生产要素的供给和需求同时达到均衡时所有商品的价格如何被决定。

2.静态分析、比较静态分析和动态分析

宏观经济学和微观经济学所采用的分析方法，从另一角度看，又可分为静态分析、比较静态分析和动态分析。静态分析就是分析经济现象的均衡状态及有关的经济变量达到均衡状态所需要具备的条件，它完全抽掉了时间因素和具体变动的过程，是一种静止地、孤立地考察某些经济现象的方法。比较静态分析就是分析在已知条件发生变化以后经济现象均衡状态的相应变化以及有关的经济总量在达到新的均衡状态时的相应变化，即对经济现象有关经济变量一次变动（而不是连续变动）的前后进行比较,也就是比较一个经济变动过程的起点和终点,而不涉及转变期间和具体变动过程本身的情况。动态分析则对经济变动的实际过程进行分析,其中包括分析有关总量在一定时间过程中的变动,这些经济总量在变动过程中的相互影响和彼此制约的关系,它们在每一时点上变动的速率等。这种分析方法考察时间因素的影响,并把经济现象的变化当作一个连续的过程来看待。

3.经济模型分析

经济模型就是经济理论的简明表达,是用来描述所研究的经济现象与有关的经济变量之间的依存关系的理论结构。简单地说,把经济理论用变量的函数关系来表示就称为经济模型。一个经济模型可用文字说明(叙述法),也可用数学方程式表达(代数法),还可用几何图形式表达(几何法、画图法)。任何理论构成模型,都必须运用科学的抽象法,舍弃一些影响较小的因素或变量,把复杂的经济现象简化和抽象为数量不多的主要变量,然后按照一定函数关系把这些变量编成单一方程或联立方程组,构成模型。建立模型时,若选取的变量不同或对变量的特点假定不同,则即使对于同一个问题也可能会建立起多个不同的模型。

第三节 管理学研究方法

管理是人类生活中最基本、最重要的活动之一。每个组织的产生一定有其特定的目标,管理活动就是实现组织既定目标,引导和协同组织成员的行动。它已渗透到政治、经济、社会、科技、文化和生活等各个方面。大到国家,小到企业、医院、学校等,只要是由两个或两个以上的人组成的、有一定活动目的的集体都离不开管理。

一、管理学的产生与发展

(一)管理的概念

在人类历史上,自从有了社会分工和有组织的活动,就出现了管理活动。人们对管理活动的经验加以总结,形成了一些朴素、零散的管理思想。但直到19世纪末,成熟、系统化程度较高的管理理论才在西方得以出现,逐渐形成了系统的科学知识体系。

管理是一个动态的、发展的概念。管理对象不同、内外部环境不同、分析问题角度不同,会导致管理实践的差异。管理实践的差异也导致人们对管理产生不同的理解和认识。

关于什么是管理,有多种不同的定义。不同角度关于管理的定义,都有一定的道理,因为管理是科学与艺术的结合,难以统一为一个精确的标准结论。

当今,许多学者主张以系统的观点来理解"管理"。系统理论认为,从管理的组织环境中输入并利用资源是任何组织的共性,这些资源(有形资源与无形资源)包括人力、财力、物力和信息资源,而管理就是通过组织和协调这些资源以达成组织目标的过程。虽然不同的学者对"管理"的解释不尽相同,但对管理的众多解释相互之间并不矛盾,都有其合理和可取之处。他们从不同角度丰富和发展了管理思想,对管理实践产生了积极的指导作用。透过不同的解释,可以发现管理工作的诸多基本点,如管理的目的性、管理职能的重要性、管理工作与一般作业活动的区别等。综上,"管理"的定义为:管理是在特定的环境下,通过有效的计划、组织、领导、控制和创新活动,对组织所拥有的资源进行分配和协调,以实现组织目标的过程[①]。

(二)管理学的产生与发展

管理是一项历史悠久的人类社会实践活动,伴随着人类的产生而绵延数千年。管理活动最早是与人类管理国家、进行公共的管理活动紧密联系在一起的,管理思想也主要是从治国出发,集中于社会的安定与现状的维持。随着生产力的发展、生产组织方式的变化以及人们对大自然的认识,人类的管理实践活动日益丰富,逐渐形成了一系列的管理思想,而随着人类对管理思想系统化的归纳、总结,于20世纪初期形成了管理理论。伴随着社会生产力发展的进程,人类的管理思想和管理理论也在

[①]季辉. 管理学[M]. 重庆:重庆大学出版社,2017.

不断发展和演进。人类的管理活动大致上可以划分为以下阶段。

1.19世纪末期之前的管理思想

这一阶段主要是人类在社会实践过程中逐渐形成的关于治理国家、统率军队以及组织生产等方面的经验和总结,其中许多管理思想至今对人们的管理行为有着深远影响。

2.古典管理理论(19世纪末至20世纪30年代)

这一阶段主要是关注如何提高劳动生产效率的问题,其标志是科学管理理论的建立。主要代表人物有被称作"科学管理之父"的管理学家弗雷德里克·温斯洛·泰勒、"管理过程学派"创始人亨利·法约尔以及被称作"组织理论之父"的马克思·韦伯等。

3.行为管理理论(20世纪30年代)

这一阶段的行为科学主要从社会学和心理学等角度研究工人在生产过程中的行为以及这些行为产生的原因,达到调动工人的生产积极性、提高劳动生产率的目的。其代表人物有行为科学的奠基人乔治·埃尔顿·梅奥、著名社会心理学家亚伯拉罕·马斯洛以及双因素理论的创始人弗雷德里克·赫茨伯格等。

4.管理理论丛林(20世纪中期至20世纪80年代)

这一阶段各管理学派发展非常迅猛,形成了学派林立、观点盘根错节的现象。美国著名的管理学家哈罗德·孔茨把这种现象形象地称为"管理理论丛林"。代表人物有社会系统学派的切斯特·巴纳德、管理过程学派的孔茨、决策理论学派的赫伯特·西蒙、管理科学学派的埃尔伍德·斯潘塞·伯法、系统管理理论学派的卡斯特、权变理论学派的弗雷德·卢桑斯等。

5.20世纪80年代之后的管理理论

这一阶段世界政治、经济发生了巨大的变化。为了适应这一变化,一些新的管理理论出现了。至今出现的代表理论主要有彼得·圣吉的学习型组织、哈默的流程再造等。

二、管理理论派别

19世纪末20世纪初的西方工业革命使生产方式发生了质的改变。

手工作坊下单纯依靠经验和习惯的传统管理方式已经无法适应生产规模迅速扩大的管理要求。人们迫切需要按科学的原理从事各种管理活动。于是,众多学者开始对管理的客观规律进行探索,管理理论开始出现。管理理论的出现,标志着管理科学的正式形成。

(一)古典管理理论

1.科学管理理论

科学管理理论改变了管理的发展历史,它的出现标志着管理科学的形成。该理论的主要代表人物是美国管理学者泰勒。泰勒在20世纪初从作业管理和组织管理两方面对管理问题进行了系统深入地研究。其主要观点就是极力主张将管理建立在科学的基础上,用各种标准和制度取代传统的经验和习惯,目的是提高生产效率和管理工作效率。泰勒提出的科学管理理论主要包括以下内容。

(1)进行职能分工

泰勒主张,应该明确管理者和工人各自的工作和责任,实现管理工作与操作工作的分工。建立专门的管理部门,配备相应的管理人员,进而对管理工作也按具体的职能不同进行细分,实行职能制组织设计。

(2)工作实行标准化

根据操作的合理要求,应该制定或建立科学的工作路线、加工工艺、技术标准、操作标准、工具使用标准,并使作业环境标准化。这样能够较大幅度地提高生产率和工作效率。

(3)能力与工作相适应

重视人员的选拔和使用,为了提高劳动生产率,必须挑选一流的工人。管理人员需要做的就是把工人的能力与工作相匹配,为他们找到能够充分发挥其能力的岗位或工作。为此,需要对工人进行培训,使他们成为一流的工人,并鼓励他们努力工作。

(4)工作定额

科学管理的核心问题就是提高劳动生产率,为此应该制定出有科学依据的工作定额。他通过动作研究和时间研究法对工人工作过程的每一个环节进行科学地观察分析,制定出标准的操作方法用以规范工人的工作活动,并由此制定出标准的工作定额。

(5)实行差别工资制度

泰勒认为,薪酬制度不合理是引发劳资纠纷的一个重要原因。所以,他提出了差别计件工资制度,鼓励工人超额完成工作定额。通过金钱的激励,促使工人最大限度地提高生产效率。在生产效率提高幅度超过工资增加幅度的情况下,雇主也能得到更多的效益。

(6)实施管理的例外原则

企业的高层管理者只需要集中精力去处理组织中的那些重大的经营决策问题,而把那些经常出现的"例行问题"的解决办法制度化、标准化,并交给企业中的下级人员去处理。

科学管理理论的提出促进了管理理论的形成和发展,也促进了劳动生产率的提高,它是人类社会发展过程中的里程碑。科学管理理论的贡献主要体现在以下方面:一是提高了劳动生产率;二是统一了劳资双方的认识,缓和了双方的矛盾;三是创立了科学管理方法,取代了经验管理;四是为管理理论系统的形成奠定了基础。

科学管理理论虽然促进了劳动生产率的提高,但也存在着一定的局限性,主要体现为:一是"经济人"假设,认为人最为关心的只是自己的经济利益;二是重视对物的管理,忽视对人的管理;三是对有组织的工会采取怀疑和排斥的态度;四是忽视了工人参与决策的能力。

2.组织管理理论

组织管理理论的主要代表人物是法国管理学家亨利·法约尔。法约尔跳出了泰勒将管理研究局限在企业内部生产的狭小领域,从组织的角度来研究管理的一般原理和原则。他提出了管理的五大职能和十四条管理原则,弥补了科学管理理论的不足,使管理理论更加系统化。

法约尔认为企业的经营和管理是两个不同的概念,他通过对企业全部活动的分析,将管理活动从经营活动(包括技术、商业、财务、会计和安全等五大活动)中分离出来,成为经营的第六项职能。同时提出了"管理是普遍的一种单独活动,有自己的一套知识体系,由各种职能构成,管理者通过完成各种职能来实现目标的一个过程"这一普遍意义上的管理定义。

组织管理理论的一个重要内容就是将管理活动分为计划、组织、指挥、协调和控制等五大管理职能,并进行了相应的分析和讨论。管理的五大职能并不是企业管理者个人的责任,它同企业经营的其他五大活动一样,是一种分配于领导人与整个组织成员之间的工作。

法约尔认为,管理的成功不完全取决于个人的管理能力,更重要的是管理者能够很好地履行五种管理职能。为了很好地履行管理职能,管理者需要灵活地贯彻管理的一系列原则,即十四项管理原则:劳动分工,权力和责任,纪律,统一指挥,统一领导,个人利益服从整体利益,报酬,集权,秩序,等级链,公平,人员稳定,首创性,团结精神。

法约尔对管理理论的贡献主要表现为三个方面:一是从企业的经营活动中分离出管理活动;二是提出了管理活动的五项基本职能,管理职能的划分不仅明确了管理者的职责,而且为管理学的发展奠定了基本的理论基础和框架;三是提出了十四条一般管理原则,给各类组织的管理者以极大的帮助,现在仍然为许多管理者所推崇。

法约尔的组织管理理论丰富和发展了古典管理理论,但其内容太过于庞杂,且忽视了对组织环境的研究,忽视了外在因素对组织的影响,导致该理论的一般管理原则缺乏弹性,以至于实际管理工作者无法遵守。

3.行政组织体系理论

行政组织体系理论的主要代表人物是德国学者马克思·韦伯。他揭示了组织与权威的关系并划分了权威的类型,归纳了该体系的基本特征,概括了多层次的科层组织结构。

韦伯认为,任何组织都必须以某种形式的权力作为基础,没有某种形式的权力,任何组织都不能达到自己的目标。韦伯认为能被社会所接受的权力有三种。

(1)传统的权力

这种权力依靠传统惯例得来。人们对其服从是因为,领导人物占据着传统所支持的权力地位,同时也受着传统的制约。但是,人们对传统权力服从并不是以与个人无关的秩序为依据,而是在习惯义务领域内的个人忠诚。这种权力不宜作为行政组织体系的基础。

（2）超凡的权力

这种权力来源于他人的追随。超凡权力的合法性，完全依靠对领导人物的追随。超凡权力过于带有感情色彩并且是非理性的，也不宜作为行政组织体系的基础。

（3）法定的权力

韦伯认为，只有法定权力才能作为行政组织体系的基础，其最根本的特征在于它提供了慎重的公正。领导者的权力并非无限，而应该受到约束。管理的连续性使管理活动必须有秩序地进行；以"能"为本的择人方式为管理活动提供了理性的基础。

韦伯认为，理想的组织应该是以合理、合法的权力为基础建立起来的形同机器那样的社会组织。这种权力实质上是一种按职位等级合理分配，经规章制度明确规定，能胜任其职责的人，依靠合法手段而行使的权力。这种行政组织包括以下特征：①劳动分工：在劳动分工的基础上，规定每个岗位的权力和责任，把这些权力和责任作为明确规范并制度化。②职权等级：按照不同职位权力的大小，确定其在组织中的地位，形成有序的等级系统，以制度形式巩固下来。③正式的选举：所有的组织员工都是依据资格选拔的。④正式的规则和制度：原则上所有人都服从制度规定，而不是服从于某个人。为了确保一贯性和组织员工的活动，管理者必须依赖正式的组织规则。⑤非人格性：组织员工之间是一种非人格化的关系，他们应该忠于职守而不是忠于某个人。⑥职业定向：管理者是职业化的官员而不是他所管理的单位的所有者，他们领取固定的工资并在组织中追求他们职业生涯的成就。

（二）行为管理理论

行为管理理论从古典管理理论侧重于物质技术的研究转为对人的研究，重视人在组织中的作用，适应了组织发展的新要求。行为管理理论的产生和发展可分为两大阶段：一是早期的行为科学理论阶段，主要研究人群关系，故又称人际关系学说阶段；二是正式的行为科学理论阶段，其研究范围除了个体行为、团体行为外，还包括组织行为等多方面的内容。

梅奥通过对霍桑试验的总结，在《工业文明中的人的问题》一书中提出了人际关系学说。

第一，梅奥认为，组织员工是"社会人"，而不是"经济人"。"社会人"是人际关系学说对人的本性的基本假设。这种假设认为人不仅具有经济方面和物质方面的需求需要得到满足，还有社会方面和心理方面的需求需要得到满足。企业管理者不能仅仅着眼于技术经济因素的管理，还需要从社会心理方面采取措施提高组织员工的劳动生产率。

第二，在正式组织中存在着非正式组织。企业成员在共同工作的过程中，相互间必然产生共同的感情、态度和倾向，形成共同的行为准则和惯例，要求个人服从，这就构成一个体系，即"非正式组织"。正式组织是管理当局根据实现组织目标的需要而设立的；非正式组织则是人们在自然接触过程中自发形成的。非正式组织以它独特的感情、规范和倾向左右着成员的行为。非正式组织不仅存在，而且与正式组织相互依存，对生产率有重大影响。非正式组织的存在对正式组织目标的实现有利有弊，管理者必须要正确对待非正式组织，应对非正式组织及其成员的行为进行正确引导，使之有利于正式组织目标的实现。

第三，生产率的提高主要取决于工人的工作态度以及他和周围人的关系。梅奥认为，应该建立以社会和人群技能为基础的新型的领导方式，领导者应该既能满足职工的经济方面的需求，又能满足职工在社会和心理方面的需求。提高生产率的主要途径是提高工人的满足度，即工人对社会因素，特别是人际关系的满足程度。

梅奥对管理思想和管理理论的贡献体现在以下方面：一是为行为科学体系的形成和发展奠定了基础。梅奥借鉴和吸收了心理学、社会学、人类学等学科的科学知识，第一次把管理研究的重点从工作的因素上转到人的因素上来，开辟了管理研究的新理论。二是"社会人"观点的提出，强调了人力资源在组织活动中的作用，体现了以人为本的思想。三是"非正式组织"的提出，开拓了人们对组织认识的视野，同时还使人们对"非正式组织"在"正式组织"中的地位和作用有一个正确的认识。四是促使管理者改变传统的领导方法,提高管理水平。

梅奥的人际关系学亦存在着局限性,主要表现为以下方面:一是过分强调非正式组织的作用,实践证明,非正式组织并非经常地对每个人的行为有决定性的影响,经常起作用的仍然是正式组织。二是过多地强调满意度对生产效率的影响,组织员工的行为除了受到感情因素的影响外,还受到其他因素的影响。三是忽视报酬、工作条件、外部监督、作业标准对生产效率的影响。

除了梅奥,为人际关系运动做出贡献的学者还有亚伯拉罕·马斯洛和道格拉斯·麦格雷戈。马斯洛于1954年提出了需要层次理论。该理论的内容包括:①人是有需要的动物,其需要取决于他已经得到了什么,尚缺少什么,只有尚未满足的需要才能影响行为。②马斯洛把人的需要分为五个层次,从低到高依次为生理需要、安全需要、社交需要、尊重需要和自我实现需要。人的需要有层次之分,只有较低层次的需要得到满足之后,较高层次的需要才出现并起到激励作用。

心理学家弗雷德里克·赫茨伯格于1950年提出双因素理论,双因素是指保健因素和激励因素。保健因素与工作的外部环境有关,当这类因素低于一定水平时,员工会产生不满,当这类因素得到改善时,员工的不满就会消除。

激励因素则以工作为中心,这类因素具备时,会对员工起到激励作用,这类因素不具备时,也不会造成员工的极大不满。

心理学家维克托·弗鲁姆在1964年出版的《工作与激励》一书中提出了期望理论。该理论认为只有当一个人预期某一行为会给他带来有吸引力的结果时,他才会采取行为。

(三)管理理论丛林

随着科学技术和生产力的迅猛发展,企业规模和市场竞争环境的变化,管理工作进一步复杂化。传统管理理论中的一些原理和方法已不能满足管理实践的需要。众多管理学者纷纷从不同的角度研究管理问题,提出了很多不同观点的管理理论,由此出现了管理理论派别林立的局面,管理学家哈罗德·孔茨称此阶段为管理理论丛林阶段。这一时期最有代表性的理论派别有以下几种。

1.管理科学理论

到了20世纪40年代，人们意识到，管理的重心是经营，经营的重心是决策，决策错了，管理效率越高越不利，因此必须研究决策问题，从而产生了"管理科学"。管理科学理论的主要观点是主张将数学、运筹学、统计学和计算机科学等数理学科的原理和方法用于管理决策，以提高管理效率。其目的是实现管理的科学化、精确化和高效化。故管理科学学派又称数理学派或运筹学派。

2.管理过程理论

管理过程理论以美国管理学家哈罗德·孔茨为主要代表，该学派认为各个企业和组织所面临的内外条件及管理环境都是不同的，但管理职能却是相同的。其基本观点是试图将各理论派别的理论综合起来，统一到计划、组织、领导、控制等管理职能的角度，并将它们作为相互联系的管理过程进行研究。

在企业与组织的实践中，可以通过对管理过程的研究分析，总结出一些基本的、有规律性的东西，这些有规律性的东西就是管理的理论与原理，反过来又可以指导管理的实践。该学派强调管理的基本职能，即管理的共同性，从而使人们在处理复杂的管理问题时得到启发和指导。

3.系统理论

系统理论主张，按系统的相互联系和系统的开放性等原理来处理一切管理问题，它改变了人们对管理问题的思维方式和处理方法。其代表人物是美国的管理学家巴纳德。

巴纳德认为，组织是一种人的行为和活动相互作用的社会协作系统，只有依靠管理人员的协调，才能维持一个"努力合作"的系统。他认为管理人员有以下三个主要职能：①制定并维持一套信息传递系统；②促使组织中每个人都能做出重要的贡献，包括职工的选聘和合理的激励方式等；③阐明并确定本组织的目标。对组织的存在和发展的基本条件，巴纳德认为，一个组织要存在和发展必须具有明确的目标，组织成员要有协作的意愿,组织要有良好的沟通。

4.决策理论

决策理论认为管理就是决策。因此,管理理论主要应研究决策的问题,要研究制定决策的科学方法以及合理的决策程序等问题。决策理论学派在社会系统学派理论的基础上,吸收了行为科学和系统学派的思想,并广泛结合了现代数学及计算机等科学知识,形成了对管理实践进行科学的定量与定性分析相结合的崭新、独特的管理体系,系统地提出了决策准则,归纳了决策的类型和方法,分析了决策在组织中的作用,是管理方法定量化、科学化的主要典型,在西方管理理论界具有很大影响。

此外,20世纪50年代以后,还出现了经验学派、艺术学派、信息中心学派、社会技术系统学派、企业文化学派等众多理论学派。

(四)20世纪80年代之后的管理理论

20世纪90年代以来,经济全球化、信息化和知识化发展加快。与此相适应,管理体系的内涵和外延亦在不断地发生着重要的变化,一些新的经营管理理念方法应运而生。20世纪80年代之后的管理理论主要包括企业流程再造、学习型组织、知识管理等。

1.企业流程再造

进入20世纪90年代之后,企业生存与发展的环境发生了巨大的变化,特别是顾客、竞争和变化三种力量,已对专业分工思想提出了挑战。1993年,迈克尔·哈默和詹姆斯·钱皮出版了《企业再造》一书,阐述了流程再造理论的思想。流程再造理论的核心思想是为了提高企业的竞争能力,对组织原有的作业流程进行根本地再思考和彻底地再设计,以求在成本、质量、服务和速度等各项当今至关重要的绩效标准上取得显著的改善。

流程再造强调信息技术的利用,注重人与信息技术的有机结合,更新地、彻底地设计业务流程;面向流程的组织是扁平化的结构,减少了管理层级,提高了管理效率;业务流程以顾客为导向,突出全局最优,而不是着眼于职能分工和局部最优。组织人员实施的是团队式管理,而不是职能管理;组织沟通突出横向(水平)沟通,而不是纵向(垂直)沟通。

2.学习型组织

1990年,彼得·圣吉出版了《第五项修炼——学习型组织的艺术与实务》一书。彼得·圣吉认为,企业持续发展的源泉是提高企业的整体竞争优势,提高整体竞争能力,提高整体素质。未来真正出色的企业是使全体员工全心投入并善于学习的、持续学习的、符合人性的、有机的、扁平化的组织——学习型组织。学习型组织可以通过系统思考、自我超越、改善心智模式、建立共同愿景、团队学习等五项修炼而建立。学习型组织的特点是:全体成员有共同的愿景,善于不断学习,扁平式的组织结构,自主管理,员工家庭与事业之间的平衡,领导者的新角色等。

3.知识管理

21世纪,我们从工业经济时代走向了知识经济时代。而与知识经济时代相对应的,就是一种全新的管理方式——知识管理。知识管理就是一个管理各种知识的连续过程,以满足现状和将来出现的各种需要,确定并探索现有和获得的知识资源,开发新的机会。知识管理的本质是要对组织拥有的各类知识进行有效地管理,进行知识的合理配置与创新,使知识在组织资源配置中能够创造出更大的价值。

组织知识管理的目标主要有六个方面:①知识的发布,以使一个组织内的所有成员都能应用组织的知识;②知识的传递,确保组织的成员需要知识时可以随时获得;③动员资源进行知识的创新,获得知识的优势;④有效地从外部得到组织所需要的知识;⑤推进知识和新知识在组织内的学习与扩散;⑥确保组织成员不断地进行组织知识的积累。

知识管理的方法主要有以下几个要点:①设置专门的知识管理部门,②推行全面知识管理,③建立知识档案产权管理,④通过合作实现知识共享,⑤建立能为知识共享和交流提供方便的基础设施——网络。

4.虚拟企业

传统概念下的企业,往往有研究、设计、生产、营销、人事、财务等完整的功能,而虚拟企业则仅保留某些关键功能,其余的功能则被虚拟化,借用外部力量来整合。虚拟企业所借用的外部力量可以是生产商、供应商,也可以是营销商和用户,甚至还可能是自己的竞争对手。虚拟企业通常有两类:一是非资本虚拟,即将企业生产、销售、研究开发的有关环节委托给其他企业去做,相互之间无资本联系;二是资本虚拟,如借用自己的控股和参股公司的力量,来完成某些生产制造和营销服务的功能。

虚拟企业看上去像个企业,它实质上是由几个独立的企业所组成,来分担不同的生产经营管理功能。虚拟企业大多数都以技术联盟为核心,具有组织结构松散、经营灵活、经营风险共担和收益共享的基本特征。

三、管理学特征与研究方法

(一)管理的性质

1.管理的自然属性与社会属性

管理的自然属性是由一定的生产力状况所决定的,管理与生产力、社会化大生产相联系,具有组织技术属性(自然属性);一方面,管理的社会属性是由一定的生产关系所决定的;另一方面,管理与生产关系、企业制度相联系,具有社会经济属性(社会属性)。

管理的自然属性,是指管理中对物的资源、物的要素的管理,如成本管理、质量管理、财务管理、技术管理等。这些管理的规律是客观的、不因社会制度和社会文化的不同而变化,由此产生的与之相适应的管理手段、管理方法是通用的、共性的。管理活动只有遵循这些规律,利用这些方法与手段,才能有效,才能保证组织活动的顺利进行。

管理的社会属性,是因为管理是人类的活动,而人都生存在一定的生产关系和社会文化中,必然受到生产关系的制约和社会文化的影响。不同的生产关系、不同的社会文化都会使管理思想、管理目的、管理方式、管理方法有一定的差别,从而使管理具有特殊性,这种属性与意识形态相关,这就是管理的社会属性。一方面,管理的自然属性为我们学习、借鉴先进的管理经验和方法提供了理论依据;另一方面,管理的社会属性则要求我们必须结合自己的实际情况进行调整,灵活运用,才能收到好的效果。

2.管理的科学性与艺术性

管理学作为一门独立的应用科学体系,具有普通应用价值的管理规律和管理原则以及一套反映客观规律、合乎逻辑的管理理论和知识体系,这是管理学的科学性。同时,为高效率地实现组织目标,要求管理者必须灵活、熟练地应用相关的知识和技巧,创造性地对管理对象进行管理协调,因此管理学又具有明显的艺术性特征。管理的科学性和艺术性是相互作用、相互影响的。管理艺术必须建立在管理科学的基础上,不具有科学性的管理也不可能具有真正的艺术性。管理的艺术性是对管理科学理论的合理发挥,而管理艺术性的结果在普遍适用之后也就成为科学的理论。因此,只有既懂得科学的管理理论和方法,又掌握高超管理艺术的人,才能成为有效的管理者。

(二)管理学科的研究方法

1.辩证法

辩证法教导人们要善于观察和分析事物的矛盾运动,并根据这种分析找出解决矛盾的方法。事实表明,管理活动中充满着各种各样的矛盾,如组织系统与组织系统外部社会环境间的适应和不适应的矛盾,组织系统内部存在的管理者与被管理者的矛盾,管理者之间的矛盾,被管理者之间的矛盾,人与物之间的矛盾,人与技术之间的矛盾,管理各环节(如部门与部门、层次与层次)之间的矛盾,组织系统的目标与手段、资源之间的矛盾,寻求如何较好地解决各种矛盾所引申出有关管理的具体原则、方法和途径等问题。管理学内容的具体展开,充分体现着这一研究方法的导向作用。

2.归纳法与演绎法

归纳法是我们在先观察某些现象的基础上,对其进行归纳并得到结论的过程,是将特殊陈述上升为一般陈述(或定律定理原理)的方法。具体是指对于非常复杂、详细、大量的实际资料,经过分类,归纳出重要的概念,并简化成几个抽象程度较高的重要因素,描述、定义出他们之间的因果关系,进而形成一个理论模式的过程。

演绎法则是应用一般陈述(或公理定律定理原理)导出特殊陈述或从一种陈述导出另一种陈述的方法。演绎法是由一般到特殊的推理,是指利用已有理论模式内的因果关系进行推断、预测一个事件的因果关系。我们掌握一般原理、原则、概念和范畴,目的就是面对管理的具体的实际情况,将其变成认识和解决管理具体问题的方法和操作手段。

在学习管理学的一般原理、原则、观点时,不要忘却这些一般的东西是以大量的具体管理事实为基础的;在学习管理学的具体管理方法和操作手段时,也不要忘记这些具体的东西是从一般原理、原则引申而来的,力求自觉地将一般与特殊有机结合起来。

3.案例方法

案例分析方法是理论联系实际在方法上的较典型的形式。所谓"案例分析",就是运用管理学上的一般原理、原则、方法和观点去透视其事实,从中引出可以借鉴或可以效仿的东西。每个组织都存在管理,而且也都可能存在值得借鉴的经验。要对每一个组织的管理活动都进行研究显然是不可能的。在众多的组织中挑选有代表性的个案,从整体或局部对它在管理实践中取得的成功或失败进行深入的个案剖析,发现可借鉴的规律和原则,便成为管理研究的重要方法。案例分析有助于提高运用管理基本原理和方法去发现管理问题、分析管理问题、解决管理问题的能力。案例分析并非简单的经验总结,它强调分析成功或失败的原因,鼓励人们思考并依据案例所提供的资料自行做出决策。

4.实验方法

在管理活动中,实验方法已成为摸索经验、进行决策的强有力的工具。首先,实验方法是帮助管理者发现管理问题的原因,并采取有效措施予以解决的有力工具。通过实验,可以使管理者找到影响事物发展变化的主要因素,发现问题产生的主要原因,进而有针对性地采取相应的管理措施;其次,实验方法是保证管理决策科学有效的重要途径;最后,实验方法是创立先进管理理论的重要手段,如泰勒的科学管理理论和一系列提高生产效率的措施、行为科学理论都是管理先驱们通过实验摸索总结出来,并通过实验予以验证和推广的。

四、管理学与经济学的关系

经济学研究的是抽象的企业,它所涉及的决策大多属于价格和产量决策。而在现实管理中,要决策的问题多种多样,如企业的生产技术、生产规模、产品组合、广告和投资等。

显然,仅依靠微观经济学得出的用来研究抽象企业的现成原理和结论来解决如此众多的现实问题是很不够的。

经济学对企业行为的研究,是以追求最大化利润为前提的。而现实的企业则不同,它的目标是多样化的,除了利润之外,还把扩大市场份额、发展新产品和承担社会责任等作为一定时期的目标,因为企业的经营活动不能离开股东、顾客、职工和公众,如果企业不能适当满足这些人的要求,企业本身就会很难发展。管理者在决策时,除要以利润的多少作为决策的准则外,还必须兼顾其他目标和条件,这样做出的决策就可能是最满意的利润,而不是最大化的利润。

经济学研究的企业以它们所处环境的全部信息为已知的、确定的作为假设,而现实的企业则通常是在一个环境十分复杂、信息很不确定的情况下经营的。这种情况要求管理经济学在研究决策时,还要借用来自其他学科的各种分析工具和概念,以便收集必要的信息,并在不确定的条件下选择最优的方案。

经济学主要研究企业的经济活动,但是也要考虑企业的外部经济环境,特别是宏观经济活动与运行状态,直接影响着企业的外部条件。企业在进行决策时,特别是在制定长期投资与发展规划时,必须考虑到国家经济调节的基本导向、国家的利率政策、货币金融政策等。而在这些管理决策中,需要应用到宏观经济学的理论研究成果。

第二章 经济增长理论与经济发展战略分析

第一节 经济增长理论

经济增长理论的重点内容包括:经济增长的含义、经济发展的含义、经济增长与经济发展的区别和联系、经济增长的决定因素、发展水平的度量、经济增长理论及其发展、内生经济增长理论的基本思想、新古典增长模型对不发达经济的意义、二元结构的含义及其对经济的影响、制度的内涵、制度变迁理论的基本思想等。

一、经济增长的基本概念与一般原理

从经济活动的历史资料来看,经济波动是围绕着一条增长的路径向前推进的,即由经济均衡运行所决定的国民收入呈现递增趋势。经济增长理论试图说明:在一个相对长的时间里,经济系统中实际产量的增长率是由什么因素决定的;这些因素的相互作用以及其能否使经济处于充分就业下的稳定增长;其条件如何等。在经济增长理论方面,经济学家罗伊·福布斯·哈罗德·埃弗塞·多马、罗伯特·默顿·索洛、西蒙·史密斯·库兹涅茨、丹尼斯·罗伯特森以及后来的保罗·罗默、罗伯特·卢卡斯等人都先后做出了重要的贡献。

(一)经济增长的含义

经济增长可以简单地定义为一国在一定时期内产出的增长。经济增长强调总产出量的长期变动,实践中通常由国内生产总值或国民收入供给量的增长来反映。

理解上述经济增长的定义,需要注意以下几点。

第一,时间。增长必须在两个时点基础上才能进行比较,而这两个时

点的长短对增长幅度有决定意义。通常,经济会在波动中向前运转。经济由繁荣、衰退、萧条、复苏,再到繁荣,周而复始。在一个经济周期性变动的过程中,经济的扩张通常表现为国民收入的增加,而经济衰退则表现为国民收入停滞不前或下降。

第二,经济增长通常用国内生产总值或国民收入的变动率作为衡量指标。但是需要注意,国内生产总值是经济的总产量与价格变动的综合反映,而经济增长只关注实际产品数量的增长。所以,衡量经济增长所使用的国内生产总值或国民收入是以不变价格测算的,从而使得物价变动对国内生产总值的变动不产生影响。

第三,衡量经济增长不仅要看经济活动的总量增加多少,而且要看某一时期平均每人生产的产量增加多少,因此,有时还需要按人口增长的情况校正实际国内生产总值,这样就得到了在很多场合反映经济增长的另一个指标——人均国内生产总值或人均国民收入的增长。

第四,应当指出的是,经济增长与经济发展是两个具有不同含义的概念。

(二)经济发展的含义

1.经济发展的概念定位

经济发展不仅包括经济增长,而且包括社会制度、人口素质、经济结构等多方面的优化,经济发展是反映一个经济社会总体发展水平的综合性概念。经济发展是指一个国家或地区的经济增长达到一定程度时所引起的经济结构的演进以及政治体制、文化法律甚至观念习俗等社会生活诸方面的变革。经济学家金德尔伯格、布鲁斯·赫里克在他们合著的《经济发展》一书中给经济发展下的定义是:物质福利的改善,尤其是对那些收入低的人们来说;根除民众的贫困以及与此相关联的疾病等;改变投入与产出的构成,包括把生产的基础结构从农业转向工业活动;以生产性就业普及劳动适龄人口而不是只及于少数人的方式来组织经济活动;相应地使有着广大基础的集团更多地参与经济方面和其他方面的决定,从而增进自己的福利。

经济发展不仅包括经济增长,同时,它还包括经济结构的变化。这些变化包括如下几点。

第一,投入结构的变化。从简单劳动转到复杂劳动,从手工操作转到机械化操作,从传统的生产方法转到现代生产方法,从劳动密集型技术转到资本密集型技术和知识密集型技术。生产组织和管理形式从传统的小生产转到现代的大公司。

第二,产出结构的变化。其主要表现为产业结构的变化。在国民经济中,第一产业的劳动力和产值比重趋于下降,第二产业比重趋于上升,第三产业比重逐渐扩大,最终成为经济中最大的部门。每个部门内部的结构也相应发生变化,逐渐趋向平衡。在产业结构的转换过程中,农村人口向城市迁移,城市化与工业化同步进行。

第三,产品构成的变化与质量的改进。生产出来的产品和服务构成适应消费者需求的变化,产品与服务质量不断提高,品种更加多样化。

第四,居民生活水平的提高。具体表现在:人均收入持续增加,一般居民营养状况、居住条件、医疗卫生条件和受教育程度明显改善,文化生活更加丰富多彩,人均预期寿命延长。

第五,分配状况的改善。收入和财产的不平等程度趋于下降,贫困人口趋于减少。由此可见,经济发展比经济增长包含的内容要丰富和复杂得多。

2.经济增长与经济发展的区别与联系

经济增长与经济发展是两个既相互联系又有区别的概念。首先,经济增长是经济发展的基础与前提;其次,经济增长与经济发展相互促进,经济发展了就会促进经济进一步增长,经济增长了就有可能推动经济进一步发展。

经济增长与经济发展的区别具体如下:①两者对应的研究对象不同,经济增长以发达国家为研究对象,经济发展则以发展中国家为研究对象。②经济增长是经济发展的必要条件而不是充分条件,有发展无增长一般是不可能的,即使出现,也只能是短期的、局部的,而不可能是持续的、全面的,但经济增长却不一定会引起经济发展。③经济增长主要是指短期的经济变动,经济发展则着眼于长期的发展趋势。④经济增长仅仅是一个数量上的概念,反映了一个国家或地区经济规模的量在外延上的扩大;经济发展不仅要看经济规模的量在外延上的扩大,更着重于经济活动效率的提高。可以说,经济发展的本质是资源利用方法上的进步。

(三)发展水平的度量

人均 GNP 或 GDP 的增长不一定标志着人均生活水平的提高。发展的度量指标与增长的度量指标是不同的。首先,增长的度量指标是一个价值指标,用货币来表示,而发展的度量指标是一个物质指标,用加权的办法进行加总,而给予的权数带有很强的主观性和随意性;其次,增长的度量指标通常是公认指标,即 GNP 或 GDP 的增长率,而发展的度量指标则是多种指标综合在一起的指标体系,而且没有公认的权威标准。

经济发展水平的度量主要有两个方面:一方面是采取社会、经济和政治因素相互作用的综合性指标;另一方面是采取相对简单的衡量人的基本需要是否得以满足的生活质量指标。

第一,综合性经济发展指标体系。比较有代表性的有联合国社会发展研究所提出的 16 项综合发展指标和阿德尔曼与莫里斯的 40 个变量的指标体系。

第二,物质生活质量指标体系(PQLI)。莫里斯从满足多数人的“基本需要”或“生活质量”出发,建立了衡量经济发展程度的物质生活质量指标体系。PQLI 是由一些容易获得并能够反映大多数人的不同基本需要的一系列指标组成的较为简便的综合指数,这些指标包括预期寿命、识字率等。

第三,人类发展指数。这个指数也是由三个指标构成的,即寿命、教育程度与生活水准。寿命以出生时的寿命预期来衡量;教育程度以成人识字率与初、中、高各级学校入学率两个指标加权平均获得(其中,给予成人识字率三分之二权数,初、中、高各级学校入学率三分之一权数);生活水准以调整的人均 GNP 来表示(即人均 GNP 按照购买力平价和收入边际效用递减原则来调整)。人类发展指数是一个替代经济收入情况而用于综合衡量一个国家人民福利的十分有效的指标。

(四)经济增长的决定因素

既然产出的增长来源于生产能力的增长,因而导致经济增长的主要因素也就应该包括投入量的增加和单位投入要素所生产产量的增加两个方面。经济学家爱德华·富尔顿·丹尼森把经济的长期增长因素概括为两大类五个方面。其中的两大类是生产要素投入量和投入要素的生产率。在前一个方面中,劳动就业的数量和质量、资本和土地的数量对经济增长产生重要影响;在后一个方面中,资源配置的优化、规模经济以及知识和技术的进步对经济增长起促进作用。

1.生产要素投入量

生产要素投入量主要有三类,其中包括劳动、资本和自然资源投入量。

劳动投入量主要表现为就业人数。在就业人数既定的条件下,劳动质量的变化影响劳动投入的数量。劳动质量的变化主要有三个方面:一是正常劳动时间的缩短,二是劳动者受教育程度的提高,三是劳动者年龄、性别构成的变化。

工作日的缩短会引起产量的减少,在经过工作日缩短提高的人均产量增加的抵消之后,对产量的影响即为工作日缩短的产出损失。在工作日较长时,缩短工作日引起的产量减少可以由单位劳动者工时的产量增加来弥补。但随着工作日总量的减少,工作日缩短导致产量损失。因此,就工时缩短而言,劳动投入量的增长应在增长率中减去工时缩短引起的每个劳动者工时产量降低的百分比。

劳动者通过受教育、接受培训和经验积累而获得的生产能力,即劳动者受教育的程度对经济增长产生正向影响。这里的教育程度是指受教育的时间长短,不包括教育水平的提高。由于教育年限增加提高劳动者对生产的贡献,也就提高了个人收入,因而某一个收入等级相应于标准收入等级的百分比反映了教育程度的结构变化。于是,就教育程度而言,劳动投入量等于处于不同收入等级的劳动者数量乘以各自收入等级占标准收入等级的百分比的加权之和。

经过上述三方面调整的就业量的变动反映出劳动投入数量的变动。

资本是指生产过程中的资本投入量,主要包括:厂商用于生产的建筑物和设备、非农业住宅建筑、存货、外国人在本国的资产等。资本存量是依靠资本积累或者说投资来增加的。在应用研究中,这些资本形式按不变的价格即可折算出经济中资本存量的价值,并以此作为资本投入量的度量。

自然资源是指自然界提供的生产投入。自然资源主要有两种形式:可再生的与不可再生的。前者主要包括森林、渔场;后者则主要是土地,应用中一般以不变的数值测算。

2.单位投入要素的产量

促进单位投入要素产量变动的因素主要有三个:资源配置的优化、规模经济和知识进步。

第一,资源配置的优化是促进生产率提高的因素。资源配置的优化主要表现为农业劳动力向其他部门转移和独立经营者向获得工资的劳动者转移两个方面。由于农业机械化水平的提高,农业劳动力向外转移。劳动力转移带来的利益来自于两个方面:一是农业过剩人口转移可以使得农业部门的人均产量增加;二是农业部门的生产率与非农部门生产率之间存在的差异。因而,农业部门的劳动投入量的变化是资源优化配置的表现。资源优化配置的第二个表现是独立经营者向获得工资的劳动者的转化。由于独立经营者增加产量的能力很小,劳动使用缺乏效率,因而在他们受雇于他人时,将会增加单位投入要素产量。

第二,规模经济也是促进经济效率提高的因素。当经济活动的规模扩大时,产出扩大的规模超过投入扩大的规模,就产生规模经济。就单个厂商而言,可能出现规模浪费,但就行业或整个社会而言,由于市场扩大,协作和专业化程度相应地提高,增加规模所获得好处一般大于规模扩大的成本。

第三,知识进步对单位投入要素的产量产生重要影响。知识进步包括技术水平的提高和管理知识的进步以及运用知识的速度提高。技术知识是关于物品的具体性质、用途的知识以及如何制造它们的方法,这些知识的进步有利于提高生产率。管理知识是指管理技术和管理组织的知识。管理知识通过对建筑、工位、装配线等进行合理的改进从而提高生产效率,人事管理、市场预测、竞争战略等知识使厂商的生产和组织更加富有成效。

以上几个因素的变动很难从统计上测算出来,它们对生产率的影响往往与生产要素质量的提高所产生的作用混杂在一起。因此,这些因素对增长率的贡献常采用从增长率中减去其他增长因素的作用后得到的剩余加以估计。

(五)经济增长理论及其发展

我们在前面已经指出,经济增长理论是研究一个经济长期内国民收入的增长,是解释一个经济长期增长率的决定因素,是考察经济实现稳定增长的条件和分析国家之间经济增长率与收入差距的原因。所以说经济增长理论是现代经济学的一个重要组成部分。

在经济学说史上,系统研究经济增长问题的理论可以追溯到英国古典经济学家亚当·斯密。他在1776年出版的《国富论》一书中论述了劳动分工和资本积累对国民财富的影响。随后另一位英国古典经济学家大卫·李嘉图也强调资本积累在经济增长中的重要作用。但从现代意义上来说,西方经济增长理论是在对经济学家约翰·梅纳德·凯恩斯的理论动态推广过程中发展起来的。

受到凯恩斯理论研究的推动,增长理论逐渐发展起来。哈罗德和多马独立完成的研究可以看作这一方面开创性的工作。1939年,哈罗德发表的《论动态理论》一文在凯恩斯理论基础上论证了资本主义经济稳定增长的条件。这篇文章通常被作为现代经济增长理论出现的标志。凯恩斯的理论侧重于对经济不能实现充分就业均衡的分析,强调短期分析。许多西方学者参与了将凯恩斯理论向长期和动态方面发展的工作,哈罗德和多马的研究起到了引导性作用。

20世纪50年代以后,西方经济增长理论得到了迅速的发展。许多经济学家先后建立了自己的增长理论或增长模型。从时间顺序上来看,20世纪50年代到20世纪80年代中期,经济增长理论的发展大致分为三个时期。第一个时期是20世纪50年代,这一时期的研究主要是建立各种经济增长模型,探讨经济长期稳定发展的途径。继"哈罗德—多马"模型之后出现的经济增长模型,主要有经济学家索洛、斯旺等人建立的新古典经济增长模型和英国的尼古拉斯·卡尔多、意大利的卢伊季·帕西内蒂等人建立的新剑桥经济增长模型等。由于各个派别建立经济增长模型的出发点各不相同,所得到的结论也颇有差异,因而不同的理论之间存在着长期的争论。第二个时期是20世纪60年代,这一时期的研究主要是对影响经济增长的各种因素进行定量分析,寻求促进经济增长的途径。在这一时期,经济学家库兹涅茨、丹尼森等人关于经济增长因素的分析具有一定的影响。第三个时期是20世纪70年代之后,这一时期研究的侧重点是经济增长的极限,也就是经济能不能无限增长,也就是经济增长能不能与应该不应该无限增长的问题。

经济增长理论在20世纪50年代发展最为迅速,其中最有影响的当属索洛等人建立的新古典增长理论。这之后一直到20世纪80年代中期,经济增长理论鲜有突破。在沉寂了20多年之后,20世纪80年代中期以来,以经济学家罗默和卢卡斯等人为首,西方经济学界掀起一股经济增长理论研究热潮。这一时期的典型特征是把经济增长的技术因素看成经济内部选择的结果。因此,目前这种增长理论也被称为内生经济增长理论。

二、内生经济增长理论

该理论的基本观点是以内生技术进步、人力资本投资和知识积累等来解释经济长期增长的源泉。依照新增长理论的解释,内生的技术进步之所以能保证经济的长期增长是因为技术进步自身不仅可以带来产出的增加,而且可以通过外部效应使其他要素的收益呈现递增趋势。同时,由于外部的积极效应并不能通过市场完全发挥出来,因而该理论强调人力资本和知识生产部门在推动技术进步和经济增长中的重要作用,也就隐含着政府应当采取更为积极的促进教育和研究开发的政策[①]。

新经济增长理论的观点已经受到了经济学界的普遍关注,并开始为各国政府所重视。

①肖邀尘. 中国的社会资本与内生经济增长[D]. 长春:东北师范大学,2017.

(一)内生经济增长理论产生的背景

任何一种经济理论的产生都有其特定的背景。新经济增长理论产生最直接的理论背景是新古典增长理论中存在的缺陷。

以索洛等人为代表的新古典增长理论通过引入新古典理论的基本假设,特别是资本和劳动的相互替代的生产函数,论证了资本主义经济稳定增长的可能。之后,在很长一段时期内,新古典增长模型几乎成为研究经济增长问题的一种定式。但是,新古典增长理论对于生产技术的假定在用于解释经济增长问题时却受到越来越多的批评。

新古典增长理论的第一个缺陷在于它假定经济具有规模收益不变的总量生产函数,并且各种生产要素的边际收益服从递减规律。这些假设对新古典增长理论得出经济稳定增长的结论是至关重要的,但却与经济增长的现实不太贴合。

新古典经济增长理论的第二个缺陷在于它假定技术进步是由外生因素决定的。对于理论与现实之间的不一致性,新古典增长理论的解释是:这是由于技术进步所致。尽管追加资本会使收益递减,但新技术的涌现会抵消这种效果,使工业国家的资本收益率始终较高,这就有可能出现资本流向发达国家的现象,并且会导致大多数低收入国家的增长率总是低于高收入国家。然而,在处理技术进步这一重要的经济增长因素时,新古典增长理论的惯用做法是把它视为一个由外生因素决定的量,而在计算技术进步对经济增长的贡献时,把它看成劳动和资本等生产要素贡献之外的一个余值。

正是新古典增长理论的缺陷为新经济增长理论的产生和发展提供了基础。除了理论背景之外,当时世界范围内的经济增长速度缓慢也为人们研究经济增长问题提供了动机。传统增长理论的不足以及现实原因成为新经济增长理论产生的背景。

(二)内生经济增长理论的基本思想

不同于新古典增长理论可以由一个模型概括其基本观点,新经济增长理论是由众多的模型来说明经济增长问题的模型构成,每个模型注重于技术进步的某一方面。因此,严格说来,新经济增长理论是一些持类似观点或使用相同方法分析增长问题的模型。这些模型开始于罗默1986年的论文《递增收益与长期增长》和卢卡斯1988年的论文《论经济发展机制》。

新经济增长理论的"新颖"之处在于该理论试图使增长率内生化,换言之,试图借助于经济系统中的内部因素解释长期的经济增长率,而不是像新古典增长理论那样由外生的人口增长率等因素决定经济增长率。新经济增长理论的基本观点包括以下几个方面:①经济增长是经济系统内部因素相互作用而不是外部力量推动的结果,这些内生的因素也可以实现经济的持续均衡增长。②在众多的因素中,技术进步是经济增长的决定因素。与其他推动经济增长的内生因素一样,技术进步是经济中追求利益最大化的经济当事人自主最优选择的结果,从而技术进步是由内生决定的。③技术、知识积累和人力资本投资等都具有外部效应,这种外部效应使得生产呈现出规模收益递增的趋势,而且正是这种外部效应构成了经济实现持续增长所不可缺少的条件。由于外部效应的作用,经济在处于均衡增长状态时,通常不能达到社会最优状态,即经济的均衡增长率通常低于社会最优增长率。因此,影响经济当事人最优选择行为的决策,例如产业政策等,可以影响经济的长期增长率。

新经济增长理论使得模型中稳定状态下的经济增长率内生化的基本途径主要有两条。观察经济增长因素中的技术因素,技术受到经济中用于研究和开发投入量的影响,而这种投入则又是由模型内生所决定的。这类新增长模型认为,内生的技术进步保证了经济均衡增长路径的存在。

如果可以让积累的生产要素有固定的报酬,那么稳态增长率就是由这些生产要素的积累率所决定。但由于生产要素的积累率是经济当事人最优选择的结果,因而稳定的经济增长率仍是内生的。这类模型尤其强调资本这种可积累的要素对经济增长的影响,论证其保证经济实现持续增长的可能性,其中又包括物质资本和人力资本两类可积累要素对持续经济增长的影响。

20世纪80年代后期的新经济增长理论放弃了新古典增长理论的某

些基本假设,比如规模收益不变、不存在外部效应等,但是在他们的模型中,外部效应是在整个经济中表现出来,因而就单个经济当事人的行为而言,无须放弃完全竞争的假设。因此,从这一意义上讲,这一时期的新经济增长理论仍是"新古典的"。

这种情况在20世纪90年代有所改变,一些经济学家抛弃了完全竞争假设,开始分析产品品种和质量提高对经济增长的影响。由于分析框架并不是基于完全竞争的假设,因而诸如模仿和创新等行为也被纳入了经济增长模型之中。此外,新增长理论不仅考察封闭经济中的内生经济增长问题,也分析国际贸易对经济增长的影响,并利用新增长模型的分析框架对各国经济增长进行经验分析。以上这些方面反映了新经济增长理论的概貌。

三、二元结构与工业化

(一)二元结构及其对经济发展的影响

1.二元结构的含义

二元结构是指采用现代技术的现代部门同采用传统技术的传统部门并存的经济结构。

发展中国家一般都会同时存在着两种性质不同的结构或部门,也就是乡村农业部门和城市工业部门。这就是发展中国家工业化过程中必然出现的二元经济结构。二元结构发展模式是早期发展经济学的理论基石之一。该模型强调了发展中国家存在传统部门与现代部门的结构差异。

按照经济学家威廉·阿瑟·刘易斯的解释,二元经济结构具有以下特征:①它包括"现代的"与"传统的"两个部门,现代部门通过从传统部门吸收劳动力而得到发展;②在提供同等质量和同等数量的劳动条件下,非熟练劳动者在现代部门比在传统部门得到更多的工资;③在现行工资水平下,对现代部门的劳动力供给超过这个部门的劳动力需求;④现代部门在相当长的时期内,对于传统部门来说是扩张的。

对于发展中国家而言,现代工业总是先集中在一个或少数几个地区,而余下的空间则成为区位上不发育的边缘。这样,在空间组织上必然表现为一种"二元结构"或"核心—边缘结构",即由先进的、相对发达的核心区与落后的、不发达的边缘区组成的空间系统。

区域二元结构的基本关系表现为:①核心区经济发展条件优越,经济效益较高,政治机构集中,因而处于支配地位;边缘区则经济发展条件较差,经济效益较低,政治力量分散,因而处于被支配地位。②核心区从事制成品的生产,边缘区从事初级产品(农业、矿业等)的生产,因此,区域二元结构实质上是一种垂直分工关系。③不断扩大区域的不平衡会引起某种压力来反对传统的资源流向,帮助提高边远地区的人均收入。

2.二元经济结构对经济发展的影响

二元经济的存在是发展中国家社会生产力发展不足而又要求进步的结果,因而对这些国家的经济发展既有积极影响,又有消极影响。

对发展中国家来说,二元经济在经济成长的一定阶段和一定限度内是生产力发展的客观需要,因而是有助于经济发展的。首先,现代部门作为一种新生产方式和新技术的典范,将有助于引导传统部门的现代化;其次,现代部门劳动者的高收入将对传统部门的劳动者产生强大的吸引力,这将有利于在劳动力供给的增加上推动现代部门的发展;最后,现代部门还会把自己创造的新技术直接提供给传统部门用于技术变革,同时通过政府将现代部门所创造的一部分收益转移给传统部门用于增加投资,有利于推动传统部门的发展和向现代部门的演进。这些都有利于使二元经济逐渐发展,最终过渡到一元经济,即实现国民经济的现代化。

(二)工业化概述

1.工业化的含义与特征

(1)工业化的含义

工业化是指国民经济中一系列基要的生产函数(或生产要素组合方式)连续发生由低级向高级的突破性变化(或变革)的过程。工业化有多种定义,常见有以下几种。

第一,工业化是指脱离农业的结构转变,即农业在国民产品中和就业中的份额下降,制造业和服务业的份额上升。

第二,工业化是指工业部门在国民经济中所占的比重持续上升。

第三,工业化是指"一系列基要生产函数连续发生变化的过程"。所谓基要生产函数,是指在整个经济中居于支配地位的生产函数,即联系效应很大的生产函数,它的变化能引起并决定其他生产函数的变化。

第四,工业化是指制造业产值份额的增加过程,工业化水平用制造业在国民生产总值中的份额来衡量。

上述各种观点是基本一致的,即工业化是一个长期的、不断变化的经济结构变化过程,在这个过程中,工业部门得到持续发展,特别是制造业增长迅速,使得农业部门净产值和劳动力比重持续下降,而工业部门尤其是制造业部门比重持续上升,服务业部门的比重大体上保持不变,结果工业部门在国民经济中逐渐占据优势。

(2)工业化的基本特征

工业化的基本特征概括起来有以下几点。

第一,工业化首要的和最基本的特征,就是以机器(包括之后的电脑等日益先进的工具形式)生产代替手工劳动。工业化是一场生产技术的革命,既是生产力的突破性变革,还包含着生产组织和国民经济结构各层次的相应调整和变动。

第二,工业化应该包含了整个国民经济的进步和发展,不仅包括工业本身的机械化和现代化,而且也包括农业的机械化和现代化。

第三,工业化必然促进农业生产技术的革新和农业生产量(包括亩产量)的增多,但是,随着工业化过程的推进,农业在国民经济中所占的相对比重将逐渐降低。可以说,凡是工业化程度高的国家,不论其社会制度如何,农业的相对比重都会较低。

2.工业化的过程

关于工业化过程的研究文献非常丰富,这里介绍两种理论观点。

第一种观点,工业化的发展阶段论。一般认为,工业化发展过程需要经历三个阶段。在第一阶段,初级消费品占主导地位;在第二阶段,资本品工业迅速上升,消费品工业优势下降;在第三阶段,资本品和消费品工业达到平衡,资本品工业逐渐占优势。德国经济学家霍夫曼提出用消费品和资本品工业的产值比作为衡量工业化水平的定量指标。当然,工业化的发展阶段不是绝对的。不同国家和地区有不同条件和选择。

经济学家库兹涅茨等人的研究成果表明,工业化演进阶段可以通过产业结构的变动过程表现出来。在工业化初期和中期阶段,产业结构变化的核心是农业和工业之间"二元结构"的转化。在工业化起点,第一产业比重较高,第二产业比重较低。随着工业化的推进,第一产业比重持续下降,第二产业和第三产业比重相应提高,且第二产业比重的上升幅度大于第三产业,第一产业在产业结构中的优势地位被第二产业所取代。当第一产业比重降低到20%以下时,第二产业比重上升到高于第三产业,这时工业化进入了中期阶段;当第一产业比重再降低到10%左右时,第二产业比重上升到最高水平,工业化进入后期阶段,此后第二产业的比重转为相对稳定或有所下降。

第二种观点,工业化的"代际理论"。有学者提出了四代工业化的概念。此概念具体内容是:第一代工业化,18世纪末19世纪初在英国实现,特点是市民革命先行,然后是工业革命。第二代工业化,发生在19世纪中叶的法国、德国等欧洲国家和美国,开始同样是市民革命,但法、德两国的情况不同,然后是工业化。第三代工业化,发生在19世纪末20世纪初的意大利、俄国和日本等,先是工业化,然后是市民革命。第四代工业化,发生在20世纪下半叶,主要是新兴工业化国家和地区,工业化是依靠国家和外资的结合来实现的,然后是不彻底的市民革命。

四、制度经济学概述

(一)制度经济学内涵

制度不是静态的概念,随着经济的发展,专业化水平不断提高,人类相互依赖的关系越来越强,制度所包含的范围也不断变化和扩展。在非市场经济时代,制度主要是非正规规则,如习俗、传统道德等,而少量的关于政治和经济行为的正规规则在当时只是位于从属和次要的地位。在市场经济时代,制度中的正规规则,如宪法、法律和产权变更等显得越来越重要和突出,人们的合作与竞争关系越来越借助于非人格化的成文法典来规范。

新制度经济学主张看待和分析经济生活中的问题,不能就经济论经济,而必须结合制度环境,其逻辑推理可概括为:人是"制度的人",人从生下来就带有"制度"的烙印,长大成人后已经具有"制度化的头脑";制度的主要层面是各个组织,包括家庭、企业集团、工会以及政府等,各种组织是根据不同的"制度人"组合的;各种组织之间的关系是契约关系或合约关系,也就是说,社会成员之间都是契约关系,即既享受一定的权利,又承担一定的责任;契约关系的建立必然发生"交易费用",也就是说,社会成员之间的交往会产生"交易成本";为了节约交易费用,减少交易成本,必须界定产权,因为交易的不是物品,而是权利,产权边界明确是市场交易的前提,同时产权边界的界定又是市场交易的结果;制度变迁的产生在于制度与各种组织之间的互动,其中包括产权结构与技术结构的互动。如果这样的梳理有道理,则新制度经济学的思维模式大体上是:制度—人—各种组织—契约关系—交易费用—产权界定—制度变迁。

因此,按照新制度经济学的研究成果,制度内涵至少包括四方面内容:①制度的最基本内涵是人们习以为常的惯例和具有强制性或约束性的规则,前者同特定的文化模式和社会过程密切相关,后者则主要体现为法律规则、组织安排和政策。②交易是对制度进行分析的基本单位,这既是由于习惯和规则只能体现于人们之间的交易关系中,同时又为交易的各种具体形式描述不同的制度创造条件。③财产权与制度密不可分,因为它既与交易关系密切,又是集体行动影响个人行动的主要方式。④制度通过提供一系列的规则界定人们的选择空间,约束人们之间的相互关系,从而减少了竞争中的不确定性和交易费用。

(二)经济发展中的制度因素

长期以来,新古典经济学一直是把经济活动中的制度因素当作理想的既定因素对待,因此,在经济分析中较少考虑制度因素对人们的行为和经济活动的作用与影响。经济学研究的一个重要方面是,如何通过设立一系列的制度安排或组织来协调人与人之间的经济合作或竞争关系的制度性问题。现代西方经济学的主流学派忽略了这种制度分析,把制度看成既定的,转而集中研究人与自然的关系。现代西方主流经济学把制度因素高度简化,企业制度被简化成一种生产函数,市场制度被简化成一种供求曲线。以罗纳德·科斯、道格拉斯·诺斯等为代表的新制度主义经济学派把新古典经济学的基本方法运用于研究包括法律、企业组织、市场组织和社会文化等制度在内的"生产的制度结构",用新古典经济学的分析方法展开经济制度分析。

经济学家罗纳德·哈里·科斯提出交易成本的概念。交易成本实际上就是为了完成交易活动所必须付出的代价或成本,包括搜寻或得到信息的成本、协商谈判的成本、签订契约的成本、检查和监督交易过程或索赔的成本等,交易成本构成了人类经济活动的主要部分,它往往比生产活动的成本更重要。后来,新制度经济学家们将交易成本的概念广泛地运用于经济、法律、社会、历史和政治等研究领域。经济学家奥利弗·伊顿·威廉姆森把交易成本比喻为物理学中的摩擦力,肯尼斯·约瑟夫·阿罗则认为"交易成本是经济制度的运行成本"。

国际知名经济学家张五常教授认为,交易成本实际上应该称为"制度成本"。一个人以上的经济必然包含有制度,但由此而产生的成本却完全不需要有任何交易。交易是在特定制度下完成的,存在制度,必然存在制度成本,制度成本无法消除。张五常认为,如果亚当·斯密的"看不见的手"指导所有的经济活动,也不会存在交易成本,因此也可以把交易成本视为"看得见的手"的成本。作为成本,显然要达到最小化,才能使利益最大化。在特定社会中,制度成本过高,对社会经济发展是一种障碍或者打击。

近年来的实证分析提出了三种广义的制度衡量尺度:一是管理的质量。二是对私有财产的保护范围和法律的执行情况。三是对社会精英的限制。研究制度与经济增长关系的经济学家都十分重视保护制度畅通的制度安排,因为没有这些制度安排,市场要么不存在,要么就没有效率。经济的长期发展,除了基本经济要素的作用外,还需要制度来维持增长动力。上述关于制度的衡量标准中,最集中的是产权问题。从管理质量、私有财产保护到公民的平等发展等问题,在解决方法和最终结果上都表现为产权的明确界定。诺斯把产权看作一种经济体制中激励个人或集体行为的最基本的制度安排。一种有效率的产权,不仅有助于发挥各经济主体的积极性,保证把资本和精力用于社会最有用的活动,从而使个人收益(成本)与社会收益(成本)趋于一致,而且还有助于减少未来的不确定因素,从而降低产生机会主义行为的可能性,节省交易成本。如果缺乏有效的、明确界定的产权制度,经济社会的私人收益(成本)与社会收益(成本)就可能不相等。新经济史学派的制度变迁理论认为,国家对于产权制度的建立、产权制度的性质以及产权制度的结构,都具有重要意义。

(三)制度变迁理论的基本思想

1.制度变迁的内涵

稳定的制度可以使各个利益主体找到属于自己利益最大化的平衡点,而当利益主体意识到随着经济的发展可以获得更大的收益或其既得利益受到威胁时,利益主体就会做出行动反应,要求对其效用或利益函数最大化做出更有利的契约安排,这就引起了原有制度中各利益主体位置的转移以及力量的对比变化,从而有可能引起新的制度安排,这就是制度变迁,它必须是一个动态的过程。根据新制度经济学的理论,制度变迁可以理解为一种效率更高的制度(即制度变迁的目标模式)对另一种制度(即所谓的起点模式)的替代过程,或一种更为有效的制度的产生过程。

所以,制度变迁的理论基础应包含三个方面的内容:①描述一个体制中个人和集团的产权理论;②界定实施产权的国家理论;③影响人们对客观存在变化做出不同反应的意识形态理论。

诺斯认为,国家凭借规模经济优势,为社会提供保护和公正。国家应运用法律等强制手段,以较低的成本带来正规规则的变化与调整。现代化包含着对制度的不合理的力量的克服。对制度新的需求是人的经济价值提高的结果,制度变迁在发展过程中是不可避免的,人们为了提高经济效率和社会福利,正试图对不同的制度安排做出社会选择。制度变迁理论从经济学的角度出发,又不拘泥于经济学的研究范围。这正是作为诺贝尔经济学奖得主的道格拉斯·诺斯的伟大之处。诺斯教授认为，制度是社会的一种博弈规则。制度的框架决定了组织生存和发展的机会；反过来，组织的演化又会影响制度变迁的路径和过程。在制度变迁过程中，同样存在着报酬递增和自我强化的机制。不同的路径最后导致不同的结果，一旦走上了某一条路径，它的既定方向在以后的发展和演变中会得到自我强化，这就是路径依赖，即人们过去所做的选择决定了他们现在可能的选择。

新制度经济学认为，转轨实际是一系列制度变迁现象。制度变迁是一个从制度均衡到不均衡再到均衡的不断演变的历史过程，各种制度的交错变迁构成了一定时期的历史延绵。诺斯对经济史的制度分析方法，突出了制度安排的重要性，可以较好地说明转轨对一般性原理的遵循。制度是重要的，经济增长的关键在制度因素。有效率的制度安排能够促进经济增长和发展，无效率的制度安排则会抑制甚至阻碍经济的增长和发展。在技术不变的条件下，通过制度创新同样可以大大促进经济发展。制度变迁带动了技术进步，并因此扩大了资源基数，提高了人类生活的质量。这种关系可以分别通过技术革命的线索、人口与资源关系的线索、经济成长阶段的线索来反映。制度与技术的关系，一方面形成了人类经济史递进向前的一般规律；另一方面也形成了不同经济体之间经济成长阶段的差异。转轨时期经济运行绩效的获得，实质是在符合经济史一般规律的前提下，谋求经济成长阶段的迅速演进和提升。但是，作为一种制度变迁，转轨的特殊性在于它不是一个自然演进过程，而是一种自觉选择的结果。基于不同认知基础的路径选择和政策取向，始终存在着与实际经济状况契合的问题，并因此影响着"制度变迁—技术进步—经济增长—成长转型"的传递过程与效率。

2.制度变迁的轨迹

在经济发展史上，制度变迁能否成功，取决于两个因素的共同制约：一是复杂的、信息不完全的市场；二是制度在社会生活中给人们带来的报酬递增。就前一个因素而言，市场状况的复杂性要求制度的初始设计必须尽可能地与市场实际相吻合，以保证制度实施的可行性。但是，由于市场总是复杂多变的，人们不可能事先掌握准确、全面的信息，加之行为者都受到他们的主观意志、意识形态及个人偏好的制约，因此制度变迁不可能总是完全按照初始设计的方向演进，往往一个偶然的事件即可极大地改变制度变迁的方向。就后一个因素而言，诺斯强调，尽管制度变迁受各种主、客观因素甚至偶然因素的影响，但都有一个共同的规律，即制度给人们带来的报酬递增决定了制度变迁的方向，并最终使得制度变迁可能呈现出两条截然相反的轨迹，一条被他称之为路径依赖轨迹，另一条就是锁定轨迹。当报酬递增普遍产生时，制度变迁不仅得到了支持和巩固，而且能在此基础上一环紧扣一环，沿着良性循环的轨迹发展，即出现所谓依赖轨迹，"制度变迁一旦走上该路径，就会在以后的发展中沿既定方向不断强化自己"。在这条轨迹上，制度变迁大大地调动了人们的积极性，使得人们能不受约束地把一切可以利用的资源都用来从事收入最大化的活动，于是出现了市场的蓬勃发展和经济的快速增长。而市场的发展和经济的增长反过来必然成为推动制度进一步变迁的重要力量，使制度框架更适合经济的发展。在这里，制度变迁和经济发展呈现出互为因果、互相促进的良性循环局面。

第二节 经济发展战略分析

经济发展战略分析的重点内容包括：进口替代的含义及依据、进口替代的优点和存在的问题、出口导向战略的含义及特点、出口导向战略的优点、出口导向战略存在的问题、绝对优势理论的基本思想、比较利益理论的基本思想、资源要素禀赋学说的内容等。

一、国际贸易与经济发展

传统贸易理论在自由贸易和充分就业等重要假定下，对贸易和发展的关系可以用一句话来概括，即贸易是成长的发动机。因为一个国家如果在某个领域具有比较优势，那么其就有条件扩大出口，得到贸易带来的利益,从而这个领域也可以得到发展。从贸易双方来看,它们通过相互贸易增加了各自国内的生产和世界总产量,提高了各自的消费水平。双方产品进入广阔的世界市场,就有可能换取经济发展所必需的稀缺要素。此外,贸易的开展,一方面提高了劳动力充裕的那些国家的相对工资水平;另一方面降低了劳动力稀缺国家的相对工资水平,从而使要素价格趋于一致,实际工资也随之提高。这意味着在世界范围内有效地利用了各种资源。

(一)进口替代战略

1.进口替代的含义及依据

就一种产品而言,进口替代政策就是从经济上独立自主的目的出发,减少或完全消除该种商品的进口,国内市场完全由本国生产者供应的政策。狭义的进口替代局限于以本国生产的产品替代一种特定产品的进口。但从广义的方面看,一个领域的进口替代,其目的是通过减少或禁止某些产品的进口,引起所希望的国内经济结构的变化,或者创造向国内非传统领域进行投资的推动力,使资源有机会进入这个新的工业部门,导致生产活动的产生和扩大,从而使得总体经济结构得到改善。

2.进口替代的依据

进口替代战略的依据主要由两位来自发展中国家的经济学家劳尔·普雷维什和辛格提出。20世纪60年代中期,阿根廷经济学家普雷维什率先提出,传统的比较优势理论并不适合发展中国家。他认为基于比较优势的贸易利益更多地表现为静态利益,而规模经济等动态利益则较少体现,所以对发展中国家经济发展作用不大,甚至会带来不利后果。普雷维什进一步提出发展中国家应该摆脱不合理的国际分工体系,走独立自主的发展经济的道路。

采取进口替代战略的另一个理由是某些国家的二元经济结构。所谓二元经济,是指在一个发展中国家,比较先进的资本密集型且工资水平相对较高的工业部门和传统的农业并存的经济结构。

进口替代工业化大体可以分成两个阶段。

第一个阶段是用国内生产的非耐用消费品代替进口的同类产品。一般情况下,发展中国家比较容易进入这个阶段,而且成功的把握也比较大。因为发展非耐用消费品的生产避开了重工业发展需要大量资金的难题,且这些产品的技术含量较低,可以进行较小规模的生产,对劳动力的素质要求也不高。所以从比较利益的角度看,工资水平相对比较低的发展中国家可以用较低成本生产出这类产品,进而代替同类的进口产品。这类工业包括纺织品原料、服装、鞋类及其他劳动密集型的行业。

进口替代的第二个阶段是用国内生产的耐用消费品、重工业产品和化工产品代替进口品。一般而言,进入这一阶段需要发展中国家有一定的工业基础。

选择进口替代战略并且取得成功的国家具有这样几个特点:首先,该国的国内市场比较大。较大的国内市场可以为其工业的发展提供较有保障的市场,以便使这些行业迅速实现规模经济,较快地成长起来。其次,选择进口替代战略的国家国内拥有一定的自然资源和丰富的劳动力供应。再次,处于"二元经济"时期,因为二元经济可以为工业发展奠定基础,也为现代工业的发展提供了成本相对较低的劳动力。

3.进口替代的内容和措施

在这个战略的初级阶段,通常认为应该限制或禁止的那些进口产品,几乎都是消费品。因为,与生产资本品、中间产品相比较,生产消费品所需要的生产技术水平比较简单,所需投资也低得多,易于开办企业。这也意味着由国内生产的和进口的消费品在成本方面的差距小,而资本品和中间产品的成本差距很大,因此消费品的进口替代的代价小。再者,消费品的市场是现存的,资本品、中间产品的需求则是由投资引起的。

至于限制或禁止进口的更为关键的措施,则是实行保护政策。比如,在外汇管理方面实行外汇管制,不提供需要替代的消费品的进口外汇。通过这样的措施使资本品和中间产品的进口成本低于它的真实成本,以鼓励替代进口的消费品的生产。通过以上措施,当受保护的消费品的生产满足国内市场需要之后,这一阶段的替代过程即宣告结束。

4.进口替代的优点

进口替代的发展战略强调通过以国内的产品替代以前进口的产品来

发展国内市场。因此,一个国家应该做的不是进口钢材、汽车、电视、计算机和其他类似的产品,而是应该自己来生产它们,以便积累实现现代化所必需的技能。

(二)出口导向战略

1.出口导向战略的含义及特点

出口导向战略着眼于出口对经济发展的积极作用,通过对初级产品进行深加工,然后组织产品出口,以代替原先的初级产品的出口。出口导向战略是建立在比较利益理论基础上的。这种理论认为,无论一国处在何种发展水平上,总有某种比较优势,如成本较低的劳动力的优势,借助这种优势,发展中国家可以出口劳动密集型产品或原材料,以获取经济发展的资金。出口导向战略注重劳动密集型的制成品的出口。

一般而言,选择出口导向战略的国家有三个特点:一是采取出口导向战略的国家或地区内部市场相对比较狭小;二是劳动力成本相对较低;三是采取出口导向战略的国家国内自然资源比较稀缺,需要靠自然资源或原材料的进口才能生产制成品。总之,这类国家和地区的国内市场都比较小,如果将自己封闭起来,很难使本国工业达到规模经济水平。因此对这些国家而言,封闭就意味着放弃本国的工业化,放弃本国的经济发展。

由于采取出口导向战略的国家和地区需要外部市场,往往大进大出,所以需要有相对稳定和便利的市场环境。具体到贸易政策,主要表现为广泛使用出口补贴或其他出口鼓励措施,以促进出口。

实行出口导向战略的国家在实现本国经济发展上是比较成功的。20世纪60年代中期以后,一些发展中国家相继采取了出口导向战略,结果这些国家和地区经济出现了迅速的发展。其中,韩国、新加坡等是具有比较典型意义的国家。现在许多发展中国家也开始仿效出口导向战略,以求本国经济得到迅速发展[①]。

2.出口导向战略的优点

支持出口导向战略的经济学家认为,由于产品用于出口,因而对发展中国家产品的需求不会受到本国居民低收入的限制。另外,出口市场上

---

①孙天法.出口导向战略适宜性研究[J].行政事业资产与财务,2019,(09):38-40.

的激烈竞争对于提高效率和促进现代化也起着重要的刺激作用。厂商在激烈的国际竞争中取得成功的唯一方式，是以消费者需要的质量并以尽可能低的成本生产消费者想要的产品。这种激烈的竞争迫使发展中国家在它们工资具有比较优势的领域内实行专业化，比如在劳动密集型产品领域。

以劳动密集型产品出口为主要特征的出口导向战略对发展中国家的经济发展有多方面的积极作用。首先，从比较利益论看，可获得资源再配置的经济效果。这种效果能够将本国的资源优势充分发挥出来，最大限度地利用资源，有助于经济的迅速发展。其次，出口导向将产生一系列的产业间关联效应，进而带动整个经济的发展。再次，出口导向也有助于一国经济逐步实现工业化。因为在经济发展的初期，发展劳动密集型产业可节约资金，避免在工业化的初期就投入大量资金、发展重化工业可能带来资源配置的扭曲。最后，发展劳动密集型产业还有利于创造较多的就业机会，从而能够较快地提高国民的收入水平，进而提高消费水平。消费水平的提高又反过来促进耐用消费品和其他产品生产的发展，从而有助于本国的某些工业部门实现适度的经济规模。

3.出口导向战略存在的问题

出口导向战略的批评者们认为，这种发展战略存在三个主要问题。首先，如果一个国家只是发挥现在有的比较优势，那么，它就会专门生产那些廉价的劳动密集型产品或者生产具有气候条件相对优势的产品，比如咖啡、可可和香蕉之类农产品，尽管这些国家的收入可能略有提高，但它很难成为经济发达的国家。其次，发展出口市场可能并不容易。世界市场并不只是受价格支配，它也受到长期以来形成的贸易模式的影响，某些商品之所以成功是因为其声誉，而声誉并不是一朝一夕建立起来的。最后，这一战略可能导致经济结构不太稳定，具有出口能力的部门处于发达水平，而其他部门仍维持着不发达状况。

（三）国际贸易与经济发展

1.国际贸易对经济发展的贡献

经济发展要求国际贸易的根本任务在于促进经济和产业结构升级、

优化、资本积累和技术进步。只有国际贸易的发展与这些目标之间形成良性循环，国际贸易才能实现其对经济发展的积极作用。而要实现这种良性发展，就要求制定科学的国际贸易政策，而且要适应国际经贸环境的客观要求。因此，要认清国际贸易对经济发展的重要性及其实现条件，这可从以下几个方面反映出来。

（1）国际贸易有利于经济、产业结构的转换

国际贸易的基础是比较优势，但比较优势只有在现行条件下形成国际贸易和强化分工的功能，而没有使产业结构优化和转换的功能。产业结构的优化和升级来自技术进步、要素生产率的提高以及产业政策所形成的优惠价格条件等，静态的比较利益具有表现现存结构的作用，动态的发展目标具有改变现存结构的要求，国际贸易有助于实现技术进步，提高各种生产要素生产率的功能，对于经济发展具有重要意义。这种结构的转变对发展中国家尤为重要，因为发达国家现有的技术水平、市场配置资源和资本形成的能力、成熟的市场调节功能等，都为产业自身的升级和转换创造了内在的条件，而这些条件在发展中国家却稍显不够完善。

长期利益与短期利益的统一，在于国际贸易不仅不应限制，而且还应有助于国民经济及国际贸易结构的转型能力。

国际贸易促进经济结构的优化有两种意义。一种是经济结构的多样化，即从以农业或采矿业为主的单一经济结构向轻工业、重化工业、高技术产业、服务业发展的产业类型多样化；另一种是效率化结构变动，即在各产业部门采用高效率的生产方法，使产业实现现代化。国际贸易促进这两种意义的结构变动，从而改变现有的比较优势，改变货物和服务的进出口贸易结构，而新的进出口贸易结构又推进产业结构的进一步优化。

（2）资本积累是促进国际贸易发展的关键

国际贸易对经济发展的积极贡献，在于它为经济结构、产业结构的调整提供了大量的资本，资本积累对经济发展所需的其他要素投入显得尤为重要，如技术、高素质的人才、现代化的基础设施等的发展。国际贸易

的扩大,有利于平衡国际收支。用货物或服务出口实现的国际价值换回本国短缺的生产投入物、短缺的高级生产要素。人力资本、现代化的管理、先进的技术和设备、营销与分销技术等,这些都是发展中国家相对没有优势的。

(3)国际贸易加速技术进步和扩散

技术进步、技术扩散是经济发展的重要条件,国际贸易为技术进步、扩散创造了条件。技术进步、扩散又通过产业结构的调整与优化而有利于进出口贸易结构的优化和规模的扩大。

技术进步大致可分为中性、劳动节约型和资本节约型三种类型。中性技术进步是指劳动力和资本的生产力由于技术的变动而以同等比率提高,从而在劳动力和资本投入总量不变的基础上,生产相同数量产品所需的资本和劳动力同比例降低,产品中所包含的资本和劳动的比例不变。劳动节约型和资本节约型技术被劳动力取代,使生产要素的生产率提高,通过进口,引进新的高效率的生产设备,可提高现有产品的生产效率,也可能引进一种新产品的专利、一种新的工业或生产技术,这些直接可以转化为产品的软件,也可以是进口科技研究所需的设备、信息、人才等,加快国内技术进步的发展,推动经济的发展。技术进步对国际贸易效益的积极作用,主要取决于技术进步能否加快出口产业的发展,当技术进步发生在出口部门时,它会大大提高本国该产品的出口优势,为本国开发研究出更多新的出口产品,扩大贸易利益。所以,发展中国家的技术进步应当特别注重出口产品,一旦这方面有所突破,贸易与技术进步的良性循环就可以形成。国际贸易靠技术进步创造了更大的生产能力及出口产品的比较优势,出口又为技术的进步创造了更多的资金来源。

(4)国际贸易可以提高劳动力素质,增加人力资本

劳动力是经济发展中不可缺少的投入物,高素质的劳动力是很重要的投入要素。人力资本需要通过教育投入才能不断地获取,而个人或企业对劳动力的教育投入,一定程度上要受这种投入可能获取的回报所影响。如果人力资本用于更高效率的生产过程,或利用较多人力资本的产

品、服务的需求上升,人力资本的回报将会上升。由于贸易自由化导致在更广泛的市场进行国际竞争,通过提高生产的效率或市场占有率而使人力资本的回报得以提高,进而刺激对教育或培训的投资,提高所有劳动力的平均素质,并最终对经济发展产生重大影响。

人力资本对贸易自由化的增长效应,一定程度上取决于该国是专业化生产熟练程度,或者是劳动力密集的产品,还是非熟练劳动力密集的产品。对于熟练劳动力相对丰富的国家,贸易自由化将使其倾向于生产熟练劳动力产品,并刺激人力资本的不断增加,使经济发展更快;对非熟练劳动力相对丰富的国家,贸易自由化使其增加熟练劳动产品的进口,而国内则扩大非熟练劳动力密集的产品生产,减少了人力资本的积累,并减缓经济增长的速度。

从长期来看,发展中国家必须要在国际贸易发展中,强化国际贸易对人力资本积累的功能,增加对人力资本的投资,不断提高劳动力的素质,为实现长期稳定发展创造良好的条件。

2.国际贸易促进经济发展是有条件的

目前,对发展中国家而言,国际贸易作为经济发展发动机的结论是正确的,但世界经济贸易环境正在发生很大变化,新发展起来的制造业面临着激烈的国际竞争,进入国际市场的难度在加大,超过了当年率先工业化的国家进入国际市场的困难。整个世界经济并非一直处于繁荣状态并且保持较高需求,有限的市场也因为各发展中国家出口相似的产品而竞争更加激烈。

应该指出,出口不是唯一的推动经济发展的发动机。国际市场可以利用到何种程度,国内政策在何种程度上使出口推动国内经济发展是至关重要的。出口作为经济增长发动机的上述局限,并不意味着主张用贸易保护促进经济发展,现在,在贸易保护战略下的经济增长不是不可能,而是相对低效和缓慢。在如今的经济发展状况下,贸易保护的低效率已为理论与事实所证明。经济发展需要实现一些重要的国内条件,即生产投入的结构变化、劳动力平均资本存量提高、劳动力受教育程度和技能提高、国内需求随收入上升发生变化、国家的比较优势发生变化。

二、国际贸易的基本理论

(一)绝对优势理论

这是早期的国际贸易理论。这一理论的主要代表是英国经济学家亚当·斯密。他在《国富论》一书中用一国中不同的职业分工和交换来解释国际贸易,认为国际贸易的产生就像裁缝不会去自己制作靴子,鞋匠不会去自己缝衣服,大家都是用自己的产品去交换自己不擅长生产的东西一样。一个国家之所以要进口别国的产品,是因为该国的生产技术处于劣势,自己生产成本太高,不如购买别国产品来得便宜。而一国之所以能够向别国出口产品,是因为该国在这一产品的生产技术上比别国先进。如果一国能够用同样的资源生产出比其他国家更多的产品,从而使每单位产品的生产成本低于别国,则称该国在这种产品的生产上具有绝对优势。

建立在绝对优势基础上的贸易理论认为,各国间存在的生产技术上的差别以及由此造成的劳动生产率和生产成本的绝对差别,是国际贸易和国际分工的基础。各国应该集中生产并出口其具有绝对优势的产品,进口其不具有绝对优势的产品,其结果比自己什么都生产更有利。如何来确定生产技术的绝对优势呢?最直接的方法是衡量产品的"产出—投入"比率。在劳动是唯一投入的情况下,生产技术的优劣可用劳动生产率,即单位劳动产量来衡量。因此,一国如果在某种产品上具有比其他国家高的劳动生产率,该国在这一产品上就具有绝对优势。此外,生产技术上的绝对优势也可以间接地由生产成本来衡量。如果一国生产某种产品所需的单位劳动力比其他国家生产同样产品所需的单位劳动力要少,该国就具有生产这种产品的绝对优势。

(二)比较优势理论

在亚当·斯密绝对优势理论的基础上,英国另一位经济学家大卫·李嘉图提出了比较优势的贸易理论。比较优势理论认为,国际贸易的基础并不限于生产技术上的绝对差别,只要各国之间存在着生产技术上的相对差别,就会出现生产成本的相对差别,从而使各国在不同的产品上具有比较优势,使国际分工和国际贸易成为可能。

这一理论表明,如果两国生产力水平不相等,甲国生产任何一种商品的成本均低于乙国,处于绝对优势,而乙国处于绝对劣势,但两国间依然存在着互利的国际分工和贸易的可能性。因为两国劳动生产率的差距并不是在任何商品上都是平等的,处于绝对优势的甲国,不必生产所有这些商品,应该只生产最大优势的商品;反之,处于绝对劣势的乙国,也不必停产所有的商品,只应停产劣势最大的商品,这样甲、乙两个国家各自只生产比较成本相对有利的商品,通过国际贸易,互相交换,彼此都节约了劳动力,都得到了好处。

在自由贸易条件下,各国应该把资本和劳动用于具有相对优势的产业部门,生产本国最有利的产品,利用国际分工和贸易完成相互之间的互补,从而在使用和消耗等量资源的情况下,提高资源的利用效率,实现本国经济的快速发展。

(三)要素禀赋

资源要素禀赋是指一个经济中自然资源、劳动力和资本的相对份额。要素禀赋理论在一个相当长的时期成为国际贸易理论中的"宠儿",至今仍占据着十分重要的地位。这一理论从要素禀赋相对差异出发,解释国际贸易的起因与贸易形态的决定。根据比较优势,一国应该出口密集使用其相对丰富要素的产品,进口密集使用其相对稀缺要素的产品。要素价格均等化理论指出国际贸易通过商品价格的均等化会导致要素价格的均等化,从而在世界范围实现资源的最佳配置。同时由于要素价格的变动,国际贸易会影响一国收入分配格局,即相对丰富要素的所有者会从国际贸易中获利,而相对稀缺要素的所有者会因贸易而受损。英籍波兰经济学家塔德乌什·罗伯津斯基在其《要素禀赋与相对商品价格》一书中提出了罗伯津斯基定理,指出在商品价格不变的前提下,某一个要素的增加会导致密集使用该要素产品的生产增加,而另一产品生产则下降。由罗伯津斯基定理,我们可以来判断要素增加国的经济增长类型。对于大国来说,如果经济增长偏向出口部门,则会恶化增长国的贸易条件,如果经济增长偏向进口部门,则会改善增长国的贸易条件。

资源要素禀赋学说解释了大卫·李嘉图的比较成本论,无法解释是什么原因造成了各国在生产不同产品上的比较成本差别。要素禀赋理论认为,在不同国家同种商品的生产函数相同的情况下,比较优势产生的根源在于各个国家或地区的生产要素相对禀赋的不同以及不同商品生产在要素使用密集形式上的差别。要素禀赋论的基本内容如下:

第一,国际贸易产生的直接原因是商品价格的国际绝对差异。当两国间的价格差异大于各项运输费用时,商品从价格较低的国家输往价格较高的国家就能带来利益,国际贸易因而得以发生。

第二,价格的绝对差异是由于成本的绝对差异,而成本的绝对差异主要是由于生产要素的供给不同,即两国的要素禀赋不同和不同产品在生产过程中所使用的要素的比例不同。

第三,一个国家出口的应是那些在生产中密集使用了其最丰富的生产要素的商品,进口的应是那些生产中密集地使用了其最缺乏的生产要素的商品。根据产品里投入的、所占比例最大的生产要素的种类不同,产品可以分为劳动密集型产品、资本密集型产品、技术密集型产品等。

第四,按照要素禀赋论,国际贸易的流向应该是:劳动力资源丰富的国家应该集中生产劳动密集型产品,出口到劳动力资源相对缺乏的国家去;资本丰富的国家应该集中生产资本密集型产品,出口到资本相对缺乏的国家去。

第三章 经济管理与调控

第一节 市场主体的市场行为

每个市场主体都具有自己的特点,它们在经济发展中的行为都可能是不同的。它们对于经济管理的刺激信号和市场的刺激信号,也就是对各种引导经济行为的经济政策、行政政策、法律法规、供求与价格等信号,都会有自己的认识和判断,并会根据自己的实际情况做出相应的反应。

一个正常的市场主体,其市场行为是在经济制度约束与激励下由利益机制驱动的,机制的核心和目的都是其主体自身的利益。市场主体的市场行为,是市场主体根据包括市场信号在内的外界信号,根据市场机制的作用做出的反应。因此,经济市场主体的行为发生是由两个机制决定的:一是主体自身的利益机制,二是市场机制。

对于市场主体来说,来自外界的管理信号和市场信号等作为外在的影响因素,作用在自己身上后,市场主体根据市场机制与自己的利益机制,对输入的外在因素进行利益识别与分析,也就是对来自外界的输入因素进行感知,分析外界因素对自己利益的影响,包括:现时利益与风险可能是什么、未来利益与风险可能是什么、自己的付出可能是什么。然后市场主体会对自己的付出、利益和风险进行最佳组合,形成自己的市场行为策略,输出自己现在的市场行为,为未来的市场行为进行必要的准备,应对市场的变化和经济管理。

市场主体针对输入外在因素的反应体现了市场主体的反应机制,这个反应机制就是利益机制加上市场机制,但核心是利益机制。

反应机制对经济的管理者来说是至关重要的,如果经济管理者不了解和掌握这个反应机制,经济管理就是盲目的,要想制定出行之高效的管理措施是不可能的,要想实现理想的经济管理也是不可能的。

经济管理中,如果市场主体的反应机制不同,那么作为外在输入因素之一的经济管理者的管理手段,就必须区别对待,也就是要采取不同的管理方式,也就是在经济管理政策上要有针对性。

在经济社会中,如果有些市场主体的利益机制出现问题,那么就会影响市场主体的市场行为。对于企业这个市场主体,其利益机制由两个方面来决定:一是企业盈亏是否由企业自己来承担,也就是企业预算约束是软的还是硬的;二是企业利益与决策者利益的统一程度。

市场主体利益机制的核心是预算约束的硬度,也就是市场主体的市场行为所带来的经营后果是否完全由市场主体自己承受。利益完全由自己享受,损失完全由自己承担,这种约束的硬度是坚固的,否则约束的硬度就会降低,约束就会变软。

如果一个主体的预算约束是软的,这时的主体在市场上的行为就不会是纯粹的经济行为,也就是主体的市场行为会出现一些变形,主体的市场竞争能力就会有所降低,就会在市场竞争中处于劣势,主体的生存与发展空间就会越来越小。这时的市场主体作为市场经济系统中的主体是不够完善的,其生存与发展的能力会受到一定的限制[①]。

如果市场主体的预算约束具有坚固的硬度,那么主体对各种刺激信号的反应就会十分的敏感,市场机制对主体的调节和控制作用就会最大化,市场主体的市场行为就是纯粹的经济行为,市场主体的市场行为就不会发生扭曲,市场主体就是一个纯粹的经济单元(组织),市场主体的市场竞争能力就会得到最大限度的提高。

市场主体的市场反应机制决定着市场主体市场功能的提高和发挥,而市场主体的市场功能又决定着主体的生存与发展,决定着对社会经济的作用和贡献。市场主体作为社会经济系统的一个基本"元件",必须是经济中的一个经济单元,而不应该是某种程度上的非经济单元,如果经济中这种非经济单元比较多,那么经济的运行就会出现一些异常现象,

---

①房汉廷,张磊. 加快完善现代市场体系[M]. 广州:广东经济出版社,2015.

整个经济系统的管理就会相对低效,管理系统运行成本和风险就要加大。

经济之中,影响市场主体利益识别的因素是多种多样的,包括主体的文化理念(包括法制观念)、对以往管理模式的认识、对经济的预期与信心、自己可能的付出与风险等。在众多因素之中,市场主体的文化理念是指市场主体的价值观与行为理念,文化理念在很大程度上会影响市场主体的行为动机,影响自己的市场反应行为。主体的文化理念受社会大环境文化理念、政治、法律、经济秩序和文化道德状态等的影响,是一个综合性的问题。

对经济管理者以往管理行为模式的认识是指市场主体对管理者以前管理的规范性、严肃性、科学性、激励约束机制与手段等的认知,市场主体凭借自己的认知推导本次管理行为的模式选择、相应的管理效果,评估经济管理在未来会给自己带来怎样的利益与风险,评估的结论将会影响市场主体的反应行为。市场主体对经济的预期与信心是影响市场主体反应行为的又一个重要因素,它影响着市场主体对经济发展及自身未来经济发展的心理评价,具体地说,它影响着市场主体对社会未来经济走势的判断,如对供需状态的判断,影响着自己应该采取的行为策略。

影响市场主体利益识别的因素是多方面的,作用过程是复杂的,这其中牵涉利益与风险、心理、市场竞争策略等诸多问题,具体到每个市场主体的身上的因素及其作用又可能是不同的。

市场主体在一定的经济环境之中,不断感受市场变化,不断感受其他市场主体的反应行为,感受经济管理者的管理行为,会形成自己的行为反应模式,包括获利模式、规避风险模式、生存模式和发展模式。

任何一个企业,当决策者自身的利益与企业的利益相一致时,这个企业就会成为一个纯粹的经济组织;当决策者的自身利益与企业的利益有时或者经常不相一致时,企业就不是一个完全的经济组织,这时的企业运行就不会完全以企业利益为中心,而会围绕着决策者利益和企业利益这两个中心转来转去,这种情况下的市场行为,会导致企业的内耗和运行成本加大,这样的企业会存在大量的不利于企业经济运行的规则。

如果企业的利益与决策者的利益发生矛盾,那么企业的运行目的就会有两个:一是为了企业获利,二是为了决策者的获利。决策者在什么状况下,重视哪一个,选择哪一个,要看具体情况而定。

这样,不同的企业类型,其对市场信号和管理信号的反应就有两种不同的类型:一种是"企业利益"型,另一种是"企业利益+决策者利益"型。这两种类型的企业的市场反应行为往往带有很大的差别。

企业作为市场经济系统的基本"元件",其基本功能和基本素质对于经济很重要,就像一部机器一样,如果"元件"的基本素质、基本功能不健全、有缺陷,那么讨论经济这部机器"引擎"的功能与表现就显得有点荒唐。

企业的利益机制类型是最根本的企业素质,是企业功能最根本的决定因素和源泉。企业是作为一个经济"元件"而存在,还是作为一个政治"元件"而存在,还是两者兼而有之。这个问题的答案是很重要的。

对这些问题的回答,将会对经济系统的建设、管理、运行、效率和效果产生较大的影响。因此,经济管理组织的第一任务就是要培育、调整和优化经济主体的基本素质,使其显现出足够正常的利益机制,使其显现出足够正常的行为反应机制,使其具有足够正常的市场功能。

第二节　经济管理对市场主体的影响

市场主体的市场行为,受外界的市场信号和经济管理的信号的影响,也受市场主体反应机制的影响,因此,经济管理者对市场主体的管理就要从两个方面展开:一是管理外部信号,包括自己的管理信号;二是对市场主体的反应机制进行影响。只有这样,经济管理者对市场主体的行为才会有足够的影响力。

一、规则经济从理念到行为的形成

经济是一个规则经济和自由经济的综合体,自由是在规则下的自由,不是没有约束的自由,因此,首先必须建立规则,也就是建立健全制度体系;其次,市场主体在市场规则下进行自由的市场行为。

自由和规则必须统一起来,不能放在对立的位置,也就是不能把规则绝对化,也不能把自由绝对化,但规则是第一位的。规则是为了市场的方向、秩序和效率,自由是为了市场主体个性与市场机制作用能够淋漓尽致地发挥。

通常情况下,规则的限度不能妨碍市场机制作用的发挥,市场机制作用的完全发挥体现了经济自由的真正含义,但经济行为的自由不能伤害他人及国家的利益,不能伤害经济制度体系的健康发展,不能触犯法律,否则就失去了自由的真正含义。

经济制度体系是经济管理者根据市场经济的规律,根据规律发生作用的条件而制定的优化市场主体及管理者行为的规则,制定利用和发挥市场主体价值生产能力的规则,制定抑制、限制、惩罚对市场经济发展不利行为的规则,最终目的是引导整体经济的发展,做到经济质与量的统一,使经济体系高质量、平稳、快速地发展。这样的经济就是规则经济。

因此,经济管理组织必须建立健全各个主体的经济行为规则,包括经济管理组织的组织行为规则、经济管理的经济政策、经济管理的行政政策以及与经济相关的文化理念等。

当经济管理制度系统建立健全之后,经济的管理者和经济的市场主体都必须严格遵守既定的规则,这些规则也是契约的约定,是经济管理者与市场主体之间、市场主体与市场主体之间对彼此的承诺,承诺的最重要的和终极的形式就是有关法律法规的约定。

规则的约定在经济管理中被严格地履行,使经济管理的方法、措施奏效,显现出经济的管理效果。如果我们约定了经济管理规则,但不能履行,经济就必然要陷入混乱,就无所谓规则经济了,经济管理效果也就无从谈起[①]。

因此,不论是经济的管理者还是市场主体,规则经济都是经济运行的首要理念,至于经济管理的具体方式、措施的制定及其有效性,则是另外的事

---

①胡乃武. 中国宏观经济管理[M]. 北京:中国金融出版社,2013.

情,是管理水平的事情。在经济管理活动中,规则是最重要的,是第一位的。

二、市场主体反应机制的培育与优化

市场主体的反应机制有可能是不同的,市场主体的反应机制不一定是最优的,影响市场主体的反应机制的因素也可能是不同的,因此,对于不同类型的市场主体,他们对刺激信号的敏感性和反应行为可能是不同的。

经济管理的使命是使得企业、行业乃至整体经济的竞争能力提高,是使得居民生活水平提高,这些提高反过来依靠市场主体的市场行为来实现,而市场主体的市场行为依靠行为反应机制。

对于经济管理来说,一项重要的工作就是培育与优化经济主体的市场反应机制。经济管理者在管理市场主体的反应机制时,任务之一是对国有企业反应机制的管理。如何优化国有企业市场反应机制,在现阶段来看,也就是如何增加国有企业对外部刺激信号的敏感性,并做出相应的最佳反应行为。这是经济管理的关键之一,因为国有企业在我国经济中占有很重要的位置。

因此,如何设计国有企业的绩效考核制度、国有企业领导人的工作变动制度(也就是升迁制度),使经营管理者把自己的利益与企业利益统一起来,使国有企业反应机制得到进一步改善、优化,成为中国经济管理现阶段的重点之一。国有企业在经济中的作用也有其自己的优点,那就是经济管理者可以直接通过国有企业管理得更直接,力度更大、速度更快。同时,为了保证国家的经济安全,也必须保留一定数量的国有企业。

对于非国有企业,其反应机制是正常的,因此,对这部分企业而言,重要的不再是优化反应机制,重要的是针对市场信号和经济管理信号的刺激,如何引导市场主体运用反应机制产生最佳的市场行为。

培育和优化经济市场主体的反应机制与市场行为,抑制、约束和制裁不正常的反应行为,加强经济管理对正常反应机制与市场行为的保护与激励,重要的方法就是建立健全经济制度,严肃各项制度的执行,确立法律法规在人们心里的地位,树立法律法规的尊严,树立法律不可侵犯的理念。同时,在经济管理的各项政策中,建立起恰当的激励与约束机制。

经济管理者要通过自己的经济管理行为(水平)建立市场主体对自己

的管理工作的信心,进而使市场主体对经济的未来充满信心,这两个信心是十分重要的,对市场主体的反应行为的影响是巨大的。

三、科学管理模式的建立

建立科学管理模式的目的是更加科学地对经济进行管理。从一定的角度上看,经济管理的主要内容包括两个主要方面:一是对经济制度系统的管理;二是对经济价值生产系统的管理,也就是对运行质量和增长速度的管理,包括就业率、国际收支平衡等。

经济的科学管理模式首先体现在建立建全管理经济的制度系统上,管理制度系统中各个层面的制度要健全、完善,使管理者和市场主体这个被管理者的行为依据是最优的。

经济的科学管理模式在制度体系上的另一个含义是制度的履行模式,人们以制度约定为标准,以诚信为理念,以法律法规为行为底线,以行为履行承诺,没有任何人可以逾越规则,树立经济的行为模式。

经济价值生产系统的管理要遵循"质量+速度"的模式,国家经济的运行与发展要以质量为核心,以质量求生存,在追求质量的同时兼顾经济增长的速度,以运行质量促进经济增长,实现高质量的经济增长。但是,在非正常情况下,可以打破这个模式。

在对市场机制的管理模式上,建立通过影响交易链来实现对市场机制干预的模式,避免过多使用直接干预市场机制的方式,给市场机制留有发挥作用的更大的空间和余地。

在经济管理中,科学的风险管理模式是经济稳定持续运行的保证,这主要体现在对经济泡沫的科学管理上,将泡沫的存量控制在合理的限度之内,利用泡沫对经济的益处,控制泡沫对经济的危害,使经济不大起大落而是稳定健康地发展。如果经济之中的泡沫产生过大、速度过快,管理组织就要利用经济政策、行政政策和法律法规来抑制泡沫的发生,严防泡沫过多,同时加大对泡沫进行刚化的力度。严格监控各种衍生工具对经济需求的过度作用,防止大量需求泡沫导致的经济波动。这种稳健的风险管理模式会给经济市场主体的市场反应带来极大的安全感,使市场主体的反应行为适当。

经济管理的这些科学的透明的管理模式,会给市场主体积极、健康和科学的反应机制的形成和运行提供良好的外部条件,产生预期的经济管理效果。

各个层级经济管理组织的管理模式,作为经济市场主体关注的因素,会影响该层级地区市场主体对管理信号及市场信号的反应。

第三节 经济调控界面

经济管理存在管理者和被管理者,管理者是以政府为主的经济管理组织,被管理者主要是以企业为代表的经济组织和居民,管理者和被管理者处于一个界面的两端,分别围绕各自的利益进行制衡。

一、管理者与市场主体之间的调控界面

当管理者要对经济进行调控时,便要使用调控方式,这个调控方式包含了调控因子,引导市场主体产生管理者期望的经济行为,达到管理的目的。对于市场主体,当接收到调控因子的作用后,会对管理者的意图、经济的预期走势、目标市场的竞争形势以及调控因子对自己的影响,进行利益与风险的评价,制定让自己的利益最大化和规避风险的应对策略,之后,市场主体会付诸反应行为来回应经济的管理,如图3—1所示。

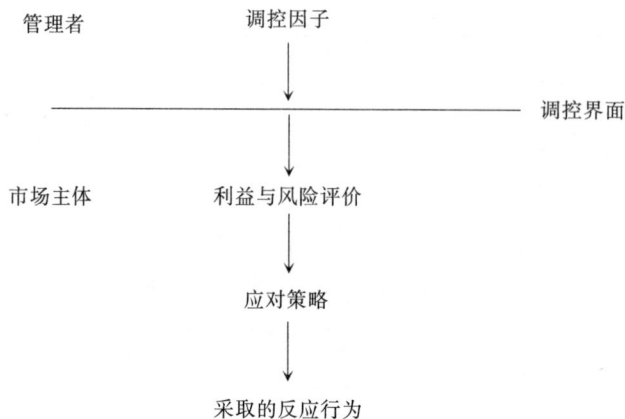

图3—1 经济调控界面

调控界面的输入是"调控因子",调控界面的输出是市场主体的"采取的反应行为",在这个输入与输出的转化过程中,对这个转化过程影响最大的是"利益与风险评价"这个环节,它决定着"应对策略"与"采取的反应行为"。

"利益与风险评价—应对策略—采取的反应行为"体现了市场主体的反应机制(利益机制＋市场机制),表达了市场主体面对调控信号的反应。

在这个界面上,调控效果的好与坏,取决于管理者对市场主体反应机制的认识和掌握,取决于管理者根据掌握的市场主体的反应机制和经济形势所确定的调控因子(组合),取决于各个层次经济管理者在调控市场主体时调控行为的协调性和科学性。

在经济管理中,经济管理的最高层级管理者,当其要对经济进行调控时,调控政策要通过各个层级的管理组织进行分解落实。这些管理组织制定或者执行各项调控政策,对于市场主体,针对各项调控因子对自己的可能影响,采取各种反应行为,企业可能增加或者减少自己的生产负荷、缩减或者增加员工,投资者可能增加、减少甚至停止投资,居民可能增加或者减少生活的支出、改变生活方式等。

值得注意的是,在市场主体的这个反应过程中,市场主体会进行避险,这是每次经济调控必然伴生的现象,如果市场主体这种行为过多,则说明需要运用经济政策或者其他政策对其进行调整。

在经济的管理中,调控界面之间的协调配合或者说界面之间管理效能的衔接与匹配是至关重要的,既包括管理通道上的上下级界面之间的配合,又包括同一个管理层级上的各个管理职能部门管理界面之间的协调配合。

经济调控中各个界面之间的协调与配合是非常重要的,包括上下管理层级之间界面上政策的衔接,也包括层级上管理职能部门管理界面之间的协调配合,也就是联动。只有各个层级、各个角度的管理行为联动起来并协调一致,经济的调控效果才可能是最好的,否则,将给经济的调控带来诸多不必要的障碍。

这也说明,在我们的经济调控系统中,如果某些地方出现了问题,这些地方管理系统的运行不正常,会使这些地方的局域调控与总体经济的整体调控产生不协调的现象,甚至是冲突,这是经济调控所不允许的。

经济调控中的界面就是关于契约的界面,是两端主体关于责权利的制约界面。调控界面的运行,就是一种契约关系的运行,是关于契约约定确定和契约约定履行的运动,因此,这个界面的建立和运行始终都需要渗透和贯穿公平、公正、守则、诚信的理念。经济管理系统层级界面之间、同一个层级的职能管理界面之间、管理者与市场主体界面之间,如果没有优秀的社会文化理念作为基础,如果没有组织制度、相关法律法规作为界面运行的保证,那么界面的建立和运行就会很困难,经济调控就会遇到阻碍。

在经济的制度体系之中,经济产业结构的发展规划、经济区域之间经济的平衡发展战略、经济产业的布局规划、环境保护与治理政策等,都是各个相关主体在相关界面上的约定(承诺),都是要通过经济的调控界面运作实现的。在调控界面上和调控界面之间的协调与匹配运行,是经济各种策略实现的前提与基础,是各种经济发展目标实现的前提和基础[①]。

二、价值生产系统与自然界之间的调控界面

在经济管理中,经济管理者除了管理系统内部的界面和管理管理者与市场主体之间的界面之外,还有一类界面是需要进行精心管理的,这个界面就是经济价值生产系统与自然界之间的界面,也是人类与自然界之间的界面。

在经济价值生产系统与自然界的调控界面上,首先调控的是人类对自然界的合作策略,只有这个策略调整好了,价值生产系统才可能长期、持续地运行下去和发展下去,否则是行不通的。无数的经验和教训已经告诉我们,人类必须学会与自然相处,收敛或者说理性看待自己的想法和愿望,以一种谦卑的心态在与自然界的界面上,与它和谐、平等相处,彼此在相互适应、相互尊重的前提下,处理好界面关系。

人类应该反省自己的想法,知道哪些想法可以继续下去,哪些是需要

---

①薛克鹏,张钦昱. 经济法学[M]. 北京:中国政法大学出版社,2017.

被抑制的,这是经济管理者的责任。人类的想法是人类肌体的生理反应,这种反应与感知是可以被重新认识、改变、修正和塑造的,也就是这种反应与感知具有完全的柔性,这种塑造的表现之一就是文化理念的改变与进步。

人类只有在处理与自然界的界面关系上,对自我精神需求不断进行整理、优化,物质文明才能够与人类的精神文明相匹配和协调,也就是物质才能够满足人类文明的需求。经济的发展与管理,永远离不开精神世界的发展与管理,不论是从经济的制度系统来讲,还是从对规律的尊重角度来讲,没有人类精神的需求,经济的物质世界就失去了最终的效用,经济的物质世界就失去了存在的意义。

第四节 经济调控与运行

经济调控系统是一个控制系统,这个控制系统包括调控方案、市场主体(被管理者)、运行监测三个部分。这个控制系统由两个通道构成:主通道和副通道。主通道由"调控方案"和"市场主体"构成,副通道由"运行监测"单独构成。

一、经济调控原理与系统调控

经济调控方案是由经济管理组织制定的,调控方案只是经济制度系统中基础契约层中的一部分,是一个阶段性的政策,是在一定的时期内针对特定或者全部市场主体行为的控制方案。

经济调控方案基本包括三个方面的政策,也就是经济政策、行政政策和法律法规。一般地,以经济政策为主导,在调控方案之中可能使用单方面的调控手段,也可能使用组合手段进行控制。

至于市场主体,在经济控制中,可能包括某个行业的企业,也可能包括所有行业的所有企业,也可能只是针对居民的管理,市场主体往往是众多的。因此,对于每次经济调控行动,应该确定所包含的市场主体的范围,应该依据市场主体反应机制的差别对这些主体进行分类,制定有针对性的调控方案,只有这样,经济调控才可能达到理想的效果。

经济调控的监测通道对经济控制是十分重要的,因为是它监测到经济的表观运行状态,并通过对表观状态的分析,获得经济的实际运行状态,将实际运行状态与经济目标进行比较,获得偏差,经济调控方案就是依据这个偏差制定的,可见经济监测通道对经济控制的重要性。因此,经济监测机构的科学建立与稳定运行是经济管理的一项重要内容,是经济管理的基础。经济调控主通道完成的是对经济市场主体的控制作用。

调控方案是经济管理者调控经济的手段,这个调控方案基本上包括三大政策:经济政策、法律法规和行政政策。这三大政策通过两个途径作用到市场主体上,引发市场主体的市场行为,实现经济调控的目标。

经济政策包括的内容是比较多的,包括金融政策、财政政策、部分产业政策、消费政策等。这些分项政策,在有的时候是相互包含的,比如说产业政策包括产业金融政策,这里不再进行详细区分。

这些政策首先影响市场交易链,也就是影响市场机制的作用条件,包括产品预期效用、成本、预期利润、预期价值、生产规模、采购资本、采购成本,影响生产者的生产,影响买方的购买打算,最后市场机制通过调节市场主体之间的自由买卖行为,实现交易量和交易价值,表现出经济调控的结果,实现经济调控的目的。

在这个途径中,市场机制对买卖双方的调节通过买卖双方完全自由的行为,实现了市场机制作用的完全发挥。

在这种情况下,经济管理者并没有干预市场机制的作用,市场机制的作用发挥是自由的、完全的,经济管理者对市场机制的干预是间接的,不是直接对市场机制的干预,因此,能够在既定经济条件下实现对社会资源的优化配置。

在法律法规和行政政策中,有些政策或者内容也只是影响市场机制的作用条件,不干扰市场机制的作用过程,使市场机制的作用得以完全发挥。法律法规与行政政策不但可以通过间接影响市场机制的途径调控经济,有时候也可以通过直接干预市场机制的途径调控经济。

经济调控的法律法规和行政政策如果处理得不好的话,会对同时进行作用的前一个途径的市场机制的作用产生负面影响,甚至对以后市场机制作用的发挥都产生影响。因此,当经济调控方案中有两个途径的手段进行组合使用时,一定要将这两个途径的手段协调好、配合好,使其彼此相互支持。

我们在进行经济调控时,一般情况下是要根据现在的经济状况,确定要达到的未来的调控目标,以我们要达到的目标为出发点,根据各个市场主体的具体反应机制所确定的反应行为,推演出调控所要采取的措施,以便收到最佳的经济调控效果。

在一般情况下,经济调控最好以完全市场机制途径来调控经济。即使在不得已的情况下,也要以完全市场机制途径为主,以不完全市场机制途径为辅而进行。

下面以尿素产品的产业链为例,来讨论调控手段的选择与组合。目前,尿素生产主要是以煤炭、天然气为原料的两种方式,因此,尿素的产业链主要是由煤炭—尿素、天然气—尿素两个支链合并而成的。

如果要提高天然气价格,就必然引起以天然气为原料的尿素的生产成本的提高,这时如果又不能在燃料动力、税收等方面给予更大的优惠,以天然气为原料的尿素企业就不能消化增加的成本,也就必然引起尿素价格的上涨,增加的成本会传递给农民,并影响尿素市场的竞争格局。

因此,当要对天然气价格放开时,也就是天然气市场实行完全的市场机制时,势必要同时考虑是否调整农作物收购价格的行政政策,并考虑对以煤炭为原料的尿素生产企业的政策调整,以配合天然气价格政策,来维持尿素市场的正常生产与竞争格局。另外,政策的变动还可能牵涉到尿素进口与出口变化的问题等。

可见,对经济产业链的调控过程和产业链的市场反应过程是十分复杂的,因此决定了调控要遵循渐进的调控原则,采取粗调+微调的方式,采取政策联动的方式。如果调控的幅度过大,可能会引起产业与市场的一系列的连锁反应,这种冲击会向好几个可能的方向扩散,引起经济和心理的波动。

经济调控方案的制定从定性上说必须是激励机制与约束机制相结合的运用,只有这样才是最有效的。

二、经济调控系统的运行

(一)经济系统的价值运行

经济调控,既有数量的调控也有质量的调控,有经济结构的调控、局部的调控、整体的调控等。这些调控,从价值的角度看,都是价值运行的调控。

在经济系统的调控中,经济系统将对调控做出价值反应,进行价值的反应运行,使经济系统的价值生产达到新的状态。

当经济的管理组织对全局、局部进行调控时,向企业传递的是关于利润、机会、风险等价值信号,向居民传递的是关于收入、福利、社会保障等价值信号。当企业和居民收到价值信号后,开始做出反应行为,其结果是在企业与居民之间形成由调控引起的价值交易变动,也就是居民向企业提供新的需求与利润(由消费产生),企业向居民提供新的供给与收入。这里的需求与供给没有包括进出口部分,这里把所有受影响的企业视为一个整体,同样把所有受影响的居民视为一个整体,也未考虑其他形式的市场主体。

之后,受调控影响后的企业将新的财政收入反馈给管理组织,居民也将新的财政收入反馈给管理组织,形成管理组织的新的财力,影响管理组织下一次调控经济的相关政策。

经过经济调控之后,由企业形成的经济供给能力、供给结构和供给质量要发生预期的变化,经济消费需求量、需求结构或者需求质量也要发生预期的变化,也就是经济的运行状态要发生预期的提高,这些决定着经济在未来的运行整体质量,这是经济调控的最终目的。

在这个价值运行网络中,价值在各个通道中的流量是与分配制度密切相关的,经济管理组织可以利用分配制度的变动,调节各个通道中的价值流量,配合对经济的调控。

（二）经济调控作用的传导

经济调控作用的传导是指调控作用在各个市场主体之间的传导，分为在企业之间的传导和企业与居民之间的传导，我们在这里重点讨论在企业之间的传导。

如图3—2所示，两条产业链，一条是标有"产品层级1n"的产业链，称其为产业链1，第二条是标有"产品层级2n"的产业链，称其为产业链2。假设每个产业链上有三个产品层级。

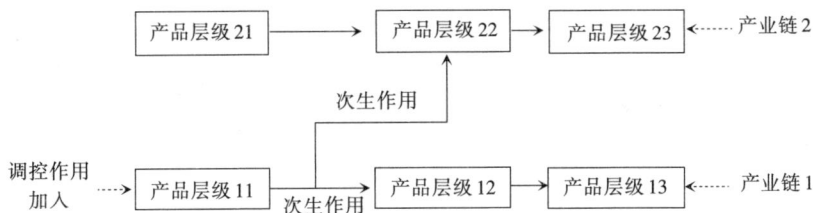

图3—2　经济调控作用传导

对于产业链1来说，当经济调控的作用是从产业链的源头加入时，调控作用沿着产业链进行传导，向下一个层级"产品层级12"进行传导；当"产品层级12"受到影响后，可能将对自己的影响向自己的下级"产品层级13"进行传导。当然，经济调控作用也可能只是传导到第二个层级就减弱到没有明显的作用了，也就是不会对"产品层级13"产生影响。

调控在这个产业链上的三次价值作用很可能是不同的，"产品层级12"的影响可以大于也可以小于对"产品层级11"的影响，如果大于前者，则说明调控的作用在加强，是倍增的作用；如果小于前者，则说明调控的作用在减弱。

例如，"层级11"代表某种矿石，"层级12"代表某种金属产品，如果对矿石加征收费时，由于矿石在"层级12"的加工中要10吨出1吨金属，因此，金属产品的成本增加是前层级加征收费的10倍。

调控作用在沿着产业链传导的同时，还很有可能向与自己相关的产业链进行产业链之间的传导，也就是进行横向传导，当然，产业链上的传导是纵向传导。

由于"产品层级22"以"产品层级11"为原料、辅料、材料、配件或者燃料动力等,因此,调控的作用通过"产品层级11"向"产品层级22"进行传导,"产品层级22"受到影响后,如果这个影响足够大,那么就要沿着产业链2的产品关系进行链上传导。

到这里可以看到,经济调控作用由产业链1的源头加入后,经过纵向和横向的传导,可能波及与产业链1相关的所有部位,这种影响虽然可大可小,但波及面是广泛的。

在另一种情况下,如果经济调控的作用不但加到产业链1上,而且还加到了产业链2上,那么这两条产业链的调控影响会通过产品之间的联系进行相互传导,也就是产品的某个层级不但要接受自己所在产业链上传导来的作用,还要接受相关产业链传导来的作用,产生调控作用的叠加,这种叠加如果是相互加强的,那么调控作用在这个层级上是巨大的。

例如,调控煤炭价格后,煤炭涨价,那么北方地区冬季以煤炭为原料的供暖企业就会受到影响,与此同时,煤炭涨价又使以煤炭为原料的发电企业的电价上涨,上涨的电力又被该供暖企业所采购用做动力,结果用电又上涨了。因此,可以看出,同样一个调控政策,具体到某个企业的时候,其调控的作用就发生了叠加,使调控作用加强。

调控对象面对利益与风险,从价值的角度来看,就是进行利益截流与传递、成本传递与吸纳,进行价值流动。这种作用(价值)的传导是在传导者与接受者的界面上进行的,不论是上游向下游进行传导,还是下游向上游进行传导。

经济政策的选择对界面上的价值传导方式有很大的影响,一种是完全市场机制的传导方式,另一种是不完全市场机制的传导方式,后种方式伴有一定程度上的行政或法令对市场交易的引导性。

如果一方往另一方传导时,供给与需求的选择、供需数量、产品价格都没有受到限制,那么这两者之间的传导就是通过完全市场机制的传导;如果供给与需求的选择、供求数量、产品价格中,其一、其二或者全部受到行政命令、法令的限制,那么市场机制的作用就会减少,这时的传导就是不完全市场机制的传导。当然,限制内容和程度下降时,市场机制会增加自己的作用[1]。

比如,如果经济管理者取消了天然气供给对象的选择、供给量的限定,放开天然气价格,放开尿素产品价格,那么当天然气生产企业受到经济调控后,将影响向"产品层级12"的传递,就会完全通过市场机制进行。

与这种传导方式不同的是,一方完全利用市场机制向另一方传导市场风险与成本时,另一方可能会拒绝对方的传导行为,这时传导就没有成功。如果成本和风险不能够传导下去,传导者就只有自己对成本和风险进行吸纳了。例如,产品价格没有变化,但是成本却上升了。

从某种意义上说,调控手段也是对市场施加的一种人为的扰动,这种扰动一般说来不能够太频繁,太频繁的话会引起市场的频繁波动并可能扰乱市场秩序,还会影响调控对象对市场、管理组织的信心和预期,使调控对象的行为短期化,这对于经济的健康发展是十分不利的。

因为在这个过程之中,调控对象可能要承担相当的风险,尤其是当企业处于困难时期,如投资的回收期、产品市场培育期,都是比较艰难的时期,如果过于频繁,调控对象就会对风险评估过大,会过多过重地考虑风险因素,不利于价值生产系统的稳定运行与发展。

①许晓冬.世界经济概论[M].武汉:武汉理工大学出版社,2017.

第四章 产业组织分析

第一节 市场结构分析

所谓结构,一般是指构成某一系统的各要素之间的内在联系及其特征。在产业组织理论中,产业市场结构是指企业市场关系的特征和形式。市场关系是指市场内现有的买方、卖方与正在进入或可能进入该市场的买方、卖方之间的关系。主要有以下几种:卖方(企业)之间的关系、买方(企业或消费者)之间的关系和买卖双方的关系。

上述关系在现实市场中的综合反映就是市场的竞争等关系。市场结构是决定市场的价格形成方式,从而决定产业组织的竞争性质的基本因素。

影响市场结构的主要因素有市场集中度、产品差别化程度、市场需求的增长率、市场需求的价格弹性以及短期的固定费用和可变费用的比例等。其中,前三项是影响市场结构的三个主要因素。决定市场结构的上述诸因素是相互影响的,当决定市场结构的某一因素发生变化时,就会导致市场结构中其他因素的变化,从而使该产业整个市场结构的特征发生变化。例如,当市场需求的增长率大幅度上升时,若其他条件相同,则会使卖者的集中程度下降,使整个市场结构更富于竞争的性质。

一、市场结构中各概念的含义

(一)集中度

1.集中度的含义

集中度包括卖方集中度和买方集中度。卖方集中度是指特定产业的生产经营集中程度,一般用该产业中最大的主要厂商所拥有的生产要素或其产销量占整个产业的比重来表示。一般来说,如果集中度高,就表明在特定产业中少数大厂商拥有较强的经济支配能力。因此,不管少数大厂商在主观上是否有使用支配力量的动机,但集中度高已经表明了他们在客观上具有支配力量。

2.影响集中度的因素

因为集中度反映的是产业生产经营的集中程度,所以该产业内厂商的规模和市场容量就是两个直接影响因素。

第一,厂商规模变化与集中度。某产业的市场容量既定,少数大厂商的规模越大,集中度就越高;反之,则相反。

第二,市场容量变化与集中度。市场容量的变化与集中度的基本关系是:市场容量扩大容易降低集中度,市场容量缩小或不变容易提高集中度;市场容量缩小或不变对提高集中度的促进作用大于市场容量扩大对降低集中度的作用。原因是大厂商经常在市场容量缩小或不变时加强兼并,而在市场容量扩大时率先发展;只有出现很高的市场容量增长率并超过大厂商扩张的速度时,才有可能导致集中度的降低。

(二)产品差别化

产品差别化是指在同类产品的生产中,不同厂商所提供的产品所具有的不同特点和差异。厂商制造差别产品的目的是引起购买者对该厂商产品的特殊偏好,从而在市场竞争中占据有利地位。因此,对厂商来说,产品差别化是一种经营方式,一种非价格竞争方式。例如,生产牙膏的厂商可以通过各种方法使其生产的牙膏和同类产品相比具有特色(如双氟、儿童防龋、清凉薄荷口味等),以致对一部分消费者产生强烈吸引力,专爱使用该厂商生产的牙膏。

新产品差别化与产品之间的替代性是基本同等的概念。同类产品因它们对于需求者来说可以互相替代,所以被归为同类。完全的替代性是指产品之间在使用性能、结构、外观、广告宣传以及售后服务等方面不存在任何差别,需求者完全把它们视为同一产品。因此,说两个产品是完全替代的,也就是说这两个产品无差别。但现实中无差别的产品或完全替代性几乎是不存在的,同类产品之间是不完全替代关系或部分替代关系,即它们几乎都是差别化产品。

形成产品差别化的原因可以简单地概括为:质量或设计方面的差异;消费者对要购买的商品的基本性能和质量不了解所引起的差异,如不是经常被购买和设计复杂的耐用品;由卖者的推销行为,特别是广告和服务所引起的牌号、商标或公司名称的差异;同类商品销售者地理位置的差异。

二、市场结构的行为特征和效果分析

根据竞争程度的不同,并参照厂商数目、产品差别程度、进入市场的难易程度以及厂商对产量和价格的控制程度等因素。市场也是分为不同类型的,下面着重介绍其中的完全竞争市场。

完全竞争又叫纯粹竞争,是指不受任何障碍和干扰,没有外力控制的竞争类型。完全竞争市场是竞争程度最高的市场。在一个以完全竞争为特征的市场中,任何一个买者或卖者都不能依据其个人的购买或销售行为影响价格。完全竞争市场是一种非常理想化的市场。

(一)完全竞争市场的特点

1.产业集中度很低

市场上拥有很多的买者和卖者,每个卖者提供的产品数量与每个买者购进的产品数量在市场总量中所占的比例很小,因此,市场集中度很低,没有一个买者或卖者对市场价格有显著的影响力。价格是由市场总供给和总需求决定的,对于每个买者和卖者而言,他只能是价格的接受者,而不是影响者。

2.产品同一性很高

即所有的产品都是同质的标准化产品,它们在原料、加工、包装、服务等方面完全一样,可以互相替代。消费者必须能在他们相信是相同产品的许多生产者间选择,他们可以随机购买任何一个生产者的产品,甚至对每个厂商出售的同质产品没有偏好,厂商也无法根据自己出售产品的某些特点来控制价格。同时,产品必须可达到这种程度,即其少量部分或是可以购买的,至少是可以租用的①。

3.完备的市场信息

即买者和卖者拥有包括价格和产品质量在内的全部相关市场信息。假设所有的买者和卖者都是理性的,那么他们必须根据有关市场的全部信息(包括现在和未来的价格信息)进行决策,从而不会出现有人以高于市场的价格进行购买或以低于市场的价格进行销售的情况。完备信息使得交易双方能够充分比较,优胜劣汰,促进竞争,同时使买卖双方都能做出最优的决策。

(二)完全竞争市场的行为

1.完全竞争条件下的市场价格

在完全竞争市场结构条件下,市场价格等于平均收益。因为在完全竞争的条件下,市场价格完全由供求关系决定。每个规模很小的企业出售多少商品,对市场价格均不产生影响,它们只是既定市场价格的接受者。同时,在完全竞争的条件下,企业的边际收益(每增加销售单位产品使总收益的增加值)等于平均收益,等于市场价格。

2.企业短期利益最大化的行为选择

企业为实现其现有规模下的利润最大化,会将产量定在边际收益等于边际成本对应的产出量上。因为如果边际收益大于边际成本,这表明还有潜在利润没有得到,企业将会继续增加生产;反之,如果边际收益小于边际成本,企业的收益就会减少。所以这是企业利润极大化的产出原则。

此外,当市场价格低于企业平均成本的最低点时,企业生产的任何产量都是亏损的。这时企业还可能继续生产,因为在短期内企业不能退出,它必须承担固定成本。只有当现有的收入连保证开工所需弥补的可变成本都不能实现时,企业才会停业。

3.企业长期利益最大化的行为选择

从长期看,市场上的企业数目及其规模是不断变化的,在市场竞争机

---

①张维东. 在市场经济条件下对完全竞争市场的分析[J]. 管理观察,2018,(14):22-23.

制作用和产业利润率的调节下,会不断有新的企业进入或原有企业退出某产业,从而又引起该产业市场供求关系的变动和相应市场价格的变动。一个完全竞争企业在长期规划中有足够的时间来调整其经营策略,或者进入一个利润前景更加看好的产业,或者退出原有的产业,或者继续维持原来的规模,或者扩大其经营规模,或者缩小其经营规模,变来变去,总是以尽可能多地赚取利润为目标。但从长期来看,企业将不能获得超额利润,只能获得经济利润,即弥补劳动力、资本、土地、企业家才能等生产要素的成本付出。

(三)完全竞争市场的市场绩效

1.合理配置经济资源

完全竞争的市场中,市场供求关系决定市场价格,调节经济资源在各产业间流动。当长期边际收益等于长期边际成本时,企业只能获得正常利润,而且各个产业利润率趋向平均化,不存在经济资源供过于求,也不存在经济资源供不应求,经济资源实现了合理配置。

2.最优使用经济资源

在完全竞争的条件下,经济资源使用可以实现最优化。这表现为:第一,企业的资源利用效率最高。完全竞争的长期均衡过程表明,只要有低效率的企业存在,就会有更高效率的企业加入,使价格下降,淘汰低效率的企业,直到所有的企业效率相同。充分竞争的结果迫使每个企业实现最佳规模条件下的最低平均成本。第二,消费者获得最大的效用或福利。在完全竞争的长期均衡条件下,企业生产产品的平均成本最低,不存在供过于求或供不应求,消费者可以用最低的价格购买产品,获得最大的效用或福利。

三、其他概念

(一)规模经济的概念及成因

1.规模经济的概念

所谓规模经济是指企业通过大量生产和销售,实现成本下降与收益递增。规模经济是长期平均成本随产量增加而减少的特性。若厂商的产量扩大一倍,而厂商增加的成本低于一倍,则称厂商的生产存在规模经济,与规模经济对应的是规模不经济。

2.规模经济的成因

产生规模经济的原因主要有:①随着生产规模的扩大,厂商可以使用更加先进的生产技术。在实际生活中,机器、设备往往具有不可分割性,有些设备只有在较大的生产规模下才能得到使用。②规模扩大有利于专业分工。③随着规模扩大,厂商可以更为充分地开发和利用各种生产要素,包括一些副产品。④随着规模扩大,厂商生产要素的购买和产品的销售方面就拥有更多的优势,随着厂商产量的增加,这些优势逐渐显示出来。

但是,讲到规模经济时一定要注意:厂商的规模并非越大越好,对于特定的生产技术,当厂商的规模扩大到一定程度后,生产就会出现规模不经济,造成规模不经济的原因主要是管理的低效率。由于厂商规模过大,信息传递费用增加,信号失真,使得规模扩大所带来的成本增加更大,出现规模不经济。简而言之,规模经济产生的原因可归纳为专业化利益和要素的不可分性。

(二)交易费用理论的基本观点

企业理论分为传统企业理论和现代企业理论。传统企业理论把企业当作不言自明的前提,即没有回答企业为什么出现问题,也没有解决企业规模问题,而这些问题恰恰是企业理论的基本思考。现代企业理论由科斯创始,之后由许多学者加以拓展,其核心是"企业是一系列合约的联结"。

经济学家科斯在其《企业的性质》一文中,从一个崭新的角度分析了企业的存在。科斯认为,在一个专业化的交换经济中,企业之所以作为价格机制的替代物而存在,是因为运用价格机制需要一定的成本。要进行交易,就要有关于交易物的价格、质量等信息,而寻找这种信息就需要一定的时间和精力,即使得到了这种信息,买卖双方也要进行谈判、签约,这也都需要一个过程,为进行交易费用的存在使得某些交易活动在企业内组织就比较经济,企业因此而产生。当然,企业内组织交易也是有管理成本的,因此,企业和市场在某一笔交易上的组织优势就取决于企业外交易费用和企业内管理成本的比较,企业的规模也由此决定。具体而言,"企业的扩大必须达到这一点,即使企业内部组织一笔额外交易的成本等于在市场上完成这笔交易所需要的成本,或者等于由另一个企业家来组织这笔交易的成本。"

交易费用的定义早期局限于市场定价机制的定义,其代表人物有科斯、德姆塞茨等人。科斯指出,交易费用"是利用价格机制的费用,它包括为完成市场交易而花费在搜寻信息、进行谈判、签订契约等活动上的费用"。推广到微观比较经济制度分析的定义,其代表人物有阿罗、威廉姆森等人,其主要特点是把交易费用抽象地定义为经济体系运行的成本,交易费用是物理学中的摩擦力在经济学中的等价物。

将制度比较分析推广到制度最优化分析的定义,其代表人物包括委托代理学派的詹森和麦克林、不完全契约理论学派的哈特和新兴古典经济学派的杨小凯等。其最大的特点是通过将有各种外部约束的均衡状态与最优资源配置理想状态相比较,将其中的资源配置损失部分视为交易费用的核心部分。

交易费用是指企业在市场交换过程中,包括寻找交易对象、谈判、签订合同、实施合同、解决合同纠纷等过程中发生的所有费用的总和,实际上就是围绕契约(合同)发生的费用。

对交易费用的概念,交易费用经济学认为,在存在产权制度的社会中,交易总是要以一定的资源支出为代价的,也就是说,交易必然要引起相应的费用。尽管交易费用的发生是难免的,但交易费用的存在毕竟是对社会资源的一种浪费,因此,应尽可能地降低交易费用。

(三)博弈论

1.博弈的概念

博弈论,也称对策论,是描述和研究行为者之间策略相互依存和相互作用的一种策略理论。博弈论的基本概念有:①参与人,指博弈中选择行动以实现自身利益最大化的决策主体;②行为,是指参与人的决策变量,如消费者效用最大化决策中的各种商品的购买量、厂商利润最大化决策中的产量价格等;③策略,又称战略,是指参与人选择其行为的规制,也就是指参与人应该在什么条件下选择什么样的行动,以保证自身利益最大化;④信息,是指参与人在博弈过程中的知识,特别是有关其他参与人(对手)的特征和行动的知识;⑤收益,又称支付,是指参与人从博弈中获得的利益水平,它是所有参与人策略或行为的函数;⑥结果,是指博弈分析者感兴趣的要素集合;⑦均衡,是指所有参与人的最优策略或行动的组合。这里的"均衡"是特指博弈中的均衡。

2.博弈的分类

第一,按照参与人的先后顺序分为静态博弈和动态博弈。静态博弈是指在博弈中,参与人同时选择或虽非同时选择但后行动者并不知道先行动者采取了什么具体行动。动态博弈是指在博弈中,参与人的行动有先后顺序,且后行动者能够观察到先行动者所选择的行动。

第二,按照参与人对其他参与人的了解程度分为完全信息博弈和不完全信息博弈。完全信息博弈是指在博弈过程中,每一位参与人对其他参与人的特征,策略空间及收益函数有准确的信息。如果参与人对其他参与人的特征,策略空间及收益函数信息了解得不够准确,在这种情况下进行的博弈就是不完全信息博弈。

第三,按照参与人之间是否合作分为合作性博弈和非合作性博弈。所谓合作性博弈是指参与者从自己的利益出发与其他参与者谈判达成协议或形成联盟,其结果对联盟双方均有利,人们分工与交换的经济活动就是合作性的博弈;而非合作性博弈是指参与者在行动选择时无法达成约束性的协议。

第二节 市场行为分析

市场行为亦称市场经济行为,是指商品生产经营者为了获取最大利润或最高的市场产品占有率而采取的市场交易行为和市场竞争行为。其基本特征是:①市场行为主体是商品生产经营者,即包括企业法人、个体工商户、私营企业、农村承包经营户等。但不包括政府、社团组织、消费者个人。尽管这些主体也要进行商品交换,但都不以盈利为目的。②市场行为的目的是盈利,或是追求最大利润,或是追求最大的产品市场占有率从而达到盈利的目的。这是市场行为的本质特征。③市场行为的表现形式主要是市场交易行为和市场竞争行为。它是实现盈利目的的重要方式。

一、市场行为的分类

在市场经济社会中,市场行为各种各样、千变万化,而且处在不断发展中。为了把握各类市场行为的特点及其发展变化规律,对其进行必要的有效管理,需要对市场行为进行分类。

按市场行为的主体性质不同,可分为国有企业的市场行为、集体企业的市场行为、个体工商户的市场行为、私营企业的市场行为、外商投资企业的市场行为等。

按市场行为主体的组织规模,可分为企业集团的市场行为、大型企业的市场行为、中小型企业的市场行为、个体工商者的市场行为、农村承包经营户的市场行为。一般来讲,主体组织规模不同,其市场行为决策机制、行为方式以及对市场的影响程度也会不同。

按市场行为的直接目的,可分为追求最大利润的直接盈利性市场行为和追求最大市场占有率的间接盈利性市场行为。

按市场行为是否具有竞争要素,可分为市场交易行为和市场竞争行为。前者一般不具有直接的竞争要素,如商场销售商品与消费者的行为,而后者往往具有直接的竞争要素,如采用比较性广告贬损竞争对手从而树立自己企业形象和产品声誉的行为。

按市场行为的对象,可分为提供商品的市场行为和提供服务的市场行为。前者如销售汽车的行为,后者如培训汽车驾驶员的行为。

按市场行为的时间,可分为长期性市场行为和短期性市场行为。前者如投资开发房地产的行为,后者如一次性推销商品的行为。

按市场行为的方式,可分为签订合同的市场行为(即经济合同行为)、宣传产品的市场行为(即广告行为)和树立产品品牌的市场行为(如商标注册和使用行为)等。

按市场行为是否具有投机因素,可分为买卖证券行为、买卖期货行为以及非投机性市场行为(如即时的商品交易行为)。

按市场行为所处的环节,可分为批发行为、零售行为、企业兼并行为和市场建设行为。

按市场行为所起的作用,可分为市场促销行为、市场竞争行为、市场中介行为和市场服务行为。市场促销行为又可分为商标促销行为、广告促销行为和人员促销行为。人员促销行为可进一步分为上门促销行为和多层次促销行为等。市场竞争行为也可再分为正当竞争行为、不正当竞争行为和限制竞争行为。市场中介行为也可细分为代理行为、经纪行为、咨询行为、法律服务行为、资产评估行为、典当行为、拍卖行为等。市场服务行为也可细分为产品售前服务行为和售后服务行为。售前服务行为如咨询服务等,售后服务行为如安装、调试、维修等。

以上分类并未穷尽市场行为的分类方法。总之,市场行为的种类不胜枚举,其发展变化取决于企业、市场、人以及科学技术应用等许多因素的发展变化,是这些因素的函数。

二、市场行为监督管理的必要性、目标、原则和方法

(一)市场行为监督管理的必要性

之所以要对市场行为进行监督管理,而且把它作为市场经济条件下市场管理的重点,其主要原因,就在于市场行为是影响市场经济秩序的最主要因素,具体反映在如下几方面。

1.市场行为是影响市场机制有序运行的重要因素

市场机制是指市场各要素(如供给、需求、竞争、价格等)之间的相互联系和相互作用,是市场经济运行的内在机制。应该说,市场的供需客观状况等,对市场机制有着决定性的影响。但是,必须看到,供需客观状况也同样影响着商品生产经营者的市场行为,并通过市场行为的作用影响和决定市场机制。市场机制的实质是市场行为的发生及作用机制。

因此,没有规范的市场行为,就不可能有积极有序的市场机制,没有

积极有序的市场机制,就不可能有社会资源的优化配置,也同样不可能有社会经济技术的进步。因此,规范和监督市场行为,是促进市场机制积极有序运行的需要①。

2.市场行为是影响消费者利益的重要因素

一般来说,对消费者利益的影响因素,主要反映在产品(或服务)的实体及其销售(或服务)活动上。产品(或服务)的实体包括产品的价值和使用价值两个方面。具体包括:①产品的功能,指产品达到其设计规定的性能;②产品的品质,指实现产品功能的设计及制造要求标准;③产品的计量标准;④产品的价格。但这些影响因素,是从静态的角度和对消费者利益的最终影响角度来分析的。

实际上,对消费者利益的影响还有一个突出的动态过程。设想一下,如果不把产品卖给消费者,这些实体影响就没有来的源头。这个买和卖的过程,就是商品生产经营者发生市场行为的过程,也是对消费者的购买行为施加外在影响的过程。有一种市场营销思想,认为市场营销(包括市场行为)就是创造和诱发市场需求。这里的市场需求主要是消费者的消费需求,而所谓"创造和诱发"则是依靠市场行为来实现的。商标行为、广告行为、商品标示行为、人员促销行为、售后服务承诺行为、产品说明书行为,都是在"创造和诱发"市场需求。但这些起诱发、创造作用的市场行为,有的是违反诚实守信的原则的,有的是违反商业惯例的,是不为社会和消费者所接受的。因此,加强对市场行为的规范和监督,也是有效保护消费者利益的需要。

3.市场行为是影响经营者合法权益的重要因素

市场经济的发展,实际上主要是商品生产经营者发展的结果。而生产经营者的成长和发展,除了必须有外在的市场竞争压力,还必须有自身经济利益的动力。其合法权益,正是其合法经济利益动力的内在表现。因为,所谓商品生产经营者就是以盈利为目的而从事商品生产经营活动的经济实体。合法盈利目的是靠合法经营权益来体现和保障的。一般地,企业的合法权益包括企业名称权益、产品声誉权益、商标权益、

---

①常玉生.市场经济体制下加强标准化监督的意义[J].科技经济导刊,2019,27,(09):235.

专利权益、财产权益、工业品外观设计权益、商业秘密权益、公平竞争权益等。而这些权益,常常受到来自其他企业市场行为的影响,因此,规范市场行为并严格执法监督,有利于保护商品生产经营者的合法权益,从宏观上说,这实质是在保护市场经济发展的活力和动力。

4.市场行为是影响市场经济调控的重要因素

市场经济必须加强调控,这一深刻的道理是大家认同的。影响市场经济调控的因素很多,如总供给、总需求、市场结构、行业结构等,而市场行为也是一个重要的影响因素。这里必须指出的是,市场行为对宏观经济的影响,不是由某一企业的具体市场行为影响所致,而是某一种类的市场行为或大量市场行为的累积影响造成的。因此,加强对市场行为的规范和监督运行,有利于宏观市场经济的有序运行,也为较好地进行市场经济宏观调控创造了条件和提供了有效保障。

做好市场经济的调控和加强市场行为的规范与监督,存在着内在的相互联系,国家调控政策和措施为规范和监督市场行为提出了依据与要求,而加强市场行为规范和监督则为市场经济的有效调控提供了切实的保障。

(二)市场行为监督管理的目标

市场行为监督管理的目标,就是建立和维护市场交易和竞争秩序。所谓秩序,是指一定规范的社会运行状况,而规范是由一定法规及社会伦理道德构成的,用以约束人们行为的准则或标准。由于从总体上分析,市场行为主要是市场交易行为和竞争行为,因此,市场行为的监督管理目标,可以归结为对市场交易行为和竞争行为的监督管理目标。而监督就是依据法规、政策这些标准,对照检查、督导人们的行为,即执行约束人们行为的法律标准或准则,换句话说,就是维护规范下的社会运行状况即秩序。

所以,市场行为监督管理的目标,就是建立和维护市场交易和竞争秩序。市场交易和竞争秩序规范表现在多方面。

1.市场交易秩序

市场交易秩序主要包括以下几点。

第一，经济合同行为秩序。包括合同的签订和履行秩序、格式合同秩序、反欺诈合同秩序、合同的转让秩序、建筑总承包和分包合同秩序等。

第二，商品的标（表）示秩序。包括商品说明书规范、产品的包装规范、产品的标签规范、商品的价格规范、商品的计量规范、商品的担保规范、商品的使用警示规范等。

第三，交易的商品范围规范。包括国家专营商品交易规范、严禁走私物品交易规范、严禁毒品枪支等交易规范、国家专控商品交易规范、废旧物资交易规范等。

第四，交易的方式规范。包括拍卖规范、典当规范、抵押规范、担保规范、打击投机倒把规范、打击走私贩私规范、限制牟取暴利规范、多层次销售规范、批发与零售交易规范、期货交易规范等。

第五，交易的中介规范。包括代理规范、经纪规范、展销会规范、商场柜台出租规范、法律服务规范、咨询服务规范、信息服务规范等。

2.市场竞争秩序

市场竞争秩序主要包括：①反不正当竞争秩序规范。包括反假冒商标、企业名称、认证标志等规范，反虚假广告规范，反回扣规范，反巨额有奖销售规范，反窃取商业秘密规范，反诋毁商业信誉、产品声誉、服务声誉规范等。②反限制竞争规范。包括反对滥用企业优势规范、反对限制竞争协议规范等。

（三）市场行为监督管理的原则

市场行为监督管理的原则反映在两个方面，即规范市场行为方面和对于市场行为规范的执行方面。规范既可以作为名词，如法律规范，也可以作为动词，如规范人们的行为。规范市场行为中的规范是动词，其意义就是制定法律、政策等准则或标准用以约束商品生产经营者的市场行为。而市场行为规范执行中的规范，则是名词，其意义就是指那些用以约束商品生产经营者市场行为的法律、政策等标准或准则。在规范市场行为方面，所需遵循的原则一般有如下几点。

1.必须维护市场信息的真实性和全面性

市场信息就是动态地反映市场运行情况的消息、情报、指令、代码以及有一定内容的信息总称。主要包括商品信息、供需信息、价格信息、技术信息、资金信息、竞争信息等。市场信息是市场机制运行的基础，是市场经济系统运行的黏合剂和传导机制，它沟通市场要素之间的联系，使市场体系成为具有特定功能和结构的自组织系统。市场信息的正确性，是指市场信息必须真实地反映市场的客观状况。市场信息的全面性，是指必须提供能足以影响市场主体决策的所有真实信息。市场信息的正确性和全面性，对市场机制运行的影响是深刻的，它是市场机制正常运行的基础条件。

因为，如果市场信息失真，则必定意味着未能正确而客观地反映市场的供需矛盾和竞争状况，从而价格不能正确地调节市场，不能引导资源的合理流向，不能充分发挥资源效益。市场信息的全面性，则能使市场主体对于市场状况有充分的了解和掌握，从而根据对于市场信息的科学分析做出适合市场变化的生产经营决策，实现调节市场和获取经济利益的有机统一或者做出合理的消费决策，实现自己的利益。

因此，在维护市场信息的真实性方面，必须大力反对诸如以次充好、假冒商标、虚假广告、虚假商品、假冒他人企业名称等情况。在维护市场信息的全面性方面，必须反对诸如签订合同时的虚伪陈述、隐瞒一些对合同他方当事人有重大影响的重要信息、对可能导致消费者和财产不安全的商品使用方法不进行警示性说明、对格式合同中的重要条款如担保条款等不加明确的说明、对商品的功能进行夸张的宣传或不进行清楚的说明等情况。

2.必须维持充分的市场竞争

所谓充分的市场竞争，是指在市场上存在许多商品的卖者和买者，任何人（或组织）都不可能按照自己的主观意志支配和控制市场。具体来说，就是不能任意地支配和控制市场价格的变化。反过来，任何人（或组织）都必须自觉或不自觉地随市场变化（主要是价格变化）而调整自己的市场行为，包括自己产品的定价行为。也就是说，商品价格不是完全由生产经营者主观决定，而是由市场的供给与需求矛盾、竞争的状况等因素客观决定的。这种价格决定的外在性，是保证和维护市场价格能随供求变化而自由波动的基本条件。换句话说,充分的市场竞争,是市场机制能得以自由地、积极地发挥调节作用的重要条件。

充分的市场竞争,具体表现为两方面的内在要求,即市场主体进入市场的充分性和竞争方式的充分性。从市场行为的角度分析,维护充分的市场竞争主要就是维护竞争方式的充分性,换句话说,就是要反对限制竞争行为。

3.必须维护消费者的合法权益

随着商品经济的发展,特别是社会主义市场经济制度的建立,消费者权益保护已是一个十分热门的经济、社会话题。维护和促进消费者权益成为衡量市场经济行为、建立市场经济秩序的又一个重要标准。市场行为是一种直接或间接的商品交换行为,因而总会直接或间接对消费者权益产生影响。这种影响有宏观和微观两个方面。宏观影响是对整个消费者权益的影响,微观影响是对单个消费者权益的影响。前者表现为某一种类市场行为的影响,如有奖销售、搭配销售行为;后者表现为某一具体市场行为的影响,如某一次的销售伪劣商品行为。有时宏观影响和微观影响是不一致的,但多数情况下是一致的。因此,在建立市场秩序的过程中,重点是在宏观上保护消费者的合法权益而不是微观保护,微观保护是市场秩序监督所要解决的问题。宏观保护是微观保护的条件和依据,微观保护则是宏观保护的实现。

4.保护商品生产经营者的合法权益

市场经营主体合法权益能否得到有效保护,是维护市场经济发展活力的根本所在,因而也就成为建立市场秩序必须考虑的重要标准。市场经营主体在其经营过程中表现的合法权益,主要是注册商标专用权益、专利技术专有权益、企业名称专有权益、要求他人完全履行经济合同权益、平等合理的市场进入权益、企业产权保护权益、平等而自主的生产经营权益等。市场行为对市场经营主体合法权益的影响,往往是通过侵犯和损害他人合法权益而进行的。因此,必须反对诸如诋毁他人信誉和产品声誉等行为。

5.促进和保护科学技术进步

科学技术是社会生产力的重要组成部分,社会主义市场经济必须依靠科学技术进步,市场竞争在很大程度上是科学技术的竞争。因此,市场经济秩序的建立,必须从促进科学技术进步出发,做出衡量秩序规范科学合理与否的重要标准。凡是有利于科学技术进步的市场行为,就要建立秩序规范予以法律保护;凡是不利的,就要建立秩序规范予以限制和禁止。需要指出的是,这里的科学技术进步,既包括利用新技术、开发新产品,也包括凝结科学技术和人力综合优势的企业科学管理成果等。因此,必须反对诸如假冒注册商标等行为。

6.维护商业惯例

商业惯例就是在商品经济的长期发展过程中形成的,为广大商品生产经营者普遍遵守的经营习惯,包括贸易方式惯例、等价交换惯例、市场营销惯例、诚实守信惯例、招标投标惯例、代理惯例、售后服务惯例以及各行各业的经营惯例等。

其中有些惯例已上升为法律规范,但仍有相当多的惯例正在或有待法律去规范。商业惯例既有它的合理性,也有它的可操作性和普遍性,实际上,它已经内化为市场机制的组成部分。从某种意义上说,维护商业惯例是在一定程度上维护积极有序的市场运行机制。为此,必须反对诸如不信守合同等行为。

7.必须促进资源的优化配置

市场行为规范与资源的优化配置,一般只存在间接关系。市场行为规范绝不是具体去组织规定资源配置,而主要是通过规范市场行为的方式和条件,达到实现资源配置优化的目的。凡是有利于资源优化配置的市场行为,就要建立秩序规范予以法律保护;凡是不利于资源配置优化的,同样要建立秩序规范予以限制或禁止。产业政策规范、竞争保护规范等,就是以是否有利于资源优化配置作为建立规范的客观经济标准。因此,必须大力反对制假贩假等行为。

第三节 市场绩效分析

市场绩效受市场结构和市场行为的共同制约,是市场关系或资源配置合理与否的最终成果标志,它反映市场运行的效率。

市场绩效是指在一定的市场结构下,由一定的市场行为所形成的价格产量成本、利润、产品质量和品种以及在技术进步等方面的最终经济成果,是一个市场为消费者提供利益所取得的成功。

市场绩效主要包括产业的资源配置和利润率水平、企业和产业技术进步状况、与生产规模大小和生产能力过剩相关的生产的相对效率广告费用的比重大小等几个方面。市场绩效的衡量为我们的有关产业中是否行使了市场力量的第一个关键问题提供了一个答案。

一、市场绩效的衡量方法

(一)市场绩效的衡量指标

1.利润率(收益率)指标

$$R = (\pi - T)/E$$

在上式中,π代表税前利润,T代表税收总额,E代表自有资本,R代表税后资本收益率。

之所以可以用利润率来描述市场绩效,是因为微观经济学理论认为,在完全竞争的市场结构中,资源配置实现最优,该市场上的所有企业只能获得正常利润,且不同产业的利润率水平趋向一致。也就是说,产业间是否形成了平均利润率是衡量社会资源配置效率是否达到最优的一个最基本的定量指标。

以贝恩为代表的产业组织学者相继对不同产业的长期利润率同市场结构的若干要素(如市场集中度)之间的相关关系进行了实证研究。结果表明,随着集中度的提高,产业长期利润率也有所提高,但两个指标之间的正相关关系并不是显著的。

这是因为,首先,不同行业、不同企业计算成本及利润的方法不同;

其次,导致行业、企业利润率偏高的因素很多。引起超额利润的因素有:①作为风险性投资报酬的风险利润;②有不可预期的需求和费用节省形成的预料外的利润;③因成功地开发和引入新技术而实现的创新利润。

2.勒纳指数

勒纳指数衡量的是价格与边际成本的偏离率。

$$L = \frac{P - MC}{P}$$

上面公式中,L代表勒纳指数,在完全竞争条件下,其数值为0,P代表为价格,MC代表边际成本。勒纳指数在0到1之间变动。

从直接的角度观察,勒纳指数越大,市场的竞争程度越低。必须了解的是,勒纳指数本身反映的是当市场存在支配能力时价格与边际成本的偏高程度,但是却无法反映企业为了采取或巩固地位而采取的限制性定价和掠夺性定价行为。

3.贝恩指数

贝恩把利润分为会计利润和经济利润。会计利润的计算公式如下:

$$\pi_\alpha = R - C - D$$

上面公式中,π_α代表会计利润,R代表总收益,C代表期总成本,D代表折旧。经济利润的计算公式如下:

$$\pi_\beta = \pi_\alpha - i \times v$$

上面公式中,π_β代表经济利润,i代表正常投资收益率,v代表投资总额。于是,贝恩指数公式如下:

$$B = \frac{\pi_\beta}{v}$$

上面公式中,B代表的是行业超额利润率。它的理论依据是,市场中如果持续存在超额利润(或经济利润),那么就表明该市场上存在比较强势的势力,且超额利润越高,这种势力的力量越强。

4.托宾的Q值

这个是公司市场价值对其资产重置成本的比率。反映的是一个企业两种不同价值估计的比值。分子上的价值是金融市场上所说的公司值多少钱,分母中的价值是企业的"基本价值"——重置成本。公司的金融市场价值包括公司股票的市值和债务资本的市场价值。重置成本是指,今天要用多少钱才能买下上市公司的所有资产,也就是指如果我们不得不从零开始再来一遍,创建该公司需要花费多少钱。

当Q>1时,购买新生产的资本产品更有利,这会增加投资的需求;当Q<1时,购买现成的资本产品比新生成的资本产品更便宜,这样就会减少资本需求。所以,只要企业的资产负债的市场价值相对于其重置成本来说有所提高,那么,已计划资本的形成就会有所增加。

托宾的Q理论提供了一种有关股票价格和投资支出相互关联的理论。如果Q高,那么企业的市场价值要高于资本的重置成本,新厂房设备的资本要低于企业的市场价值。在这种情况下,公司可发行较少的股票而买到较多的投资品,投资支出便会增加。如果Q低,即公司市场价值低于资本的重置成本,厂商将不会购买新的投资品。如果公司想获得资本,它将购买其他较便宜的企业而获得旧的资本品,这样投资支出将会降低。反映在货币政策上的影响就是:当货币供应量上升,股票价格上升,企业投资增加,从而国民收入也增加[①]。

(二)市场绩效的综合评价

1.产业的资源配置效率

(1)衡量资源配置效率的直接指标

在产业组织学的研究中,常常会使用利润率作为衡量行业市场资源配置效率的指标。微观经济学的研究表明,在完全竞争的市场结构中,通过资源在产业间和企业间的自由流动,各产业、各企业的长期利润趋于平均化,所有的产业和企业都只能获得正常利润,因此可以使用利润率作为衡量产业资源配置效率的指标。

(2)产业的市场结构和资源配置效率

微观经济学的理论研究表明,一般情况下,市场竞争越充分,资源配置的效率就越高。福利经济学第一定理表明,完全竞争市场经济的一般均衡是帕累托最优的。尽管这个定理本身也有某些不太严密的地方,也受到了某些学者的质疑,但是对于完全竞争的市场结构能够实现资源配

---

①张海霞.浅谈托宾Q与投资关系的发展现状[J].经济研究导刊,2018,(08):161-162.

置的最优状态这一点,绝大部分的经济学家是深信不疑的。

2.产业的规模结构效率

产业的规模结构效率的几种状态:一是低效率状态。即产业市场上未达到获得规模经济效益所必需的经济规模的企业是市场的主要供应者。这种状态表明该产业未能充分利用规模经济效益,存在着低效率的小规模生产。二是过度集中状态。即市场的主要供应者是超过经济规模的大企业。由于过度集中,无法使产业的长期平均成本降低,这种情况下,大企业的市场力量得到了过度的增强,反而不利于提高产业资源配置效率。三是理想状态。即市场的主要供应者是达到和接近经济规模的企业。这表明该产业已经充分利用了规模经济效益,产业的长期平均成本达到最低,产业的资源配置和利用效率达到了最优状态。

影响产业规模结构效率的主要因素:一是产业内的企业规模结构;二是市场结构。

3.产业的技术进步

技术进步的三个阶段:发明、创新和技术转移。

企业规模与技术进步:不同规模的企业在技术进步过程中的作用和地位,是研究产业组织和技术进步关系的重要内容。对于这个问题,不同经济学家的研究结论不尽相同。

(三)市场结构、市场行为与市场绩效

市场结构、市场行为与市场绩效是产业组织理论的三大主题。如果说市场结构是经济运行的环境,市场行为是经济运行的方式,那么市场绩效就是经济运行的效果。对于市场结构、市场行为和市场绩效这三者之间的关系,产业组织理论的研究经历了一个不断发展的过程,不同学派的学者在观点上尽管有一定的差异,但都做出了各自的理论和实证贡献。

到目前为止,产业组织学者不再简单地认为结构决定行为、行为决定绩效,他们发现这三者之间的相互关系是非常复杂的。从短期考察,可以把市场结构看成既定的要素,作为企业市场行为的外部环境,市场结构从某种程度上决定了企业的市场行为,而产业内所有企业的市场行为又决定了市场绩效;从长期考察,市场结构也在发生变化,而这种变化正是企业市场行为长期作用的结果,有时市场绩效的变化也会直接导致市场结构发生变化。所以在一个较长的时期内,市场结构、市场行为和市场绩效之间是双向的因果关系。

二、帕累托效率

帕累托效率,也称帕累托最优状态,是用来说明经济福利的概念。其定义为,如果对于某种既定的资源配置状态,任意改变都不可能使任何一个人过得更好,又不使任何其他人过得更坏,则这种资源配置状态为帕累托最优状态。

帕累托最优状态或者说完全竞争市场的假定条件是很理想化的,人们对完全竞争市场的结果是否令人满意也仍存有不同看法。总体而言,完全竞争的假定条件以及市场运行结果并不适用于我们现实中的市场运行机制。主要原因有几下几点。

第一,竞争关系。完全竞争市场要求每一市场都拥有众多的买者和卖者,每一个人或行为主体都不具有控制市场供求和价格的能力。显然,一个市场上的买者或卖者越多,个别厂商对市场的影响力就越小;反之就会越大,市场的竞争性就要受到影响。但我们知道,影响现实市场竞争性的因素不仅仅是买者或卖者数量,产品差别、产品之间的不可替代性以及生产成本递减等因素都会增强厂商影响市场的能力。

第二,公共产品。完全竞争市场要求所有的产品都只能为特定的个人享受,一个人享受了这一产品,其他人就不能同时享受这一产品。但在现实生活中还存在这样一些产品,它们在消费中能使公众共同受益,而且并不会限制说谁不可以受益,比如消除空气污染,这是对社会公众都会有利的事情。

第三,外部效应。完全竞争市场要求所有产品的成本和效益都内在化,也就是说,该产品的生产者要承担生产这一产品而给社会带来的全部成本,同时这一产品所带来的全部好处都归这一生产者或该产品的购买者享有。然而在现实生活中,有些产品或服务具有外部效应,即产品、服务对生产者或购买者以外的其他人所产生的影响。

第四,信息沟通。完全竞争市场要求所有的生产者和消费者都具有充分信息。当然,现实的市场环境中,不论是生产者还是消费者,其所掌握的信息终究是有限的,生产者与消费者之间、生产者与生产者之间的信息沟通也都有一定限度。

第五,交易成本。完全竞争市场所描述的是一种无任何阻力和摩擦的市场,所有交易或资源的流动都无需耗费资源。但在现实的市场中,交易的实现总是有成本的。

三、其他概念

(一)外部性的概念

外部性(或溢出效应)指的是企业或个人向市场之外的其他人强加的成本或利益,但是这一行为并没有反映在市场价格中。

外部性分为正外部性和负外部性。所谓正外部性,是指某一经济主体的活动对其他经济主体产生了正面的经济影响,使这些经济主体的福利和利益增加却又不能通过市场体系或价格体系得到报酬,也叫外部经济。所谓负外部性,是指当某个市场主体的经济活动使其他市场主体或社会成员的利益受损而又并不为此进行相应的赔偿,这种活动所导致的外部影响就是负外部性的,亦称外部不经济。

(二)公共物品的概念

公共物品,按经济学家萨缪尔森的严格定义,是指这样一种物品,"每个人对这种物品的消费不需要从其他人对它的消费中扣除",换言之,一个人对它的消费不会导致别人对该物品消费的减少。纯公共物品具有两个特性:非竞争性(在既定的生产条件下,向一个额外的消费者提供商品的边际成本为零)和非排他性(对这种商品的使用进行收费是不可能的,或是耗费极大的)。另外,有些物品本身不具竞争性,但可以人为地限制在某些消费者范围内消费,超过该范围,该物品便具有排他性,这类物品被称为俱乐部物品,还有许多物品有公共物品的成分,但不是纯公共物品,有些具有排他性和非竞争性(如在达到拥挤点之前的高速公路),有些具有非排他性和竞争性(如海洋中的鱼),这类物品被称作准公共物品。

第四节 产业组织政策分析

产业组织政策是指政府为了达到一定的市场标准,而制定和采用的调整市场结构、规范市场行为的产业政策。产业组织政策的核心是权衡社会福利的损失和规模经济带来的社会福利的增加。其一般目标是要达到"有效竞争"。

有效竞争的含义具体可包括三个方面:①在市场结构方面,有效竞争市场上,尽管卖方的数量不足以完全消除单个企业对价格的影响,但要多到符合规模经济的要求;企业规模比较均等,让单个企业无法操纵市场。②在市场行为方面,有效竞争市场企业独立做出价格、产量和营销决策,没有共谋行为;企业除了用提高其运作效率以外不能用其他方法来与对手竞争。③在市场绩效方面,利润水平不高于在其他行业从事同等风险程度生产经营活动可以获取的水平;企业的广告促销费用和产品差别化程度在适度范围之内;企业经营富有效率,缺乏效率的企业从长期来看不能存活下来;企业能对技术进步做出及时的反应。

一、产业组织政策的目标和实施方法

(一)产业组织政策的具体目标

以下六项具体目标可以作为制定和评估产业组织政策的理论依据:①企业应达到并有效地利用规模经济、市场的供给主要应由达到规模经济的企业承担,同时,企业应有较高的开工率;②不应出现某些产业或企业长期获得超额利润或长期亏损的情况,从较长的时间看,各产业的资本利润率应该比较均等;③较快的技术进步,主要是指技术和产品的开发、革新等活动有效且比较充分;④不存在较多的销售费用;⑤产品的质量和服务水平较高,并具有多样性,以适应提高大众福利和消费水平的要求;⑥能够有效地利用自然资源。

(二)实现产业组织政策目标的方法

实现产业组织政策目标的方法主要包括:调整市场结构、调整市场行为和调整市场绩效以改善资源配置状况等。

1.调整市场结构

对各个产业的市场结构的变动实行监测控制和协调,通过立法、经济或行政等手段,维持合理的市场结构,调节一些不合理的情况,并防止不合理的市场结构的产生,同时,为今后一段时间内市场结构的规范化发展指明方向。具体措施包括:①降低市场集中度,依法限制在行业里有不合理竞争倾向的企业,适当降低其他企业进入该行业的难度,减少不合理的产品差别化等;②建立企业合并预审制度,对中小企业实施必要的政策扶植等;③在某些产业实施政府管制政策,以防止过度竞争损害资源配置效率和社会福利。

这些措施必须充分考虑包括卖方或买方的集中程度、产品的差别化、新企业进入的障碍、市场需求的增长率、市场需求的价格弹性、短期固定费用与可变费用的比例等既相对独立又相互联系的市场要素,使政策的实施更为有效。

2.调整市场行为

在一定市场结构下的市场行为,主要包括定价政策、质量政策、广告和促销政策以及投资政策等。主要对产业内部的企业市场行为进行监督、控制和协调,借助立法、经济指导和行政指导等方式,维护市场竞争的公正性,改变不合理的市场交易行为,为市场行为的规范化提供依据。具体措施包括:①禁止和限制竞争者的不恰当的价格竞争方式;②政府和公众监督,即通过政府、公益组织以及大众传播媒介,对卖方价格、质量实行广泛监督,并经常交流有关信息,增加市场信息的透明度;③对欺骗、行贿等各种不道德乃至非法的商业行为进行控制和必要的处置。

3.调整市场绩效

这主要是指在一定市场结构下,受一定市场行为的作用而产生于产业内部或企业之间的市场效果进行监控和调整的政策,对那些在资源分配方面存在一定弱势的产业,通过政府的引导和调节,实现这些产业资源配置的优化。具体措施包括:政府对于社会基础设施或"瓶颈产业"进行一定的扶持;对盈利不多或风险较大的重点技术开发项目提供资金援助;增加对教育科研和技术推广的公共投资;禁止滥用稀缺资源等。

在市场经济中,重要的是影响市场绩效的条件,以达到和维持市场的有效竞争状态。同时,在短期内,市场结构影响市场行为进而影响市场效果;在长期内,市场效果也会直接影响市场结构。因此,要对市场效果进行控制,除了政策手段以外,还必须建立对市场效果的评价标准。这些标准包括:资源配置效率标准、产业对规模经济利用程度及生产效率标准、产业利润标准、技术效率及其对产业贡献率标准、规模经济与有效需求相应增长标准。

此外,从有关政策手段的属性来看,实现产业组织政策目标的具体手段又可分为法律手段、经济手段和行政手段。法律手段包括直接的司法判决和以一定法律为根据的政府行政处置,比较常见的有各国所颁布的有关禁止不正当竞争法案和政府管制政策等。这种手段是各国产业组织政策中运用得最为普遍的,也是最为基本的。在各国普遍实行法治原则的情况下,法律手段的重要性将会得到维持或增强。

经济手段主要是指以法律为基础实施的运用货币杠杆等对有关市场结构和市场行为进行刺激或约束,也有一部分是以特定法律为根据的经济鼓励或处罚措施。这类手段的使用比较繁杂,并且往往与政府的产业结构政策、社会福利政策和宏观调控政策结合使用。

行政手段主要是指政府通过一定的中介途径,如行业协会、民间恳谈会等,以一定的形式,如信息发布、政府指导性计划等,使企业在充分了解政策意图的基础上,或多或少接受政府的指导。

(三)产业组织政策的类型

产业组织政策包括了政府管制政策、维护公平竞争政策等。从管制这块来说,在经济学中,政府管制特指的是政府对私人经济部门的活动进行的某种限制或规定,如经营许可等。它不同于政府运用经济政策对宏观经济运动所进行的"控制"或"调节",即我们所熟知的"政策调控"。政府管制也称为"公共管制"。作为政府决策的一部分,对什么进行管制,对什么不进行管制,如何管制等,也都属于"公共选择"的一个组成部分。但是政府管制又不同于公共选择,因为公共选择是一个含义更广的概念,它还包括其他种种通常不通过市场进行的社会决策。经济管制主要有三种:价格管制、数量管制、进入和退出管制。此外,质量管制和投资管制也是较为常见的管制手段①。

二、政府管制与放松管制

(一)政府管制

在西方资本主义市场经济中,政府管制往往是对竞争的管制。这种管制的形式主要有:①价格管制,即设置"价格下限",它往往高于竞争价格。当这种价格下限的政策被采取之后,那些按照比这种下限更低的价格出售产品的厂商,便被视为非法,要进行罚款、吊销营业执照等的处罚。这种规定价格下限的范围往往很大,比如航空票价、电讯费、海运费以及农产品、木材、煤烟等的价格,都有可能有下限。②进出口管制,比如对出口实行补贴等,以保护本国经济,同时加强本国生产者的竞争力。

(二)放松管制

支持放松管制的人声称,放松管制提高了效率,降低了价格。他们指出消除价格管制所获得的两种效率。

第一种效率来自让市场而不是管制者来制定相对价格。不过,即使全社会从整体上会从放松管制中受益,仍有一些消费者会由于放松管制而蒙受损失。

第二种效率来自放松管制从总体上降低了价格。许多行业中,管制价格定得大大高于边际成本。因为价格受到管制而服务水平往往不受管制,受管制的厂商通过增加产出或服务设施的使用效率展开竞争,因此将其成本提高到受管制的价格水平,而不是把价格降到较低的成本水平。在以成本为基础确定受管制价格的情况下,在削减成本方面厂商没有积极性。进一步说,由于新进入者增加了竞争,放松管制会导致价格降低。因此,支持者相信,放松管制后,因为不再从各方面人为地支持价格,价格会降低,允许质量和服务水平从它们的高水平下降,并增加厂商的数量。

①翟简. 产业组织理论研究综述[J]. 合作经济与科技,2018,(24):33-35.

第五章 产业结构分析

第一节 产业成长与演进分析

"配第—克拉克定理"的结论:随着经济的发展,即随着人均国民收入水平的提高,劳动力首先由第一产业向第二产业转移,当人均国民收入水平进一步提高时,劳动力便向第三产业移动。劳动力在产业间的分布状况为第一产业将减少,第二、三产业将增加。

一、产业分类

(一)分类原则

要分析产业,首先要做的工作就是将产业活动按照一定的标准予以分解,即进行产业分类,这是整个产业分析的基础。同一个产业系统,采用不同的产业分类,就会揭示出不同的结构。按照分类的一般原则,产业的划分必须服务于其分析的目的和内容,在符合所作分析的理论要求的同时,也要考虑操作上的可行性。不存在一种适合于所有经济分析的产业分类方法,也不存在固定不变的产业分类。

(二)分类标准

产业间的投入产出关系实际上揭示的是产业部门之间的功能相互依赖关系,因此,寻找适合分析投入产出关系的分类方法必须从产业功能的实现手段入手。生产实体是通过产品来实现彼此之间的功能依赖关系的,生产实体之间的功能关系必须从产品层次考察。有一点困惑的是,我们通常把生产实体看作一个资源转换器,投入生产要素,生产出产品,生产要素似乎和产品有所不同。但是,从整体看,一个生产实体所投入的生产要素,对于其上游生产实体而言却正是其产品。因此,生产要素也可以统一到产品上来。对此，马克思早就有过精辟的阐述："当一种使用价值当作产品从劳动过程出来的时候，另一些使用价值，过去劳动的产物，则当作生产资料加入劳动过程中去。同一使用价值是这种劳动的产品，又是那种劳动的生产资料。所以，产品不仅是劳动过程的结果，它同时还是劳动过程的条件。"至此，可以认为产品能够全面地反映产业之间的结构关系，适合投入产出分析的产业分类就是按照产品标准来分类。

现有的投入产出研究也是按照产品标准来分类的，但是由于其分类的对象定位在生产实体，为了能够按照产品标准进行分类，就必须先进行"同质性"假设，即"假定一个产业只生产一种同质的产品。一种产品不允许由几个产业来生产，也不允许几个产业联合起来进行生产"，这样才能保证一种产品的生产形成一个产业，有多少种产品就形成多少个产业，产品和产业之间形成一一对应的关系。这一假设显然太过牵强，与现实完全不符。如果我们区分产品和生产实体两个层次，在产品层次上讨论产业结构问题（即产品结构），在生产实体层次讨论产品的生产组织问题，那么这个问题就会迎刃而解，根本无需做如此不切实际的假设。现在，我们可以完全在不再考虑生产实体的情况下，来讨论产品的分类标准问题。理论上说，如果产品的性能完全相同，则产品所具有的潜在功能就完全相同，但对于某一个具体产品而言，它到底发挥其潜在功能中的何种功能，则还与具体的使用环境有关，同样的产品在不同的环境下完全可能发挥不同的功能。不过，就一个真实的产业系统而言，一种产品与其他产品的功能依赖关系是完全确定的，因此性能相同可以作为产品分类的标准。这个标准虽然在理论上是可行的，但是在实际应用中却可能遇到很大困难，因为这样做的结果是分类太细，从而可能因工作量太大而无法处理，不具有可操作性。因此，从实用的角度出发，可以采用"相似性"原则，即把性能相近的产品归为一类，例如把同一种类不同型号的产品归为一类或者更进一步放宽标准，则还可以以生产技术和工艺的相似性为标准来划分产品，因为技术和工艺类似的产品，其产品性能也往往比较类似。如果再考虑到操作和统计上的方便而做出一些调整的话,便可以采用标准产业分类法。产品能够全面地反映产业之间的结构关系,适合投入产出分析的产业分类就是按照产品标准来分类。

理论上说,产业划分得越细越精确,所刻画的产业结构就越准确,在满足可操作性的条件下,产业分类越细越好。

二、产业结构发展阶段

纵观历史,人类社会生产依次经历了三种模式:农业化生产模式、工业化生产模式和信息化生产模式。这些模式之间虽然表现出前后因果联系,但不同模式中起主导作用的因素发生了根本性的变化,因而表现出很大的差异。与此相对应,产业结构也表现出很大的不同,其成长呈现出明显的阶段性特征。对这些阶段的考察,有助于我们更准确和深刻地理解前面所阐述的理论。

(一)农业化生产阶段

人类社会从原始社会末期到开始工业化之前,基本上都处于农业化生产阶段,这一阶段的生产模式称之为农业化生产模式。农业化生产模式的主要特点是:以家庭为生产基本单位;生产过程表现为使用简单的手工工具,将自然资源加工为最终产品的直接生产方式;生产中存在一般的社会分工,这种分工一般出于最终需求的目的而形成,而不是出于提高生产率的目的;生产者的专业技能具有全面性,而不像工场分工那样服从于一类具体的对象,因而专业化程度不高;对每个生产单位而言,一般都能独自完成与其所生产的产品相关的一系列生产活动;虽然存在社会分工,但是分工并不彻底,一种社会产品的生产往往可能是某些劳动者的"副业",如纺织业就长期作为农民的家庭副业以分工微涨落的形式存在,没有独立出来。在这种生产模式下,各种生产要素,包括人、物质资源、技术经验等,基本上被限制在为数众多、彼此封闭的微小的家庭生产单位内部,不同生产单位之间虽然也有一些剩余产品交换,但是这种交换并非必需的,也不是经常性的,还算不上真正意义上的市场关联。

农业化生产阶段的产业结构由以家庭为基本单位的"点"组成,点与点之间虽然出现了一些功能分化,但每个点基本仍处于自给自足状态,因此这种分化并未固定下来,点与点之间的关联若有若无,并不稳定,整体关联尚在形成之中。这种由分散的小规模的自给自足单位所组成的经济系统,无论是财富还是知识,其积累的速度都是很慢的,而且积累的空间也很有限。即使存在一些技术创新,如灌溉方法的改进,或是一种农作物新品种的发现和扩散,导致了生产力的提高,但是"该社会能达到人均产量水平存在一个最高限度。这个限度产生于这样的事实,即来自现代科学技术的潜力不是不存在的,就是还未被经常地和系统地应用"。在这种低生产力水平下,人们改造自然的能力很弱,生产的发展主要依赖于自然资源,从而受自然资源的限制。由于生产的社会财富较少,社会产品整体上处于供不应求的状态。总的看来,这一阶段的产业结构是一个以家庭为单位的自给自足的"点"式结构。

(二)工业化生产阶段

人类的工业化生产萌芽于工场手工业生产阶段,发展和成熟于机器大工业生产阶段,其生产模式称之为工业化生产模式。同农业化生产模式相比较,工业化生产模式的最大不同就在生产工具的革命,从以前那种简单的手工工具发展为复杂的机械化生产体系。生产工具的革命在微观层次上体现为单个生产工具技术革命,从蒸汽机到电气化工具的两次激进式技术革命,极大地提高了单个生产工具的生产效率;在宏观层次上,则体现为分工的深化和专业化生产。以前从原材料到最终产品的简单生产过程,现在被不断细分成若干个相互连接的生产环节,从而生产链条越来越长,生产越来越"迂回"。分工主要的不是以满足最终需要为目的,而是以提高劳动生产率的中间产品分工为主,从而"用机器生产机器"成为该模式的主要特征。霍夫曼定律表明,随着工业化进程的深化,资本资料比重会不断增加,而这正是生产更加"迂回"的表现。

分工深化与生产组织形式的变化交织在一起。这一阶段的基本生产单位不再是家庭,而是工厂。家庭手工业首先过渡到工场手工业,原先分布在家庭中的手工业者被集中到手工作坊中进行生产。在工场手工业中的分工以两种方式形成:一种是把原来社会上不同行业的手工业者集中到一起进行合作生产,这种分工直接以现存的社会生产分工为基础,只不过把社会已经形成的分工结合到一个具体生产过程中;另一种是把同一种行业的独立手工业者集中到手工工场来,生产同一种产品,起初是每个人独立完成制作的全部操作,后来改为每人只完成其中的一种局部操作,这种方式进一步地发展了分工。工场手工业分工有两种基本形式:混成的手工制造业和有机的手工制造业。其中混成式手工制造业是指制成品是由独立的部分产品机械地拼凑而成的,而有机式是指经过一系列互相联系的过程和操作才完成的。

有机式分工意味着迂回生产和生产率不断扩大的可能,"若我们把工场当作一个总的机构考察,原料就是同时处在它所有的一切生产阶段中……不同的阶段过程,因此由时间上继起的东西,变成了空间上并存的东西。所以,可以在同一时间内,提供出比较多的完成品……手工制造业并非仅仅接受现成的协作条件,它还会把手工业性质的活动加以分解,部分地创造出这种条件。"工场手工业的分工以手工劳动为基础,不能将劳动过程科学地分解,同时在提高劳动生产率上也受到人本身作为生物体的限制。这一缺陷在机器大工业时代被克服。在手工制造业所创造的物质和技术基础上产生的机器大工业淘汰了工场手工业,在机器工厂内以新的分工方式进行生产。机器工厂中分工的主体从人转向机器,机器之间分工协作,形成一个纯粹客观的生产有机体,而劳动者不过是它的附属物,从而生产分工与劳动分工成为两个不同的过程。机器工厂的发展表现为一个机器不断取代人工的过程。20世纪30年代以来,机器工厂开始向自动化工厂过渡,与此相应的是机能分工,即脑力劳动和体力劳动分工的发展,以脑力劳动为特征的管理职能开始与以体力劳动为特征的生产执行职能相分离,而劳动者逐渐从直接生产领域转向间接生产领域。

从人类工业化进程来看,初期以发展满足人们直接需要的轻纺工业为主,然后转向制约生产进一步发展的重化工业。重化工业的发展先从原料、交通和燃料动力等基础工业开始,而后转向组装型重化工业,这其中每一步都蕴含着迂回生产,而组装型重化工业则最为典型。在组装型重工业化的发展过程中,又经历了从低加工度到高加工度两个阶段,从而加工的环节越来越多,生产效率也越来越高。这一阶段,投资成为经济发展所依赖的主要因素,高投资率成为这一时期经济发展的一个重要特征,"国民收入的大约10%~20%被稳定地用于投资,使得产量常常超过人口的增长"。随着生产效率的提高,人均收入水平也上升到一个较高的水平,人们的基本需求已经得到满足,"社会不再把接受现代技术的进一步扩展当作压倒一切的目标",人们开始倾向获得经济进步所带来的消费果实,人类社会也从供给不足向需求约束转变。

在这一阶段,产业结构已经成形。原来以家庭为生产单位的"点"已经分解,重新组合成以工厂为生产单位的"点"。这些点之间根据彼此间的生产关系形成若干的生产链,而这些"链"又通过共同的"点"连接成一个整体,从而形成一个产业系统。当然点与点之间可以通过多种组织形式来实现链接关系,如既可以通过市场,也可以通过纵向一体化等。这一阶段产业结构的特点可以概括为"用机器生产机器"的"链"式结构。

(三)信息化生产阶段

信息化生产模式随着20世纪50年代电子计算机在生产中的应用而萌芽,20世纪70年代快速发展,20世纪90年代以美国的"新经济"为代表,逐步发展成为美国占主导地位的生产模式,从而人类进入信息化生产阶段。

信息化生产模式与工业化生产模式的最大不同,就在于信息的收集、加工处理、传播和使用成为其主要内容。在这一模式下,传统的生产要素——土地、劳动和资本并没有消失,但是它们已经变成第二位的,而无论是在农业化生产阶段还是在工业化生产阶段,信息作为一种生产要素也一直存在,但是只有到了信息化生产阶段,它才成为经济发展的主导力量。

信息作为一种生产要素,其作用在于它是沟通的基础,而沟通对于经济发展的作用体现在两个方面:协调各方和产生新的知识。由于工业化生产阶段的分工深化,专业部门越分越细,生产结构越来越复杂,各部门之间的协调成本越来越高,从而阻碍了分工的进一步发展,而信息技术的发展,不但大幅降低了原有各部门之间信息沟通的费用,提高了协调的效率,而且还简化了一些协调环节,并大大扩大了沟通的范围,使得资源能够在更大范围内实现优化组合,这不但有效解决了分工与协调之间的矛盾,也为分工的发展提供了更为广阔的空间。与此同时,信息技术的发展还使得信息产品本身的生产、流通和消费成为社会经济活动的重要内容。原先分属于各个狭窄专业领域的人们现在能够很容易地在一起进行沟通和交流,将彼此的信息和知识进行融合加工和处理,形成新的信息和知识,从而创新的速度大大加快。而随着信息技术的发展,成功创新的成果也以前所未有的速度和低成本传播开来,快速的创新推动着社会经济快速地发展。这时,生产率的提高已经从物质生产层次上升到更为根本的知识生产层次,"用知识生产知识"成为信息化生产模式的主要特征,知识成为经济增长的所依赖的主要因素。

与工业化生产模式下的生产相比,信息化生产模式下的生产发展表现出明显的不同。由于持续不断的知识创新及其运用,报酬递增而不是报酬递减成为经济发展的常态,从而,一些国家的"新经济"表现出"低通胀、低失业、高增长"的与传统经济不同的运行特征。而传统产业信息化改造的结果,就是将设计、管理、生产和销售联结成一个一体化的体系,这种体系系统化的水平大大超过了早期的机械化和生产自动化。同时,企业管理也出现扁平化的趋势,利用信息技术发展提供的便利削减中间管理层次,有效地提高了信息传递的效率,改善了企业内部的相互协调和对外界变化迅速做出反应的能力。信息化迅速打破了原有的专业和地域的限制,使得各层次上的生产有机体都能够广泛沟通,如人和人之间、企业和企业之间,从而,各层次在合作加强的同时,竞争也更加激烈,并催生出新的组织形式,如虚拟组织。从微观上看各种生产要素流动频繁,但这种统一的大竞争却又大大提高了整个系统的稳定性。从消费的角度看,此时人们的需求已经走向个性化,而且变化快速,生产必须能够适应这种变化,而信息化的发展不但使企业能够通过网络营销和调查等方式快速掌握消费者的信息反馈,而且能够通过一些研究项目来满足这种快速变化的个性化需求。

这一阶段的产业结构虽然依然以企业为基本生产单位,但企业组织的形式发生了变化,而且"点"与"点"之间已不再是前一阶段的"链"式关系。在信息沟通便利和知识快速创新的条件下,不同生产链上的节点之间也开始发生关联,尝试创造新价值的机会。此时,生产链不但纵向发展,而且开始横向拓宽,不同的生产链之间开始整合,同步发展,从而节点之间形成一种复杂的网络关系。这种关系下,各环节之间都有多条关联通道,基本上都处在一种循环反馈耦合之中。这种结构下,价值链的增加不一定非要通过拉长生产链的方式来达到,网络结构的放大效应也远远大于"链"式结构,从而能够更充分地利用每一个新增加的生产环节的价值。这一阶段的产业结构特征可以概括为"用知识生产知识"的网络式结构。

三、产业结构演进过程机理

(一)创新的含义和层面

所谓创新,按照政治经济学家约瑟夫·熊彼特的观点,就是生产要素的重新组合。他认为,那些被称作企业家的人,通过组合生产要素建立新的生产函数取代旧的生产函数,从而实现创新。不过,这种重新组合是一种创新性的组合,而"不应假定,新组合的实现是通过使用闲置的生产手段进行的……一般说来,新组合必须从某些旧组合中获得必要的生产手段……因此,新组合的实现只是意味着对现有生产手段的供应作不同的使用"。特别是在竞争性的经济里,新组合意味着对旧组合通过竞争而加以消灭。这里,熊彼特清晰地表明,创新实际上是一个新结构的创建过程,通过创造性破坏解构原有的系统,创造出新的结构,是一个"解构"和"建构"合一的过程。并且,他还在其《资本主义、社会主义和民主》一书中,借用生物学的术语,把这一过程称之为"产业实变"[①]。

约瑟夫·熊彼特将创新分为五种情形:①采用一种新的产品,也就是消费者还不熟悉的产品或产品的一种新的特性;②采用一种新的生产方法,也就是在有关制造部门中尚未通过经验检定的方法,这种新的方法

[①]胡壮程. 我国产业结构演进和经济增长关系的实证研究[D]. 太原:山西财经大学,2018.

不需要建立在科学的新发现的基础之上，并且也可以存在于商业上处理一种产品的新的方式之中；③开辟一个新的市场，也就是有关国家的某一个制造部门以前不曾进入的市场；④争夺或者控制半成品的一种新的供应来源，也不问这种来源是已经存在的还是第一次创造出来的；⑤实现任何一种工业的新的组织。后人一般把这五种形式归结为技术创新、市场创新和组织创新三类。

如果把市场也看作一种组织形式的话，那么它所指的实际上就是技术创新和组织创新。我们前面的分析表明，分工，从而产业系统的发展，受到交易费用的制约，而制度可以通过降低交易费用、提高交易效率的方式，推动产业系统的发展，因此产业系统的发展必然隐含着相应制度的发展，制度创新也应该是产业系统创新的组成部分。

根据制度经济学的传统，制度包括"制度环境"和"制度安排"两个部分。前者通常指一般的社会规则，其建立在于加强一定历史时期的权力关系，包括控制、规范以及通过权力斗争而获得的一般社会契约。例如，等级集权制度和市场制度就是现存的两大基本制度环境。后者通常指特定的组织形式。经济学家约翰·罗杰斯·康芒斯认为，组织是基于共同利益预期的某种联合体。对比约瑟夫·熊彼特关于创新情形的划分，可见其中一部分属于制度安排的范畴。与制度经济学的研究范式相一致，结合熊彼特的创新分类，我们把创新分为三个层面：技术创新；组织创新，即制度安排的创新；制度创新，即制度环境的创新。

就技术创新与组织创新的关系而言，技术发明和运用必须以一定的组织形式进行，不同类型的技术生产可能要求相应的组织形式。与此同时技术也会为组织创新提供物质条件。如信息技术的发展就带动了组织形式的巨大变革。反过来，组织创新也会影响技术的发明创造，有效的组织形式可能会大大促进技术创新的进程。就组织创新与制度创新的关系而言，尽管组织本身也可以被视为一套规则系统，但是这种局部的内部规则通常要受到一般社会规则（即制度环境）的约束。不过，一定组织形式所带来的实质性结果又会反作用于人们的观念和行为，从而改变制度。关于技术创新与制度创新之间的关系，经济学家托斯丹·邦德·

凡勃伦认为,制度变迁来自于有目的的技术创新,技术创新的速度和方向受到现存制度框架的影响。制度框架是在思维的习惯方式及决策者的利益中表现出来的,而技术通过改变物质条件、个人生活、思维方式和群体习惯、规则而产生制度后果。技术创新的短期制度后果主要是以尊重原有惯例与规范中较为基本的内容为前提的适应性行为,例如对新的技术手段和新的机会的把握等;技术创新的长期后果则可能是由于社会中某个重要群体的基本行为模式与思维习惯的改变而导致的原有制度的根本性改变。

经济学家道格拉斯·诺斯认为,企业家在追求其具体目标时,会产生对特定类型知识的需求,既定社会知识存量的特征因而会影响经济绩效。经济增长将改变相对价格以及市场权力格局,从而改变决策者的信念和主观感受,制度因此也就在个体的无意识中,受到个体行为的影响而改变。

(二)创新发生机制

在演化经济学家看来,"创新"是生物进化中的"变异"在经济演化中的对应概念。正如"创新"是对生产要素的重新组合一样,生物学认为,"变异"是对遗传物质——基因的重新组合。不过,"创新"是一个有意识的主动的适应性学习过程,个体有机体通过自身的改变,来主动地应对环境的选择,而"变异"则是一个无意识的相对盲目和随机的过程,变异的个体只能被动地接受自然选择的结果,从而被动地适应环境。

经济学家赫伯特·西蒙基于经济行为人自身信息的非完全性和计算能力的有限性,提出了"有限理性"假定。西蒙认为,由于有限理性的限制,决策者无法达到最优,因为搜集新的相关信息的成本和收益是事先不为决策者所知的,因此,他只能通过盘算来简化情况,追求比较满意的目标。决策者开始所能考虑的只是所有可能选择集中的一个子集。

当他发现一个满意的选择时,决策者要么选择它,要么提高欲望水平。在前一种情形下,搜寻将停止;在后一种情形下,将进行更进一步的搜索。如果现有选择集中没有发现满意的选择,那么他要么扩大搜索范围,要么调整自己的欲望水平。这种搜寻满意目标的过程,就是创新。

搜索满意目标的过程,即创新,实际上是一个试错的过程,因为在找到目标以前,决策者并不知道目标之所在,否则就不用搜索了,从而创新从根本上说是"失败依赖"的。哲学家卡尔·波普尔也认为搜寻是盲目的,这一点充分体现在他所坚持的科学理论的可证伪性之中。但是,盲目的并不意味着就是没有方向的。西蒙认为,搜寻并不是从零开始的,而是有选择性的,会受到决策者过去经验的支配。如果一个人试图去解决一些问题,该当事人不但会受到自己或别人过去解决该问题失败的教训的"负面"影响,同时也会受到自己或别人过去解决类似问题成功经验的"正面"影响。后者给当事人指出解决问题进一步努力的方向,当事人发展出来的用做积极启发的拇指规则将指导他如何处理进一步的问题。对此,波普尔也指出,"由积极的启发所引导的选择性搜寻,是与随机搜寻而不是盲目搜寻相对立的"。不过,无论拇指规则在过去被证明是多么的成功,但在新情况下仍然有失败的可能,此时,决策者便会展开对更好规则的搜索。

创新的动力来自于两个方面。其内在动力是个体的欲望,这种欲望驱动着个体的行为。由于适应性个体可能具有不同的欲望水平和层次,因而可能有着不同的目标和动机,这导致创新可能包含着大量的主观标准,从而引发创新的多样性。这种多样性正如生物多样性,增强了作为个体总和的群体的环境适应能力。创新的外在动力来自于环境的压力,因为不能适应环境变化的个体都将被淘汰掉。

在经济领域,这就意味着拥有正的物质资源是个体持续存在的必要条件。不管个体是否愿意追求物质利益,为了生存,他们就不得不获取物质资源。在创新行为和环境选择之间存在一个负反馈机制,过去环境选择的结果,将决定个体是坚持"旧"的规则,还是试验"新"的规则。当然,个体通过创新来适应环境,并不意味着他就一定能够适应环境,很有可能在他意识到需要创新之前,或者创新完成之前,他就已经被环境所淘汰。当然,创新失败也可能导致被淘汰的命运。

创新并不仅仅是在人的个体层面上展开,所有由人组成的有机体都有创新的可能。经济学家纳尔逊和温特研究了企业的创新行为。他们在其著作中提出了企业追求满意的观点。该观点认为，"企业的行为是由惯例支配的。在企业中存在一个决定是否延长遵循惯例的时间的权威。坚持现有惯例的运行，或者采用其他惯例来取代现有规则，将由企业经理来决定。只要遵循惯例能够产生令人满意的结果，经理就会坚持惯例，如果遵循惯例导致了令人不满意的结果，那么就会引发对更好惯例的搜寻"。这种观点表明，对现存"惯例"的复制是选择性的，而"创新"是由失败引起的，这与我们上面的观点完全一致。

(三)创新扩散

一项发端于个体的创新，要对整体发生作用，还需要通过扩散过程来完成。扩散可以从两个方面来考察：一方面是扩散的范围；另一方面是扩散的层面。

扩散是通过模仿来进行的。经济学家弗里德里希·奥古斯特·冯·哈耶克认为，模仿是规则从群体中一个成员传递到另一个成员的复制机制，是个人获得其他群个体成员技巧的典型方法。在他看来，模仿覆盖了一个广泛的行为领域，可以从诸如模仿与学习技巧这种或多或少有意识的形式，到"就像一个人通过看到别人做同样的事而打哈欠或伸懒腰"这种无意识的模仿。而且在模仿中某种被观察到的行为模式，典型的是被模仿者直接传递到相应的行为中去的，而模仿者却并没有意识到这种模式的构成要素。

无论是技术、组织还是制度，都可以视作一组规则，而创新可以视作规则的改变，创新的结果则是一组不同于旧规则的新规则。当群体中的个体模仿某个个体的创新时，创新就会在这个群体中扩散开来，从而群体所遵循的某些规则将发生改变。

创新在群体间的扩散则有两种方式：一种是"群体间的迁徙"，即其他群体中的个体加入更为成功的群体；另一种是"群体间的模仿"，即个体待在自己的群体里模仿被其他更成功的群体实践了的规则。前一种方式，通过个体的流失，不太成功的群体将会简单地消失，从而他们所遵循的规则也随之消失；后一种方式，通过个体的模仿，模仿群体中所遵循的规则将会变得与被模仿群体中的相同。无论哪种方式，最终的结果都是成功群体的规则取代不成功群体的规则,从而创新在不同的群体间扩散开来。

需要注意的是,一项创新可被模仿的程度,取决于创新者和模仿者之间相似的程度。越是相似的个体,彼此间的可模仿性就越强,从而创新的模仿也就越容易,而差异的个体则只能模仿他们之间共同的部分,从而可模仿的内容较少,而且往往只能在较深的相通的层次上进行模仿。因此,一项创新的扩散,往往先是在相似的个体之间展开,而后逐渐在差异越来越大的群体之间展开。与此同时,扩散的范围也在不断扩大,扩散的能力逐渐减弱,而扩散的层次则越来越深。

纳尔逊和温特从企业角度研究了创新的扩散问题。他们认为,惯例是生物中基因的对应物,环境选择所作用的是惯例,而不是企业。最终起作用的是惯例的市场份额,而不是企业的市场份额。盈利性强的惯例将击败盈利性差的惯例而在产业中传播。不同惯例盈利性的差别将被转换成市场份额的不同增长比例,而惯例的规模就表现为一个产业中遵循该惯例的所有企业的市场份额之和。企业作为惯例的载体,如果改变了它的惯例,那么从演化的观点来看,它就不再是原来的企业,其实现的结果也就不再是决定同一企业的物质手段。一个企业通过遵循旧惯例而实现的结果,成为决定一个遵循新惯例的企业的物质手段,从而通过遵循旧惯例所获得的利润(或亏损),增加(或减少)了新惯例的市场份额,从而我们就看到了熊彼特所说的"创造性破坏"的过程。

接下来我们来说明创新在上述三个层面上的扩散过程。一般而言,技术的专业性最强,组织的专业性次之,而制度则基本上是通用的,因而个体创新是沿着技术层面、组织层面和制度层面依次扩散展开的。一项成功的技术创新商业化的结果,会为实施该创新的企业带来新的竞争优势。企业为了维持这种优势,必须做出相应的制度安排,从而出现相应的组织创新,形成一套与新技术相吻合的组织形式。其他企业在模仿成功企业时,不但模仿其技术,还要模仿其相应的组织形式。当一种新的组织形式被广泛采用,形成主流之后,就会对该市场(特定种群)产生显著影响,导致市场创新。当其中隐含的一般社会规则的改变被其他群体所接受而扩散开来时,系统中旧的规则就会被抛弃,新的惯例取而代之,从而实现制度创新。

第二节　产业关联分析

产业关联分析主要是对细分的产业之间投入与产出上的相互依存关系进行分析,因此,又称为投入产出分析。它是一种具有很大实用价值的分析方法,它的分析结果可以作为一国制订经济计划、制定产业政策和进行经济预测的依据。

一、产业关联的含义

产业关联是指产业间以各种投入品和产出品为连接纽带的技术经济联系。在这里,各种投入品和产出品可以是各种有形产品和无形产品,也可以是实物形态或价值形态的投入品或产出品;技术经济联系和联系方式可以是实物形态的联系和联系方式,也可以是价值形态的联系和联系方式。由于实物形态的联系和联系方式难以用计量方法准确衡量,而价值形态的联系和联系方式可以从量化比例的角度来进行研究,所以,在产业关联分析的实际应用中,使用更多的是价值形态的技术经济联系和联系方式。

二、产业关联的方式

产业关联方式是指产业间发生联系的依托、纽带或基础,即不同产业之间是以什么为依托连接起来的,这种产业间连接的不同依托就构成了产业间联系的实质性内容。

(一)产品、劳务联系

所谓产品,劳务联系,是指在社会再生产过程中,一些产业部门为另一些产业部门提供产品、劳务或者产业部门间相互提供产品、劳务。产品、劳务联系是产业间最基本的联系,原因在于:①产业间其他方面的联系,如生产技术联系、价格联系、劳动就业联系等,都是在产品、劳务联系的基础上派生出来的联系;②各产业部门间协调发展的本质表现为产业间相互提供产品、劳务的数量比例要均衡;③社会劳动生产率和经济效益的提高,最终归纳为产业间提供产品或劳务的质量提高和成本节约。

(二)生产技术联系

生产技术联系是一些产业部门为另一些产业部门提供满足技术性能要求的机器设备产品零部件、原材料以及劳务等。不同产业部门的生产技术有不同的要求,其产品结构的性能也不同。因此,在生产过程中,一个产业部门不是被动地接受其他相关产业部门的产品或劳务,而是依据本产业部门的生产技术特点、产品结构特性,对所需相关产业的产品和劳务提出各种工艺、技术标准和质量等特定要求,以保证本产业部门的产品质量和技术性能。而这一要求使得产业之间的生产工艺、操作技术等方面有着必然的联系。

一般来说,这种生产技术联系是与各产业间产品和劳务的供求紧密联系在一起的。生产技术作为产业间联系的重要依托,其发展变化不仅将直接影响产业间产品和劳务的供求比例关系,而且还会使某一产业在生产过程中与其发生产品和劳务联系的产业发生变换或者依存度发生变化。

例如,在工业化初期,纺织工业对棉花种植业的依赖程度很大,棉花种植业直接制约着纺织工业的发展。技术进步化纤产业的产生和发展,使纺织工业与其发生联系的产业中又加入了化纤业,自然使纺织业的发展对棉花种植业的依存度减少了。因此,技术进步是推动产业联系方式即产业结构变动的最活跃、最积极的因素。

(三)价格联系

产业间的价格联系,实质上是产业间产品和劳务联系的价值量的货币表现。产业间产品与劳务的"投入"与"产出"联系,必然表现为以货币为媒介的等价交换关系,即产业间的价格联系。产业间的价格联系具有重要作用,具体如下:①使不同产业间不同质的产品和劳务相联系,可用价格形式来统一度量和比较,从而为投入产出价值模型的建立铺平了道路;②产业间的价格联系使得生产具有替代性能产品的产业引入了竞争机制,为产业间的联系注入了竞争活力,从而有利于成本费用的节约和社会劳动生产率的提高;③以价格来度量产业间的联系,为产业结构变动分析、产业间比例关系分析等提供了有效的计量手段。

(四)劳动就业联系

产业间的这种劳动就业联系,是指某一产业的发展带动相关产业的发展,从而相关产业增加劳动就业机会。也就是说,某一产业的发展相应地增加一定的劳动就业机会,而该产业发展带动相关产业的发展,也就必然使这些相关产业增加劳动就业机会。产业间的这种劳动就业联系,在西方经济学中被描述为投资乘数在就业中的作用。

(五)投资联系

产业间的投资联系是指某一产业的直接投资导致大量的相关产业的投资。社会再生产是在各产业产品或劳务按一定比例的供需关系为联系的基础上进行的。加快一国经济发展,不可能仅仅通过加快某产业部门的发展来实现,而是通过相关产业部门的协调发展来实现。这种产业部门间的协调发展性,使得产业间存在着投资联系。例如,为了促进某一产业的发展,必须要一定量的投资,但由于该产业发展受到相关产业的制约,因而必然增加投资,以保证相关产业的发展。这种某一产业的直接投资必然导致大量的相关产业的投资,即产业间投资联系的表现。产业间投资联系集中反映在"投资乘数效应"上,即在增加的收入中用于投资的比例越大,投资引起的产业间的连锁反应就越大,总收入增加就越多。

由于产业间存在着上述联系,因此,某一产业的发展变化,必然会影响并波及与其相关的其他产业。

三、产业关联的类型

(一)单向联系与多向联系

单向联系是指A、B、C、D等一系列产业部门间,先行产业部门为后续产业部门提供产品,以供其生产时直接消耗,但后续产业部门的产品不再返回先行产业部门的生产过程。例如,棉花—棉纱—色布—服装这种产业间的联系是单向联系。

多向联系是指 A、B、C、D 等产业部门间,先行产业部门为后续产业部门提供产品,作为后续产业部门的生产性直接消耗,同时后续部门的产品也返回相关的先行产业部门的生产过程。例如,煤炭—钢铁—矿山机械部件—煤炭,这是多向循环联系。又如,煤炭—电力,即煤炭产业部门为电力部门提供燃料,而电力部门也为煤炭部门的生产提供电力作为动力源,这是产业部门间的双向联系。

(二)顺向联系和逆向联系

所谓顺向联系,是指某些产业因生产工序的前后,前一产业部门的产品为后一产业部门的生产要素,这样一直延续到最后一个产业的产品为止。例如,采矿—冶炼—机械加工—组装出成品,这些成品作为最终产品进入市场,这些产业部门间的联系便是顺向联系。

逆向联系是指后续产业部门为先行产业部门提供产品,作为先行产业部门的生产消耗。例如,机械设备行业生产的设备和零部件供冶炼业或采掘业使用,便是一种逆向联系。但在现实的经济运行中,产业部门间的联系方式是很复杂的。在一些产业部门间,顺向与逆向往往是交织在一起的。在一些顺向联系产业部门间,同时存在部分产业间的逆向联系,如 A→B←→C→D 等,有些产业部门间还形成蛛网式的联系。

(三)直接联系与间接联系

在现实社会再生产过程中,产业间存在着大量的直接联系和间接联系。所谓直接联系是指两个产业部门之间存在着直接的提供产品、提供技术的联系。所谓间接联系,是指两个产业部门本身不发生直接的生产技术联系,而是通过其他产业部门的中介才有联系。例如,汽车工业与采油设备制造业之间并无直接联系,但它们实际上仍有一定的联系,这种联系就是由于汽车需要汽油做燃料,而汽油与石油开采有关,石油开采又与石油采油设备制造有关,这样,汽车工业的发展就会通过上述中介产业部门,最后影响到石油采掘设备制造业的发展,这就是汽车工业与采油设备制造业之间的间接联系。

四、投入产出方法的基本原理和基本假设

(一)投入产出方法的基本原理

投入产出方法是投入产出理论的具体应用,是把一个复杂经济体系各部门之间的相互依赖关系系统地数量化的方法。它借助投入产出表,对各产业间在生产、交换和分配上的关联关系进行分析,然后利用产业间关联关系的特点,为经济预测和经济计划服务。

目前,全世界约有近百个国家利用投入产出的方法编制了投入产出表。在联合国普及推广的SNA体系中,投入产出表也是其中一个重要的组成部分。

(二)投入产出方法的基本假设

一般形式的投入产出表有三个基本部分,即内生部分、最终需求部分和毛附加值部分。投入产出表虽能反映产业结构系统中各产业间的关系,但被其反映的关系是建立在对产业间的技术经济联系进行了一定的简化和假设基础之上的。这些假设前提条件是:①产业活动的独立性;②产业产出的单一性;③规模报酬的不变性;④技术的相对稳定性;⑤价格体系的合理性。

五、中间需求与最终需求的概念

按照投入产出分析方法,中间需求是各生产部门间相互提供的产品而又不提供新增价值的部分,或者说是对中间产品的需求。中间需求反映一定时期内一国社会再生产过程中各产业之间相互提供中间产品的依存和交易关系。因此,这一部分横向各产业和纵向各产业的排列是相互对应的。横向的数据表示某一产业向包括本产业在内的所有产业提供其产出的中间产品的状况,也就是所有产业生产中所需该产业产品的情况,亦即中间需求情况。

最终需求是指直接供给消费者使用以满足其经济行为为最终目的,即消费者效用。最终需求反映各产业生产的产品或服务成为最终产品那部分的去向。最终产品的去向,也就是最终需求,大致分为以下流向:一是消费部分,具体可分为个人消费与社会消费两部分,前者是指家庭

消费的总和,后者是指公共福利、社会保障等行政性支出的各种社会性消费;二是投资部分,是由固定资产更新与新增固定资产两部分构成,其中新增固定资产又可分为生产性固定资产和非生产性固定资产。最终需求等于总产出减去中间需求。

六、产业关联效应系数的经济含义和分析

(一)直接消耗系数

直接消耗系数又称投入系数或技术系数,是指在生产经营过程中第 j 产品(或产业)部门的单位总产出所直接消耗的第 i 产品部门货物或服务的价值量,将各产品(或产业)部门的直接消耗系数用表的形式表现出来,就是直接消耗系数表或直接消耗系数矩阵。直接消耗系数的计算方法为:用第 j 产品(或产业)部门的总投入去除该产品(或产业)部门生产经营中所直接消耗的第 i 产品部门的货物或服务的价值量。如下列公式所示:

$$a_{ij} = \frac{x_i}{x_j}$$

上式中,a_{ij} 代表直接消耗系数,x_i 代表第 j 产品(或产业)部门的总投入,x_j 代表该产品(或产业)部门生产经营中所直接消耗的第 i 产品部门的货物或服务的价值量。

(二)完全消耗系数

在生产部门的生产过程中各部门之间的直接联系和间接联系分别构成了直接消耗关系和间接消耗关系。完全消耗就是直接消耗和间接消耗(这里的间接消耗是指某部门生产时,通过所有中间部门形成的对另一产品的直接消耗)之和。它反映了部门间的直接和间接的全部技术经济联系,比直接消耗能更全面地揭示各部门间的数量比例关系。

七、产业波及效果的分析

产业波及效果分析是一种产业关联的动态分析,即在特定的产业联系状态下,某些产业的发展变化如何通过这种联系影响到其他产业。

（一）产业波及效果以及分析工具

1.产业波及效果、波及源及波及线路

（1）产业波及效果

产业波：是指国民经济产业体系中，当某一产业部门发生变化，这一变化会沿着不同的产业关联方式，引起与其直接相关的产业部门的变化，并且这些相关产业部门的变化又会导致与其直接相关的其他产业部门的变化，依次传递，影响力逐渐减弱，这一过程就是波及。这种波及对国民经济产业体系的影响，就是产业波及效果。

产业波及效果分析：就是分析某一些产业发展变化会导致其他产业部门怎样的变化与影响。这种变化与影响主要是通过投入产出表中某些数据的变化会引起其他数据的变化来反映。

（2）产业波及源

在投入产出分析中，产业波及效果的波及源一般有两类：一是最终需求发生了变化；二是毛附加价值（折旧费和净产值之和）发生了变化。

（3）产业波及线路

某一个或某一些产业的变化，是按什么样的走向，将这一变化波及各产业部门，这一走向就是产业波及线路。产业间的联系方式就是产业波及的线路。

2.产业波及效果分析的基本工具

对产业波及效果的分析主要使用三个基本工具，除了用实物型和价值型的投入产出表这一基本工具外，还要借助于以下两种基本工具。

（1）投入系数表

投入系数表是反映各个产业之间生产技术上的联系的一览表。这个表的着眼点是揭示投入产出表纵向的费用结构，即投入结构。投入结构是以中间产品的投入形式来反映各产业部门之间的生产技术上的联系。投入系数又称生产技术系数、物质消耗系数，其计算方法如前所述。当所有产业部门的投入系数求出后，便可以得到一张投入系数表。

（2）逆阵系数表

逆阵系数表是专门用来计算波及效果总量的系数表。逆阵系数的经济含义是,当某一产业部门的生产发生了一个单位变化时,导致各产业部门由此引起的直接和间接地使产出水平发生变化的总和。交叉利用投入产出表、投入系数表和逆阵系数表这三个基本工具,进行产业波及效果分析时应注意以下两个问题。

第一,投入系数的稳定性和有效性问题。投入产出表只是依据过去某一时期产业间生产技术联系的数据而得到的,它反映的是过去某一时期的产业间的联系,故由此计算出的投入系数也只反映过去那个时期产业间的投入状况。依据过去投入系数分析将来短期的产业波及效果,并不影响分析的准确性和精度。对用于将来长期的产业波动效果分析,为保证分析的准确性,必须对现有的投入产出系数进行修正和预测,以保持其稳定性和有效性。

第二,波及效果的时滞现象。产业波及效果的时滞,是指某产业最终需求的变动导致其他产业的变动并不立即反映在产出量的变化上,或者说某产业最终需求变化引起其他产业产出量的变化有一个时间过程。

(二)产业波及效果现状分析

产业波及效果的现状分析,是指对现时的产业间波及效果进行分析,它基本上不涉及未来情况的预测分析。其实质是运用逆阵系数从投入产出表提供的数据中引申出有关系数,来认识产业波及现状的有关规律。

1.产业的感应度系数和影响力系数

任意产业的生产活动通过产业之间的相互关联,必然影响和受影响于其他产业的生产活动。我们把一个产业影响其他产业的程度称作影响力,把受其他产业影响的程度称作感应度。

如果将各个产业对所有产业的影响力和受所有产业的感应度的平均趋势作一个比较,掌握各个产业在这一方面的特性,显然对分析现实的经济问题是大有裨益的。

2.产业的生产诱发系数与产业对最终需求的依赖度系数

我们不仅要了解最终需求总量的变化对各产业生产的影响程度,而且要进一步掌握最终需求各构成项目(投资需求、消费需求、净出口)分别对各产业生产的影响程度,或称之为对各产业的生产诱发额。

3.综合就业需要量系数和综合资本需要量系数

综合就业系数的经济含义是,某产业进行一单位产值的生产,在本产业和其他产业也就是直接和间接地总共需要有多少人就业。综合资本系数的经济含义是,某产业进行一单位产值的生产,在本产业和其他产业也就是直接和间接地总共需要多少资本。

4.某产业生产变化的波及效果预测

国有经济各产业间有紧密地联系,一个产业生产发生变化,会引起其他产业的一系列变化。预测某些产业发生变动以后对整个国民经济产生的全面影响,是投入产出法应用的一个重要内容。

(三)产业波及效果分析的其他应用

波及效果分析的应用领域较广,这里主要阐述特定需求、特定产业的波及效果的预测分析、价格的波及效果、波及效果分析在计划编制中的运用等问题。

1.特定需求、特定产业的波及效果的预测分析

这些最终需求和产业之所以冠以"特定"字样,是因为这类最终需求和产业的生产或扩大,同一般最终需求与产业的生产或扩大不同,其不同点在于前者产生的波及效果强烈,对其他产业的生产和发展,乃至整个国民经济的发展都产生较大或重大影响。因此,要保持国民经济各产业部门按比例协调发展,必须做好特定需求和特定产业的波及效果的预测分析。

(1)特定需求的波及效果预测分析

对某一大型投资项目的波及效果的预测分析并不复杂,其计算方法也较简单。一般地说,其预测分析过程是:首先,将该投资项目所需的最终产品按产业分类进行分解;其次,运用前述方法,将这些需求作为各产业的最终需求的增加额,再来分别计算各产业的生产诱发额。这些生产诱发额便是该投资项目对各产业将要发生的影响,即该投资项目波及效果的预测数据。

(2)特定产业波及效果的预测分析

对特定产业的波及效果的预测分析,实际上是解决应选择何种产业

为主导产业,应扶植、发展什么样的产业为战略产业的问题。这种特定产业波及效果的预测分析,不仅包括了投资本身的波及效果,而且还包括在投产以后产生的波及效果,也就是原材料的消费造成的生产波及效果。一般地说,对特定产业波及效果的预测分析分两种情况。

第一,如果这个国家没有这一产业,这时需要根据这一新兴产业可能达到的生产水平,依据有关信息分解为投入各产业的产品,然后将它作为最终需求放到模型中进行计算,就可算出该产业的建立对原有各产业的波及效果。

第二,如果该国家有这一类产业或国家内某一地区有这类工厂,并且投入结构也是相同的,那么有一个简便的计算方法,即先从原有投入产出表的逆阵系数表上求出一个次逆阵系数。这种方法可以用来测定任何产业对其他产业的波及效果系数。

2.价格波及效果的预测分析

价格波及效果有两层含义:一是指某一产业或某些产业的产品价格变动对其他产业产品价格变化带来的全部影响(包括直接影响和间接影响),这就是该产业或该产业产品价格变化的波及效果;二是指某一个或某一些产业的工资利润、折旧、税金等变动对各产业部门产品价格变动带来的全部影响。

工资、利润、折旧、税金等要素都是构成产品价格的重要组成部分。某产业部门的单位产品的价格是由生产单位产品过程中直接消耗的中间产品价值和单位产品的毛附加价值两部分组成,后者包括单位产品中的固定资产折旧、劳动报酬和社会纯收入(即税金和产业利润)。

3.波及效果分析在计划编制中的应用

编制国民经济中的长期计划,是对国民经济进行宏观控制和计划指导不可缺少的重要方式,无论是社会主义国家和资本主义国家均可运用这种方式。而将波及效果分析应用于计划编制,有助于增强所编制计划的科学性和有效指导性。波及效果分析应用于计划编制的基本思路是,先预测出计划目标年份的最终需求量,然后依据投入产出模型和波及原理,计算出这些最终产品需求量对各产业部门生产的波及以及相应产出量的影响。这种从最终产品出发编制计划的简要过程是:①预测计划期内国民消费总需求;②依据计划期生产的增长情况确定积累总额;③确定计划期的直接消耗系数,对短期计划可参照使用报告期的直接消耗系数;④计算计划期内各产业部门的总产出,并与各产业部门实际生产的可能进行反复平衡;⑤选择一个比较合理的计划[①]。

第三节 产业结构政策分析

制定产业政策的目的是解决资源配置的均衡与效率问题。在市场经济条件下,市场机制在资源配置过程中发挥着基础性作用,即市场供求关系与价格杠杆调节投资方向和投资规模,竞争机制决定企业的发展状况。产业政策作为政府行为,其作用主要是辅助市场自身的调节。在发展中国家以及政府引导下的市场经济条件下,产业政策还具有增强产业竞争力、推进工业化和现代化进程的作用。

一、产业政策与市场机制的关系

从产业政策的性质和作用范围看,可以将其分为两类:一类属于政府的规制,具有共性,所有的经济主体都必须遵循,例如市场准入标准、竞争规则、关税政策、国际贸易规则等;另一类是带有特殊性的、针对个别产业制定的发展规划、投融资和税收等政策。前者属于广义的产业政策,后者属于狭义的产业政策。

当前,我国制定产业政策和选择战略性产业时,需要明确一些认识和方法问题。

第一,把广义的产业政策同狭义的产业政策区别开来。广义的产业政策,是政府管理经济的普遍行为,虽然表现形式不同,但都是规范经济主体行为和市场竞争秩序,维护国家利益所必需的。欧盟实行的产品安

---

①鲍宏礼.产业经济学[M].北京:中国经济出版社,2018.

全与环保技术标准等,属于广义的产业保护政策,而我们通常所讲的产业政策主要是指狭义的产业政策。

第二,坚持发展中国家经济发展阶段的特殊性。在世界经济分工体系和国际贸易关系中,发展中国家与发达国家之间由于经济发展水平不同,存在着事实上的不平等竞争。发展中国家为了缩小与发达国家产业发展上的差距,对某些弱势产业进行扶持和保护是必要的。

第三,发挥市场机制在资源配置中的基础性作用,同产业政策的引导作用结合起来。理想的状态是,大多数竞争性产业的发展,主要应由市场需求和竞争机制去引导,政府的责任在于制定市场准入规则和规范市场竞争秩序。因此,产业政策的重点应当是对关系国民经济全局和国家战略利益而市场作用有限的少数产业实行扶持和产业保护。但这种扶持和保护也必须遵循市场经济的规律,与市场调节的方向一致。

第四,制定产业政策必须有相应的经济、法律和必要的行政手段相配套。从反面来说,如果制定的一些产业政策,内容上只包含了鼓励或限制发展的产品目录,而没有相应的保障措施,其结果往往会是被鼓励的产品一哄而起,被限制发展的企业则处于"限而不死"的状态。从正面角度来说,我国在2000年就有了比较成功的例子,在国务院发布的《鼓励软件产业和集成电路产业发展的若干政策》中,在软件企业认证制度投融资、税收收入分配、人才吸引和培养、知识产权保护等方面,都提出了鼓励产业发展的政策措施。这一政策的出台,有力地促进了我国软件产业的发展。其启示是,产业政策的目标要细化和有明确的针对性,政策措施要具体和有可操作性。

第五,对于哪些产业可以放开,哪些产业需要政府扶持和保护,应当由社会各界共同研究并达成共识。

第六,把利用外资同改造传统产业、推进产业升级结合起来。找不到回报效益好的投资项目是资本相对过剩的主要原因。从总体上考察,弥补高新技术缺口应作为我国利用外资的主要目标。因此,利用外资的战略与策略也有必要进行调整,即引进外资的重点应当是促进传统产业的技术改造和发展技术密集型产业。

第七,战略性产业的含义及其选择目标。加快我国战略性产业的发展,首先必须界定清楚什么是战略性产业。所谓战略性产业,是在国民经济体系中占有重要地位,对国计民生、国家经济和军事安全有重大影响的产业。在社会化大生产和专业化分工的条件下,每一个产业都有它的重要性。在一系列的产业群中,哪些属于特定发展阶段的战略性产业或重点发展的产业,需要根据国民经济、国防安全以及参与国际竞争的客观要求和要解决的突出矛盾来确定。

具体地说,现阶段我国战略性产业的选择需要实现以下几个目标:一是中国作为一个大国,既要发挥劳动力资源丰富的比较优势,继续大力发展劳动密集型产业,同时也要不失时机地推进产业升级,增强资本密集和技术密集型产业的竞争优势。在国际分工体系中,战略性产业的选择要有利于改善国际贸易条件,促进出口产品的结构升级。二是我国人口众多但资源有限,在这种条件下实现工业化、城镇化和现代化,面临着资源的需求,特别是优质能源的供应与发展的需要相比稍显不足。战略产业的选择要着眼于解决这些。三是在国际政治军事关系中,要建立以现代高技术为基础的、寓军于民的国防科技工业,发展高新技术武器装备,实现国防现代化,这是一项不可懈怠的战略性任务。能源、技术密集型的机械装备制造业、以信息技术为先导的高新技术产业和高技术武器装备研发与制造业,应当作为我国现阶段的战略性产业[1]。

二、主导产业选择的基准及适用条件

(一)主导产业的选择基准

主导产业选择的原则:①产业关联基准。就是选择关联强度较大,把能对其前、后项产业起较大带动作用的产业作为主导产业。②需求收入弹性基准。如果选择需求收入弹性较大的产业作为主导产业来发展,则随着经济的发展和国民收入的提高,会增加对产业的市场需求。③生产率上升率基准。选择技术进步速度较快的产业作为主导产业,因为技术进步可以降低生产成本,技术进步速度较快的产业,可以获得比其他产业更快的发展速度;技术进步速度快的产业获得发展,可以通过技术的

---

①迟令桂.财政金融政策对产业结构升级的影响[J].财经界(学术版),2019(04):3.

扩散,促进整个产业结构系统的技术进步。④过密环境基准和丰富劳动内容基准。过密环境基准要求选择能满足提高能源的利用效率、强化社会防止和改善公害的能力,并具有扩充社会资本能力的产业作为主导产业;丰富劳动内容基准要求在选择主导产业时要考虑到发展能为劳动者提供安全舒适和稳定劳动场所的产业。⑤其他基准。如增长后劲基准、短缺替代弹性基准、瓶颈效应基准、比较优势基准、边际储蓄率基准、国情基准等。

主导产业:是指在经济发展的某一阶段,对产业结构和经济增长起着导向和带动作用,能较多吸引先进技术,具有广阔市场前景的产业部门。主导产业有如下特征:①能引入创新并创造新的市场需求;②具有持续的高增长率;③对其他产业乃至整个经济增长产生重要、广泛的影响。

支柱产业:一般情况下,我们把在当前和未来经济发展中,对国家(或地区)工业产值增长贡献较大、产出或收入所占比重较大的产业称为支柱产业。支柱产业通常具有相对较大的产出规模,同时又能在某一经济增长阶段内保持相对较快的增长速度。

(二)主导产业选择的适用条件

一个行业要成为国民经济的主导产业,必须具备以下条件:①工业增加值在GNP中的比重达到5%左右,产值占工业总产值的8%左右;②出口创汇稳定增长,在国际市场占有份额上升,行业外贸进出口由净进口变为净出口;③就业人员占全国或地区就业人数的比重有所上升,同时在与主导产业紧密相关的产业部门和服务行业就业人员大量增加;④行业关联度高,影响力和感应度系数大于1;⑤较高的产业集中度和骨干企业的市场占有率,集约化、社会化的大生产。

三、不同类型的产业政策

(一)支柱产业支持政策

支柱产业是一个国家的经济实力和国际竞争能力的基础,没有真正的支柱产业就谈不上现代化的经济。支柱产业,是指经济发展到某一特定阶段的产业结构中,客观上处于支柱性地位,并处于前波后及的作用,能带动一大批产业运动发展的产业。

要成为支柱产业必须具备三大基本特征:一是能够迅速有效地吸收创新成果,并获得与新技术相关联的新的生产函数;二是具有巨大的市场潜力,可望获得持续的高速增长;三是同其他产业的关联系数较大,能够带动相关产业的发展。

(二)幼小产业保护政策

幼小产业保护政策,基本上可以分为两类,即国际贸易保护政策和国内生产保护政策。

国际贸易保护政策,是指政府采取限制有关产品进口,并对本国相关产品出口给予优惠和补贴的措施,为本国幼小产业的发展提供发展的空间和合适的环境。具体包括关税、进口限制、进口许可证、外汇管制等多种方式。

国内生产扶持政策,是指为配合贸易保护政策,政府将资源向幼小产业倾斜,以迅速增强本国幼小产业的竞争能力和扩大其市场份额。具体政策手段包括财政扶持(如税收优惠、财政补贴等)、金融扶持(专项贷款、利率优惠)、技术扶持和直接规制等。

(三)产业技术政策

1.产业技术政策概述

(1)产业技术政策的起源

产业技术政策,是指国家对产业技术发展实施指导、选择、促进与控制的政策的总和。它以产业技术为直接的政策对象,是保障产业技术适度和有效发展的重要方式。

(2)产业技术政策的必要性

第一,由于技术成果具有公共产品的性质,技术开发的成本与技术的社会收益之间存在不对称关系,个人收益率总是低于社会收益率,其外溢效益十分明显。此外,基础研究的回报率往往较低。因此,国家必须制定专利保护政策,风险投资促进政策,基础研究支持政策等。

第二,技术创新在现代经济中作用越来越大,为了实现技术资源的有效开发和最优配置,防止技术创新的中断,国家就必须以适当的政策手段对技术开发与推广应用进行有效的指导组织、扶植和协调。

2.产业技术政策的内容和执行方式

一般而言,产业技术政策应当包括两方面的内容:一是确定产业技术的发展目标和具体计划,包括制定各种具体的技术标准和技术发展规划、公布重点发展的核心技术和限期淘汰的落后技术项目清单;二是技术进步促进政策,包括技术引进政策、技术扩散政策、技术开发扶植政策。技术引进政策是通过直接引进别国的成熟技术赢得后发优势的重要方式。但仅有引进技术是不够的,必须在鼓励技术引进的同时,重视对引进技术的消化、改造和提高。

3.产业技术政策的发展趋势

产业技术政策是适应经济发展对技术进步的要求而产生的,技术的进步又对产业政策不断提出新的要求。各国产业技术政策总体上出了三大趋势:一是政策的目标体系越来越丰富、完善;二是政策措施和手段来越具体、务实;三是突出了增强产业国际竞争力的重要性。

第六章 企业经营战略管理

第一节 企业战略的概念与发展

一、企业经营战略与军事战略

20世纪60年代以前,企业战略很少作为单独、自觉的企业政策而存在,实际上任何企业特别是成功的企业总是遵循某些战略的。企业战略的很多理论来源于古代军事战略。我国古代军事战略家孙武的理论特别受西方企业家的推崇。当然,将军事理论用于企业竞争不论从理论上还是从逻辑方法上都还存在许多有争议的问题。但至少军事上的战略思想有助于理解企业战略管理的精髓,很多军事战略思想可以在企业战略上加以应用。

军队和企业存在着一些相似的地方,二者都有自己的战略目标。对军队来讲,战略目标是由政府决定的;而对企业来讲,目标一般是由企业的拥有者决定的,其中大部分通过董事会决定。对二者而言,竞争态势的出现都是由于不同组织的目标之间出现了对立。二者为达到目的都必须具有人员、设备设施和技术技能。二者都处于外界环境之中。对战争讲天时、地利和人和;对企业讲政治、经济、社会及市场。

因此,形成军事战略的二位一体框架:目标、资源和外部环境与工商企业面对的问题是完全相像的。

军事管理中的实践对企业战略实施问题也有重大的影响。传统的企业组织结构——垂直层次结构、功能事务专业化和在职人员的级别分化,这都起源于现代军队中的组织方式;有关领导权威、委任的发生与维持以及与之有关的道德观念也都起自于军事管理。这种相似性毫不奇怪,因为在工商教育发生之前,通常由军队去培养那些有志于担任企业高级管理职务的人员。

但是,军事竞争和企业竞争之间存在着明显区别。战争的一般目的是打败敌人,而企业战略的目的一般没有如此的进攻性。大多数企业往往限制自己的竞争目标,寻求某种共存而不是把对方毁灭。

二、企业战略的概念和发展

企业战略是指企业为适应未来环境的变化,对生产经营和持续与稳定发展中的重大问题进行全局性、长远性纲领性的谋划和决策。

企业战略日益受到各个国家的关注,反映了一种历史的时代特征。西方的一些评论家认为,作为主要竞争动因的国家和集团之间利益追逐的焦点已逐渐由军事领域转向经济领域。直至20世纪初期以前,国家和个人的富有程度都主要是由其拥有或控制土地的多少来决定,国家之间争夺的主要目的在于征服或保卫自己的领土。工业和贸易的发展使以上情况发生了巨大的变化,国际竞争的基础已由争夺土地转为争夺顾客。这种情况又派生出两个结果:经济竞争代替了军事对抗,公司企业代替了政府机构成为国际竞争前沿的斗士。以上观点的正确性虽然尚待商榷,但经济竞争在国际关系中地位的显著增强是无可置疑的。

对企业战略明确地发生兴趣是20世纪50年代末至20世纪60年代初,在美国大型复杂的公司中出现的。大型复杂公司面对的一个主要问题是如何在个人决策和公司顶层的总体控制之间进行协调。当时发展起来的年度财务预算为这种协调和控制提供了一个重大载体,但是对资本投资决策的协调需要一个很长的规划时间区间。在20世纪60年代对长期规划的重视就反映了经济扩展时期对实现协调和目标一致的关心。战后时期是一个前所未有的稳定和增长时期,其时还哺育了大企业的急剧扩展。当公司寻求以高效率的规模生产来提高效率和强化风险控制时,大量推销、垂直整合以及在技术上的大宗长期投资都使得进行长期规划和市场预测变得十分流行。典型的形式是制订五年公司计划文件,其中包括设定公司目标,预测经济趋势,对不同产品和业务领域进行优先排序,并且配置资源。在公司规划中,多样化的制订是一个中心问题。

在20世纪60年代至20世纪70年代,多样化被视为公司增长和获利的主要途径也视为公司战略的主要责任。事实上,著名的战略学家埃格·安绍夫曾把战略定义为:"战略决策主要是用来处理公司外部而非内部问题的。特别是要确定产品的组合以及销售这些产品的市场。"20世纪70年代,产品组合规划矩阵在多样化公司中作为战略选择的框架和资源分配的工具而出现了。

从20世纪60年代至20世纪70年代早期,企业界对规划的高度热情还引发了政府公共部门对经济、社会、投资规划的迷信。企业界和事业部门对规划的兴趣导致了一种寻求"科学"决策技术和政策制定的热潮,如这时兴起的成本—效益分析、贴现现金流技术、线性规划法、计量经济预测和凯恩斯宏观经济管理等。J·K·考伯瑞兹分析了企业界这种由企业家资本主义到技术官僚主义的转变。考伯瑞兹认为在一个杂乱的市场中,新投资的大小、风险以及时间范围决定了公司进行中期规划所具有的优越性。

然而到20世纪70年代中期,人们所处的环境和所持的态度发生了变化。不断增加的证据表明,战略规划所预计的通过多样化获得的收益没能实现,这导致多行业化经营的努力减缓,同时宏观经济不稳定性增加(尤其是石油价格的剧烈变动带来的冲击),使得许多领先的大公司对前10年中建立起来的精细的规划系统失去了依赖。当世界进入一种巨变时期时,公司则不得不放弃它们的中期计划而采用一种战略管理的更加灵活的策略。导致企业战略研究方法进行根本性调整的另一个重要因素是20世纪70年代至20世纪80年代国际竞争的形势进一步加剧。当范围广泛的杰出的美国产业——从钢铁业到银行业都面临日益增加的竞争挑战时,原来多样化经营和扩大生产能力以适应新需求的兴趣转向在个别产业和个别市场上取得竞争优势的新努力[1]。

20世纪80年代以后高层管理者对于其在掌握企业战略中的作用更倾向于进行战略管理而不是进行公司规划。新的战略方法的特征是:①所关心的核心问题是检测和分析产业环境以及评价和开发内部资源以建立竞

①王洋. 企业经营战略创新的研究[J]. 现代营销(下旬刊),2018(03):129-130.

争优势；②拒绝接受详细规划的偶然性而接受更多的灵活性；③放弃以规划部（处）作为公司规划制订的首要部门的思想，而把战略制定的任务和战略实施的任务由专门的单位来进行。

第二节　企业战略的特点

企业战略有以下八个特点。

第一，全局性。企业经营战略是对企业未来经营方向和目标的纲领性的规划和设计，对企业经营管理的所有方面都具有普遍的、全面的和权威的指导意义。

第二，长远性。企业经营战略考虑的是企业未来相当长一段时期内的总体发展问题。因此，它着眼于未来，谋求企业的长远发展，关注的主要是企业的长远利益。其实质是高瞻远瞩、深谋远虑、立足长远、兼顾当前。

第三，指导性。企业经营战略所规定的战略目标、战略重点和战略对策等都属于方向性、原则性的，是企业发展的纲领，对企业具体的经营活动具有权威性的指导作用，指导和激励着企业全体员工为实现战略目标而努力工作。企业经营战略作为企业全体员工为之奋斗的纲领，必须通过展开、分解和落实等过程，才能变成具体的行动计划。

第四，现实性。企业经营战略是建立在现有的主观因素和客观条件基础上的，一切从现有起点出发。

第五，竞争性。企业经营战略是企业为赢得市场竞争胜利的目的而服务的，具有指导如何在激烈的市场竞争中与竞争对手抗衡，如何迎接来自各方面的冲击、压力、威胁和困难带来的挑战的特性，企业必须使自己的经营战略具有竞争性的特征，才能保证立于不败之地。

第六，风险性。企业经营战略是对未来发展的规划，然而环境总是处于不确定的变化莫测的趋势中，任何企业战略都伴随有风险。

第七，创新性。企业经营战略的创新性源于企业内外部环境的发展变化,因循守旧的企业战略是无法适应时代发展的。因此,企业要不断地提出具有创新性和前瞻性的新企业战略[①]。

第八,稳定性。企业经营战略一经制订,在较长时期内必须保持相对稳定,以利于企业各级单位部门努力贯彻执行。但由于企业经营实践活动是一个动态过程,指导企业经营实践活动的战略也应该是动态的,以适应外部环境的多变性,所以,企业经营战略的稳定性是相对的稳定性。

第三节 企业战略的内容

一、战略分析

战略分析的目的是明确企业的战略地位,这是战略管理的第一步。前面讲到,战略是应付环境变化进行生存斗争的措施和策略。因此制订战略的第一步就是要理解组织的环境正在发生什么变化? 他们对组织的行为有何影响? 组织在应付环境变化中的实力和弱点是什么? 组织的各有关人员、经理、职工、股东等的愿望是什么以及他们在何种程度上对企业未来发生影响?

以上问题又可大体划分为环境、资源和价值观三类。围绕这三个方面形成一些理论框架,使得可以遵循清晰的思路来把握有关问题。

(一)环境分析

社会化的企业,从社会上获得资源,为社会而生产或提供服务,其生存完全依赖社会是否接受。因此社会的政治、经济、文化以及技术、生态等因素无不对企业的生存发展构成巨大影响,这些因素是如此复杂,以至没有任何办法可以列举全部可能的影响因素并全部把握影响的形式和程度。一个感知、识别关键的环境因素的分析方法是非常必要的。作为环境分析的核心问题,将讨论战略理论家提出结构性竞争环境的研究方法,从而把握影响企业生存发展的竞争力量来源并从而把握环境因素

---

①李予晟. 论企业现代化经营的战略[J]. 中国管理信息化,2016,19(19):99-100.

发挥作用的方式。这些因素最终归为对企业提供的机会和威胁,而确定出关键的机会和威胁是环境分析的任务。

(二)资源分析

企业之所以能在复杂多变的环境下生存和发展,是因为企业自身亦有发展和应变的能力,这就是企业拥有的资源。资源包括人力、物力、财力以及企业的历史、经验、形象、声音、社会关系、商标和牌号等抽象资源。很显然,在一个包括数千人的企业中,这些资源的数量也是一个汪洋大海。即使是一个几十人甚至几个人的小企业,其资源种类和数量也可能难以计数。

首先,需要理解什么是构成企业因素能力的关键的资源要素,有时人们自己也不知道为什么在事业上取得成功,一些习以为常的东西可能是企业得以生存的致命的东西。然后,将研究掌握企业资源能力的系统性方法——价值链方法。价值链方法被喻为企业战略能力分析的金钥匙,它对人们理解形成企业竞争优势的资源能力大有帮助。企业资源分析的最终目的是理解企业在市场竞争中的实力和弱点。为此需要一些比较分析方法和企业成长的理论,进而理解企业的性质和特点。

(三)价值观

由于世界的多样化,摆在企业面前的战略必定丰富多彩,任何一个战略一般都有有利的一面,同时也有不利的一面。而不同的个人和不同的群体其目标各异,对战略的看法也必然存在分歧。企业文化作为组织全体共同持有的信仰和价值,也必然对企业战略的形成有重要作用。价值观分析就在于弄清上述文化因素及群体期望等对战略形成的影响以及在战略决策中必须要考虑的社会力量。从而使战略制定基于坚实的文化背景中,使之成为世俗的而非虚妄的、实际的而非空想的决策行为。

环境、资源及价值观的分析提供了组织战略分析的基础。进一步,需要分析确定企业现存战略与战略分析中所得结论的关系。如现存战略与当前环境变化趋势相吻合吗?它能充分利用环境带来的机会,克服环境造成的威胁吗?企业是否发挥了现行资源的优势,避免或逐渐改善了企业存在的弱点?现行战略是否与企业的文化特征、权利结构决定的企业相吻合？等等。从而发现现行战略在解决企业困难、创造最好前景方面存在的差距，进而确定现行战略是否需要调整，还是需要彻底改变？这就是战略分析要达到的目的。

二、战略选择

战略选择包括以下三方面的内容。

（一）战略方案的制订

处在特定条件下的企业，有什么战略可供选择采用呢？常常出现两种不同的情况：一是企业可能面对内外压力，无计可施，听之任之；二是采取一些最为显而易见的战略。这两种情况都要求企业能放开眼界，丰富思路，提出更多的战略方案以供选择。

事实上，企业可选的战略是无限多的，需要的是把战略进行科学的分类，发现其内在规律性，从而在战略方案的制订中各所遵循。为此将要讨论"总体战略"，即揭示产业在竞争中立足可以选择的基础战略；要讨论"发展方法"，即研究企业有何种可能的筹集资金、实现战略目标的方法。这些方面结合起来，就可以形成不同的战略措施，不至于最为"明显的"战略遮掩住更好的战略。

（二）战略方面的评价

如何判断和评价一个战略的优劣，是理智地选定一个战略的关键。战略评价要回答：战略的合理性如何？战略是否利用了企业面临的机会，是否发挥了企业的优势，是否有力地抵消了恶劣环境因素的威胁和克服（避免）了企业的弱点？这个合理性称为战略的适宜性，即战略是否与产业环境和企业资源能力相适应？然后还要评价战略的可行性。企业战略的目的是为企业盈利，对其他组织、战略的目的是在给定预算下最大限度地发挥预算的效力。因此战略如果可行，在财务上必须盈利，资金必须可得。评价的另一项内容是战略的可接受性。这里又牵涉到人们的期望和价值观念，即战略是否能为与决策有关的主要成员所接受，是否体现了大多数人的利益等[1]。

---

①康大海，吴波虹. 企业组织管理理念与方法的分析[J]. 长沙铁道学院学报（社会科学版），2007(02):79-81.

（三）战略方案的选择

以上讨论的最终目的还要归结到如何最终选定战略方案。摆在企业面前的可行方案不止一个，即使是一个方案也需要被"拍板定案"。一个战略的优点和缺点往往不是黑白分明、一清二楚的，优缺点会相伴而生、互相缠绕，巨大的收益伴随巨大的风险。最后决策的制订是一项十分艰巨的任务。必须指出，战略选择并不像想象的那样是一种纯粹客观的理性行为。实际上它受到人们期望和价值观的强烈影响，最后决策的制订往往取决于管理者的判断或者需要通过某种政治程序。

三、战略实施

战略实施是把选定的战略转化为具体行动的过程。战略实施首先要解决战略规划问题，这就是要考察实施一项战略的资源条件：什么是需要承担的关键任务，在经营资源的配置方面需要什么变化，何时进行有关的调配，由谁来负责，等等。战略实施还涉及组织结构的调整，这在我国是特别关键的任务，执行起来也最困难。但是对于任何战略的改变，没有相应组织结构的调整是不可能的。

除此以外，新的战略还需要新的管理体系来保证。不同部门的责任是什么？在战略实施过程中用什么信息系统来检测战略的实施情况？应建立何种企业文化，如果战略改变，应该设法使组织的全体员工对他们自己的"组织世界"有新的信念，这一点如何做到？这些都是战略实施中要考虑的问题。

总之，战略管理是企业对其战略制定和实施的管理，同时也可以理解成对企业战略性的管理。它与一般管理的不同之处就是必须从长远角度把握方向，在全局上保证决策的正确。它通过远见、使命、战略和策略等企业行为归拢为一个整体。战略管理与经营管理之间如同动脉血管和毛细血管一样有机连接，直接影响着企业的行为和绩效。因此战略管理起着指导和启动管理的作用，具有很强的实用性。

第四节 现代企业战略的分类

一、发展型战略

发展型战略是一种使企业在现有的战略基础水平上向更高一级的目标发展的战略。该战略以发展为导向,引导企业不断地开发新的产品,开拓新的市场,采用新的生产方式和管理方式,以便扩大企业的产销规模,提高企业的竞争地位,增强企业的竞争实力。正确地运用发展型战略,能够使一个企业由小到大、由弱到强获得不断的成长和发展。

一般地说,发展型战略有下面几种基本类型。

(一)企业产品—市场战略

企业产品—市场战略是最基本的发展战略,其他发展战略都是在此基础上演变发展而形成的。这一战略可以用九种方式来表达。

1.市场渗透战略

市场渗透战略是由企业现有产品和现行市场组合而产生的战略。企业战略研究人员应该有系统地考虑市场、产品及营销组合的策略以促进市场渗透。在市场方面应如何扩大现有产品的销售量呢? 一个企业要增加其产品的销售量取决于两个因素:销售量=产品使用人的数量×每个使用人的使用频率。

根据这个等式,企业采取下述措施来扩大销售量。扩大产品使用人的数量。如转变非使用人,努力发掘潜在的顾客,把竞争者的顾客吸引过来,使之购买企业的产品等。扩大产品使用人的使用频率。如增加使用次数、增加使用量、增加产品的新用途等。改进产品特性,使其能吸引新用户和增加原有用户的使用量。常用的方法有:提高产品质量,增加产品的特点,改进产品的式样和包装等。此外,在销售价格、销售渠道、促销手段上也应改进,以扩大现有产品的销售量。

2.市场发展战略

市场发展战略是在现有产品和相关市场组合中产生的战略。它是发展现有产品的新顾客层或新的地域市场从而扩大产品销售量的战略。主要方法有市场开发、在市场中寻找新的潜在市场和增加新的销售渠道。

3.产品发展战略

产品发展战略是由企业原有市场和其他企业已经开发的而本企业正准备投入生产的新产品组合而产生的战略，即企业在其现有市场上投放新产品或利用新技术增加产品的种类，以扩大其市场占有率和增加其销售额的企业发展战略。从某种意义上来说，这一战略是企业发展战略的核心，因为对企业是可以努力做到的可控制因素。例如，青岛海尔集团原有的产品是冰箱，原有的市场是冰箱市场，后来它开发了洗衣机、空调、电视机等原属其他企业已经生产的产品，并都取得了成功，就是这一战略的成功实例。

4.产品革新战略

这是一种企业在原有目标市场上推出新一代产品的战略。这种战略比传统的产品发展战略向前迈进了一大步。虽然企业的重点仍是原有的目标市场，但通过新技术的运用，企业的产品性能有了显著提高，原来的产品或许会再生产几年，但企业已运用最新技术生产了新一代产品。

5.产品发明战略

这种战略要求企业发明别的企业从未生产过的新产品，并进入到别的企业已经开发成熟的市场，因而它具有创新开拓精神。这种战略体现了创新开拓型战略高风险高收益的特征。当企业向一个其他企业已经形成的市场推出自己的第一代新产品时，企业的风险来自两个方面：一是新产品不一定正好适合该市场顾客的需要；二是企业对新市场缺乏第一手资料和实践经验。当企业从事这种风险投资时，它就在运用全方位创新战略上跨出了成功的第一步。

6.市场转移战略

这种战略是指企业将现有产品投入到别的企业尚未进入的刚刚开始形成的处女市场，这种战略尤其适用于第三世界国家。这一战略同样适用于区域市场的转移。比如,将产品(如家电、化妆品等)从大城市转移到中小城市,再由中小城市转移到乡镇农村和山区等。

7.市场创造战略

这种战略是指企业在新兴市场上投放别的企业已经在成熟的市场上经营的产品。企业虽然要生产新产品,但因为这种产品别的企业已经生产,所以企业也就不必再从头开始进行新的技术开发,它可以直接通过购买许可证,与别的企业联营或通过兼并的办法获得生产该产品的权利。例如,中国轿车工业的发展战略就是典型的一例。

8.全方位创新战略

这种战略是市场创造战略和产品发明战略的组合,当市场变化非常快时,企业只有运用这一战略才能立于不败之地,这种战略是企业向一个新兴市场推出别的企业从未生产过的全新产品。

9.多角化经营战略

多角化经营战略在企业产品—市场战略中最复杂、最难掌握、误区最多、最容易失误,但一旦成功收效也最大的一种战略。所谓"成也多元化,败也多元化"这句话,就深刻地揭示了它是一把"双刃剑"。

(二)企业一体化战略

"一体化"是指:将独立的若干部分加在一起或者结合在一起成为一个整体。一体化往往是企业在实行密集型发展战略的基础上产生的,这是因为企业实行了密集型发展战略,市场占有率越来越大,企业实力有所增强。这时企业就需要考虑如何扩展、向何方发展的问题,于是一体化战略便应运而生[1]。

一体化战略的基本形式有三种:纵向一体化战略、横向一体化战略和混合一体化战略。

1.纵向一体化战略

纵向一体化战略又叫垂直一体化战略,是将生产与原材料供应,或者生产与产品销售联结在一起的战略形式。依据其方向划分,纵向一体化可分为后向一体化和前向一体化两种;依据其程度划分,纵向一体化又

---

①尹长燕.企业经营战略与企业文化的"互动性"探析[J].商讯,2020(20):117-117.

可分为全面一体化和部分一体化。纵向一体化的战略目标是：巩固企业的市场地位，提高企业竞争优势，增强企业实力。

2.横向一体化战略

横向一体化战略是指企业通过购买与自己有竞争关系的企业或者与之联合及兼并来扩大营业，获得更大利润的发展战略。该种战略的目标是扩大本企业的实力范围，提高其竞争能力。

横向一体化战略一般是企业在竞争比较激烈的情况下进行的一种战略选择。这种选择既可能发生在产业成熟化的过程中，成为增加竞争实力的重要手段，也可能发生在产业成熟之后，成为避免过度竞争和提高效率的手段。

3.混合一体化战略

混合一体化战略就是上述两种一体化战略同时加以运用的一体化战略。这种战略主要适用于一些特大型企业，只是它在造就大企业方面虽有明显作用但实施起来难度较大，风险较大，所以必须更加谨慎。

（三）企业集团化战略

1.企业集团的含义

企业集团是以资本联合为特征、产权主体多元化的复杂经济联合组织。它的本质属性应该是：两个或两个以上的法人企业的联合组织。

在我国的现实经济生活中，行政性公司、托拉斯式的紧密联合体、联合企业、松散的企业群体等，都曾被称为"企业集团"。不仅如此，有的还把企业集团与集团公司混为一谈，把企业集团当作法人，要求企业集团像法人一样去登记。因此，要搞清企业集团的概念，就必须先明确它与其他企业联合组织的区别。

2.企业集团的特征

企业集团具有如下特征：一是层次性。企业集团具有两种联结纽带，其一为股份化的资本联结；其二为具有长期优惠性的合同协议联结。以此为依据，企业集团可以划分为四个层次——核心层、控股层、持股层和固定协作层。前三个层次建立在股份制基础上，是集团的正式成员；第四个层次建立在具有法律效力的合同或协议书上，但通常不作为集团的正式成员,只是集团的影响范围。二是非法人性。企业集团由四个层次,即是母公司、子公司、关联公司和其他合同协议联结的企业组成。从法律上看,母公司、子公司、相关联公司都是独立的企业法人,而集团总体则是一种建立在持股控股基础上的法人合伙。它既不是统一纳税统负盈亏的经济实体,也不具备总体法人地位。三是建立在企业法人股份制基础上的相互持股与干部互派。

二、稳定型战略

稳定型战略是指限于经营和内部条件,企业在战略期所期望达到的经营状况基本保持在战略起点的范围和水平上的战略。所谓战略起点,是指导企业制定新战略时关键战略变量的现实状况,其中最主要的是企业当时所遵循的经营方向及其正在从事经营的产品和所面对的市场领域。企业在其经营领域内所达到的产销规模和市场地位。所谓经营状况基本保持在战略起点的范围和水平上,是指企业在战略期基本维持原有经营领域或略有调整,保持现有的市场地位和水平,或仅有少量的增减变化。

稳定型战略其特点:①满足于过去的经济效益水平,决定继续追求与过去相同或相似的经济效益目标;②继续用基本相同的产品或劳务为原有的顾客服务;③为争取保持现有的市场占有率和产销规模或者略有增长,稳定和巩固企业现存的竞争地位;④在战略期内,每年所期望取得的成就按大体相同的比率增长。

由此可见,稳定型战略基本上依据前期战略,坚持前期战略对产品和市场领域的选择,以前期战略所达到的目标作为本期希望达到的目标。因此,采用稳定型战略的前提是企业的前期战略必须是成功的战略。这样企业只要继续实施这种战略,就能避开威胁,利用机会,使企业获得稳步的发展。

采用稳定型战略的企业,由于其所面临的外部环境和企业资源条件以及竞争地位的不同,在战略目标、战略重点、战略对策等方面也存在不同的选择,从而使稳定型战略有不同种类。大概可以划分为以下几种:无增长战略、微增长战略、阻击式防御战略和反应式防御战略。

三、紧缩型战略

紧缩型战略是指企业从目前的战略经营领域和基础水平收缩和撤退，且偏离战略起点较大的一种经营战略。与稳定型战略和发展型战略相比，紧缩型战略是一种消极的发展战略。一般地，企业实行紧缩型战略只是短期性的，其根本目的是使企业挨过风暴后转向其他的战略选择。有时，只有采取收缩和撤退的措施，才能抵御对手的进攻，避开环境的威胁和迅速地实行自身资源的最优配置。可以说，紧缩型战略是一种以退为进的战略。

紧缩型战略与发展型和稳定型战略不同，其基本特点有：①对企业现有的产品或市场领域实行收缩、调整和撤退的措施，削减某些产品的市场面，放弃某些产品的系列，甚至完全退出目前的经营领域；②逐步缩小企业的产销规模，降低市场占有率，同时相应地降低某些经济效益指标水平；③紧缩型战略的目标重点是改善企业的现金流量，争取较大收益和资金价值。为此，在资源的运用上，采取严格控制和尽量削减各项费用支出，只投入最低限度的经营资源的方针和措施；④紧缩型战略具有过渡的性质，一般说来，企业只在短期内奉行这一战略，其基本目的是使自己摆脱困境，渡过危机，保存实力，或者消除经营赘瘤，集中资源，转而采取其他战略。

紧缩型战略可以分为：适应性紧缩战略、失败性紧缩战略、调整性紧缩战略、选择性收缩战略、转向战略、放弃战略和清算战略等。

四、复合型战略

所谓复合型战略，就是上述三种战略的战略组合。前述大多数战略都既可以单独使用，也可以组合起来使用。事实上，大多数大型企业并不只实行一种战略。战略组合，不管是同时性的还是顺序性的，都是一种正常形态。

第七章 企业市场营销策略与经营决策分析

第一节 企业市场营销策略

市场营销在企业中到底应当处于怎样的地位？首先,市场营销仍然应当是企业多种职能活动中间的一种,其并不凌驾于其他职能活动之上,同企业的战略决策活动还是有区别的;其次,市场营销介于企业与市场之间,主要是通过对市场的分析和研究,发现对企业经营发展有影响的各种变数,然后引导企业以市场为导向来开展其经营活动;最后,鉴于现代企业经营活动的系统性,市场营销对企业经营的影响必然涉及其各个方面。

因为以市场为导向,以满足顾客需要为中心来开展企业的经营活动,是在一定的市场环境条件下对企业经营活动的一般规律和普遍要求,企业每一个层次和每一个部门都应当建立起这样的意识,然而这并不显示出市场营销的特殊性,因为从企业财务的角度完全可以要求整个企业的人员都必须建立起成本和效益的意识,从产品研发的角度也可以要求企业的各方面都能为产品的创新和推广做出努力。

正由于市场营销活动必然从属于企业整体经营活动,所以市场营销的决策与计划也必然服从于企业的总体战略计划。即首先根据社会的分工和企业的性质确定企业的基本任务(企业的目标与宗旨),然后根据市场的实际状况确定或改变企业的业务组合;接着根据企业的业务组合制定相应的战略计划,再在企业战略计划的指导下制订各职能部门(包括市场营销部门)的计划,在市场营销计划确定后,设计出具体的营销活动方案。从表面上看,后者必然受前者的影响,但实际上公司战略计划的制定乃至公司业务组合的确定,也必须在很大程度上依靠营销部门提供的市场分析报告以及其他部门所提供相关资料。在以市场为导向的营销观念指导下,后者对前者的影响也会变得越来越重要。

一、价格策略

价格策略的制定和执行是市场营销活动中很重要的部分,价格对市场营销组合中的其他策略会产生很大影响,并与其他营销策略相结合共同作用于营销目标的实现。价格是企业参与竞争的重要手段,其合理与否会直接影响企业产品或服务的销路。由于价格对市场供求的影响总存在某些不确定因素,因此营销活动中的价格策略必须是以科学规律为依据,以实践经验为手段的统一过程。从价格制定的不同依据出发,可以把定价方法分为三大类①。

(一)成本导向定价

成本导向定价,即以营销产品的成本为主要依据,综合考虑其他因素制定价格的方法。由于营销产品的成本形态不同以及在成本基础上核算利润的方法不同,成本导向定价有以下几种具体形式。

1.成本加成定价法

这是一种最简单的定价方法。就是在单位产品成本的基础上,加上预期的利润额作为产品的销售价格。售价与成本之间的差额即利润。由于利润的多少是有一定比例的,这种比例人们习惯上叫"几成",所以这种方法称作成本加成定价法。

采用这种定价方式,必须做好两项工作:一是准确核算成本,一般以平均成本为准;二是根据产品的市场需求弹性及不同产品确定恰当的利润百分比(成数)。因此,如果企业的营销产品组合比较复杂,具体产品平均成本不易准确核算,或者企业缺乏一定的市场控制能力,该方法就不宜采用。成本加成定价法在实际运用中,又分为两种情况。

(1)总成本加成定价法

总成本是企业在生产产品时花费的全部成本,包括固定成本和变动成本两部分,在单位产品总成本上加一定比例的利润,就是单位产品的

---

①肖艺.我国中小企业市场营销策略调整与创新研究[M].北京:中国经济出版社,2016.

价格。这种定价法有两种计算方法:①顺加成,即以单位总成本为基数计算毛利额;②逆加成,即以销售单价为基数计算毛利额。两种方法基数不一样,因此毛利水平不一样,价格自然也就不一样了。

(2)变动成本加成定价法

变动成本加成定价法也叫边际贡献定价法。即在定价时只计算变动成本,而不计算固定成本,在变动成本的基础上加上预期的边际贡献。由于边际贡献会小于、等于或大于变动成本,所以企业就会出现盈利、保本或亏损三种情况。这种定价方法一般在卖主竞争激烈时采用。因为这时如果采取总成本加成定价法,必然会因为价格太高影响销售,出现产品积压。采用变动成本加成定价法,一般价格要低于总成本加成法,所以容易迅速扩大市场。这种定价方法,在产品必须降价出售时特别重要,因为只要售价不低于变动成本,说明生产可以维持;如果售价低于变动成本,就是生产越多亏本越多。

2.目标利润定价法

企业根据目标利润的原则,首先确定一个目标利润,然后加上总成本,再除以总产量,就能得出销售单价。当然,目标利润定价的前提是:产品的市场潜力很大,需求的价格弹性不大,按目标利润确定的价格肯定能被市场接受。

(1)需求导向定价

需求导向定价,即以产品或服务的社会需求状态为主要依据,综合考虑企业的营销成本和市场竞争状态,制定或调整营销价格的方法。由于与社会需求有联系的因素很多,如消费习惯、收入水平、产品或服务项目的需求、价格弹性等,企业对这些因素的重视程度不一,这便形成以下几种具体的需求导向定价法。

第一种,习惯定价法。某些产品或服务在长期的购买使用中,消费者习惯上已经接受了这种产品的属性和价格水平,企业在从事新产品、新品种开发之际,只要产品的基本功能和用途没有改变,消费者往往只愿意按以往的价格购买产品。经营这类产品或服务的企业不能轻易改变价格,减价会引起消费者怀疑产品的质量,涨价会影响产品的市场销路。

第二种,可销价格倒推法。产品的可销价格即为消费者或进货企业习惯接受和理解的价格。可销价格倒推法就是企业根据消费者可接受的价格或后一环节买主愿接受的利润水平确定其销售价格的定价法。一般在两种情况下企业可采用这种定价法:①为了满足在价格方面与现有类似产品竞争的需要,而设计出在价格方面能参与竞争的产品;②对新产品的推出,先通过市场调查确定出购买者可接受的价格,然后反向推算出产品的出厂价格。

第三种,认知价值定价法。这是企业根据买主对产品或服务项目价值的感觉而不是根据卖方的成本来制定价格的方法。在现实生活中,某些创新型产品,由于消费者对此缺乏比较的对象,一时对产品捉摸不透:企业的利润很低,消费者可能会认为定价太高;目标利润高,消费者也可能认为价格便宜。这里就有一个消费者对产品的"认知价值"的问题。认知价值定价法实际上是企业利用市场营销组合中的非价格变数,如产品质量、服务、广告宣传等来影响消费者,使他们对产品的功能、质量、档次有一个大致的"定位",然后定价。

(二)竞争导向定价

竞争导向定价,即以同类产品或服务的市场供应竞争状态为依据,根据竞争状况确定是否参与竞争的定价方法。在现代市场营销活动中,竞争导向定价已被企业广泛采用。

1.通行价格定价法

这是以行业的平均价格水平,或竞争对手的价格为基础制定价格的方法,也称为随行就市定价法。在有许多同行相互竞争的情况下,每个企业都经营着类似的产品,价格高于别人,就可能失去大量销售额,从而造成利润的降低,而这样做又可能迫使竞争者随之降低价格,从而失去价格优势。因此在现实的营销活动中,由于"平均价格水平"在人们观念中常被认为是合理价格,易为消费者接受,而且也能保证企业获得与竞争对手相对一致的利润,因此使许多企业倾向与竞争者价格保持一致。尤其是在少数实力雄厚的企业控制市场的情况下,对于大多数中小企业而言,由于其市场竞争能力有限,更不愿与生产经营同类产品的大企业发生"面对面"的价格竞争,而靠价格尾随,根据大企业的产销价来确定自己的实际价格。

2.竞争价格定价法

与通行价格法相反,竞争价格定价法是一种主动竞争的定价方法,一般为实力雄厚或独具产品特色的企业采用。定价步骤是这样:首先,将市场上竞争产品价格与企业估算价格进行比较,分为高于、低于、一致三个层次;其次,将企业产品的性能、质量、成本、式样、产量与竞争企业进行比较,分析造成价格差异的原因;再次,根据以上综合指标确定本企业产品的特色,优势及市场定位,在此基础上,按定价所要达到的目标,确定产品价格;最后,跟踪竞争产品的价格变化及时分析原因,相应调整本企业价格。

3.密封竞标定价法

这种定价法主要用于投标交易方式。一般情况下,在同类同质产品之间,价格相对低的产品更具有竞争力。在市场营销活动中,投标竞争是一种营销竞争常用的方式,投标竞争的过程往往就是价格竞争的过程,竞争的结果产生实际的成交价格。

企业参加竞标总希望中标,而能否中标在很大程度上取决于企业与竞争者投标报价水平的比较。因此,投标报价时要尽可能准确地预测竞争者的价格意向,然后在正确估算完成招标任务所耗成本的基础上,定出最佳报价。

一般来说,报价高,利润大,但中标机会小,如果因价高而招致败标,则利润为零;反之,报价低,虽中标机会大,但利润低,其机会成本可能大于其他投资方向。因此,报价时既要考虑实现企业的目标利润,也要结合竞争状况考虑中标概率(中标概率的测算取决于企业对竞争对手的了解程度以及对本企业能力的掌握程度)。最佳报价应该是预期收益达到尽可能高的价格。

前文介绍了一些定价方法供企业在实际营销活动中选择采用。每一种定价方法不仅各自有特点和要求,而且相互补充,所以企业要全面考虑成本、需求及竞争状况而结合使用。

二、渠道策略

在市场上,大多数产品都不是由生产者直接供应给最终顾客或用户的。在生产者和最终用户之间有大量执行不同功能和具有不同名称的营销中介机构存在。所谓营销渠道,也就是分销渠道,它是指产品由生产者向最终消费者或用户流动所经过的途径或环节,或者说是指企业将产品传递给最终购买者的过程中所使用的各种中间商的集合。在产品流通过程中,生产者出售产品是渠道的起点,消费者购进产品是渠道的终点。

营销渠道策略是企业面临的最重要的策略之一。这不仅因为企业所选择的渠道将直接影响其他所有营销策略,而且渠道策略还意味着公司对其他公司的比较长期的承诺,一旦确立,在一定时期内较难改变,这是由渠道安排中有一种强大的保持现状的惯性所决定的。

渠道对于企业来说十分重要,但由于它同时具有非常强大的惯性,不能轻易地被改变,因此企业非常有必要在建立渠道之初就尽量地做到尽善尽美。企业在建立渠道时,一般需要考虑渠道的长度、宽度和各种渠道的联合策略等。

(一)渠道的长度策略

谈到渠道的长度策略,我们不得不先来解释一下什么是渠道级数。渠道级数也即是指产品所经过渠道的环节数目。每个中间商,只要在推动产品及其所有权向最终买主转移的过程中承担了若干工作,就是一个渠道级。由于生产者和最终消费者都担负了工作,他们也是渠道的组成部分,我们用中介机构的级数来表示渠道的长度:①零级渠道。零级渠道是由生产者直接销售给消费者,有时又称为直销。直接营销的主要方式是上门推销、邮购、制造商自设商店、电视直销和电子通信营销。②一级渠道。一级渠道包括一个销售中介机构。在消费者市场,这个中介机构通常是零售商;在工业市场,它常常是一个销售代理商或经销商。③二级渠道。二级渠道包括两个中介机构。在消费者市场,它们一般是一个批发商和一个零售商;在工业市场,它们可能是一个工业分销商和一些经销商。④三级渠道。三级渠道包括三个中介机构,通常由一个批发商、一个中转商(专业批发商)和一个零售商组成。级数更高的营销渠道也还有,但是不多。从生产者的观点看,渠道级数越高,控制也越成问题,制造厂商一般总是和最近的一级中间商打交道。

渠道的长度策略是指企业根据产品特点、市场状况和企业自身条件等因素来决定渠道的级数。一般来说,技术性强的产品,需要较多的售前、售后服务水平,保鲜要求高的产品都需要较短的渠道;单价低、标准化的日用品需要长渠道。从市场状况来看,顾客数量少,而且在地理上比较集中时,宜用短渠道;反之则宜用长渠道。如果企业自身的规模较大,拥有一定的推销力量,则可以使用较短的渠道;反之,如果企业的规模较小,就有必要使用较多的中间商,也就是较长的渠道。

此外,企业渠道级数的多寡还取决于企业的经营意图、业务人员素质、国家政策法规的限制等因素。例如,美国施乐公司在其他国家和地区销售复印机都是采用直接销售形式,但是在中国这是行不通的,只能通过经销商分销。

(二)渠道的宽度策略

渠道宽度是指企业在某一市场上并列地使用多少个中间商。企业在制定渠道宽度策略时面临着三种选择。

1.独家分销

独家分销是指在一定地区、一定时间内只选择一家中间商经销或代理,授予对方独家经营权。这是最窄的一种分销渠道形式,生产和经营名牌、高档消费品和技术性强价格较高的工业用品的企业多采用这一形式。这种做法的优点在于中间商经营积极性高、责任心强;缺点是市场覆盖面相对较窄,而且有一定风险,如该中间商经营能力差或出现意外情况,将会影响到企业开拓该市场的整个计划。

2.广泛分销

广泛分销又称为密集性分销,即使用尽可能多的中间商从事产品的分销,使渠道尽可能加宽。价格低、购买频率高的日用消费品,工业用品中的标准件、通用小工具等,多采用此种分销方式。其优点是市场覆盖面广泛,潜在顾客有较多机会接触到产品;缺点是中间商的经营积极性较低、责任心差。

3.选择性分销

选择性分销即在市场上选择部分中间商经营本企业产品。这是介于独家分销商和广泛分销商之间的一种中间形式,主要适用于消费品中的选购品,工业用品中的零部件和一些机器、设备等。当然经营其他产品的企业也可以参照这一做法。如果中间商选择得当,采用此种分销方式可以兼得前两种方式的优点。

(三)渠道的联合策略

分销渠道不是一成不变的,新型的批发机构和零售机构不断涌现。在发达国家,一些渠道正在逐渐走向现代化和系统化,全新的渠道系统正在逐渐形成。这里,我们将考察垂直、水平和多渠道营销系统的产生和发展变化。

1.垂直营销系统的发展

垂直营销系统是近年来渠道发展中最重大的发展之一,它是作为传统营销渠道的对立面而出现的。传统营销渠道由独立的生产者、批发商和零售商组成,每个成员都是作为一个独立企业实体追求自己的利润最大化,即使它是以损害系统整体利益为代价也在所不惜。没有一个渠道成员对于其他成员拥有全部的或者足够的控制权,传统渠道可以说是一个高度松散的网络,各成员间各自为政。

垂直营销系统则正相反,它是由生产者、批发商和零售商所组成的一种统一的联合体,某个渠道成员拥有其他成员的产权,或者是一种特约代营关系,或者这个渠道成员拥有相当实力而迫使其他成员合作。垂直营销系统可以由生产者、批发商、零售商中的任一组织担任支配者。这种系统的特征在于专业化管理和集中执行的网络组织,他们有计划地取得规模经济和最佳市场效果。垂直营销系统有利于控制渠道行动,消除渠道成员为追求各自利益而造成的冲突,能够通过其规模、谈判实力和重复服务的减少而获得效益。这种模式在西方非常流行,居于市场主导地位。

2.水平营销系统的发展

水平营销系统,即由两个或两个以上的公司联合开发一个营销机会。

这些公司缺乏资本、技能、生产或营销资源来独自进行商业冒险，或发现与其他公司联合开发可以产生巨大的协同作用。公司间的联合行动可以是暂时性的，也可以是永久性的，也可以创立一个专门公司，这被称为共生营销。

3.多渠道营销系统的发展

过去，许多公司只向单一的市场使用单一渠道进入市场。今天，随着顾客细分市场和可能产生的渠道不断增加，越来越多的公司采用多渠道营销。这是指一个公司建立两条或更多的营销渠道以达到一个或更多的顾客细分市场时的做法。蒂尔曼将多渠道零售组织定义为："所有权集中的多种经营商业帝国，通常由几种不同的零售组织组成，并在幕后实行分配功能和管理功能的一体化。"

关于多渠道营销系统是否会造成渠道成员之间的"不平等竞争"，现在正在成为一个讨论的热点。但无论如何，渠道联合正在使企业从分散无序的游击战走向集约规模的阵地战。

三、品牌策略

为了使品牌在市场营销中更好地发挥作用，必须采取适当的品牌策略。

（一）品牌化决策

对于一种新产品，有关品牌的第一个决策就是决定企业是否是给产品建立品牌。企业为其产品设立品牌名称、品牌标志，并向有关机构注册登记取得商标专用权的业务活动，就称为品牌建立。但是，这并不意味着，鉴于品牌具有的多种作用，现代市场上的商品都应建立品牌。建立品牌是要付出代价的，包括设计费、制作费、注册费、广告费等，并且还承担品牌在市场上失利的风险。因此，对某些产品使用品牌，如果对识别商品、促进销售的积极意义很小，就可能得不偿失，这时就可以不使用品牌。

可以不使用品牌的商品一般有以下几类：①本身并不具有因制造商不同而形成的质量特点的商品，如电力、煤炭、木材等；②习惯上不必认定品牌购买的商品，如食油、草纸等；③生产简单、没有一定的技术标准的商品,或者临时性、一次性生产的商品,比如小农具以及橡皮筋、纽扣等小商品。

有趣的是,在当今西方国家市场上存在两种截然不同的倾向:一是越来越多传统上不用品牌的商品纷纷品牌化,如食盐被特殊的容器包装以识别制造商,柑橘上贴上了种植者的姓名;二是欧美的超级市场上出现了无品牌产品,诸如卫生纸、肥皂、通心粉等,这些在食品、家庭用品等行业所出现的无品牌产品比使用品牌的产品要便宜,对消费者又很具吸引力,使品牌化受到考验。

(二)品牌归属决策

一旦决定对产品使用品牌,制造商对品牌归属就面临三种选择。

第一,使用制造商品牌或称生产者品牌、全国性品牌。从传统上看,不论中外,因为产品的质量特性总是由制造商确定的,所以制造商品牌一直支配着市场,绝大多数制造商都使用自己的品牌。制造商所拥有的注册商标是一种工业产权,享有盛誉的著名商标可以租借给他人使用,但要收取一定的特许权使用费。

第二,使用经销商品牌或称中间商品牌、私人品牌。近来,大型零售商、批发商都在发展自己的品牌,这种做法当然要付出代价,如要增加投资用于大批量订货和储备存货,要为宣传私人品牌增加广告费用,还需承担私人品牌被顾客否定的风险等。但是,由于中间商常能找到生产能力过剩的企业为其生产中间商品牌的产品,降低了生产成本和流通费用,从而能以较低售价取得较高的销售额和利润,并且,中间商有了自己的品牌,可加强对价格和制造商的控制,还能利用有限的陈列空间充分展示自己品牌的产品。因此,中间商还是喜欢使用自己的品牌,以增加获利。对于制造商来说,应根据品牌在市场上的声誉来决定采用制造商品牌还是中间商品牌。

第三,制造商品牌与经销商品牌混合使用。这可能有三种情形:①制造商品牌与经销商品牌同时使用,兼收两种品牌单独使用的优点;②制造商在部分产品上使用自己的品牌,另一部分则以批量卖给经销商,使用经销商品牌,以求既扩大销路又能建立品牌形象;③为进入新的市场,先采用经销商品牌,待产品在市场上受到欢迎后改用制造商品牌。

(三)品牌质量决策

品牌的质量就是使用该品牌的产品的质量,这是一个反映产品的可靠性、精确性、方便性、耐用性等属性的综合性指标,其中有些属性可以客观地予以测定,但是从营销角度来看,品牌的质量应该以消费者的感觉来测定。

品牌质量决策深受产品本身制约,把握消费者对产品的感觉以及产品在市场上的地位也很重要,因此应着重抓好两方面工作:一方面先要决定品牌的最初质量水平是低等、中等还是高等;另一方面要随着时间的推移对品牌质量加以管理调整。

(四)家族品牌决策

制造商在决定给产品使用自己的品牌之后,面临着进一步的抉择,即:对本企业产品是分别使用不同的品牌,还是使用统一的品牌或几个品牌。一般来说,可以有以下四种选择。

第一,对各种产品分别采用不同的品牌,即个别品牌。如上海牙膏厂有"美加净""黑白""玉叶""庆丰"等品牌。这种策略,能严格区分高、中、低档产品,使用户易于识别并选购自己满意的产品,而且不会因个别产品声誉不佳影响到其他产品及整个企业的声誉,还能使企业为每个新产品寻求建立最适当的品牌名称以吸引顾客。缺点在于品牌较多会影响广告效果,易被遗忘。

第二,对所有产品采用一个统一的品牌,即家族品牌。家族品牌是品牌扩展的结果。所谓品牌扩展,是指品牌可以在广泛且具有较大差异的产品领域中扩展,由此产生了家族品牌。美国通用电气公司是最好的例子。这个多年来一直位列世界500强前三甲的企业巨人从飞机引擎、广播、军事电子产品、电机、工厂自动化设备到照明设备、机车、家用设备以及财务服务等各个领域的产品及服务都使用"GE"这个品牌。采用这一策略的好处在于能减少品牌的设计和广告费用,有利于新产品在市场上较快较稳地立足,并能壮大企业声势,提高其知名度。

第三,对不同类别产品使用不同的品牌。当企业生产截然不同的产品类别时,不宜使用相同的家族品牌,要予以区分。比如美国的斯威夫特公司生产肥料和火腿两类截然不同的产品,就分别使用了费哥若(Vigoro)和普瑞姆(Premium)两种品牌,这样能适当兼顾个别品牌和家族品牌的好处。

第四,将企业名称与个别品牌相结合。这是在企业各种产品的个别品牌名称之前冠以企业名称,可以使产品正统化,享受企业已有信誉,而个别品牌又可使产品各具特色。如通用汽车公司生产的各种小轿车分别使用"别克""卡迪莱克""庞蒂克"等品牌,而每个品牌前都另加"GM"字样,以表明是通用汽车公司产品。

(五)品牌延伸决策

品牌延伸决策是指企业尽量利用已成功的品牌来推出改进型产品或新产品。这里需要注意的是,品牌延伸和品牌扩展严格来说是两个不同的概念。前者是指在相同或相关领域介绍新产品时使用原有品牌,而后者则进入了差异较大的新的产品领域。

品牌延伸的一种情况是,某企业先推出某品牌的产品,然后推出新的、经过改进的该品牌的产品,接着又推出进一步改进、具有附加利益的该品牌新产品;另一种情况是,利用已获成功的品牌名称推出全新产品,比如,"本田"公司利用其著名的"本田"品牌推出了一种新型割草机。品牌延伸策略的运用,可以使制造商节约促销新品牌所需的大量费用,而且能使新产品被消费者很快接受。若企业拥有一个强势品牌,绝对应该考虑发展和保护它在市场上的地位,品牌延伸可能有助于这一点。

(六)多品牌决策

多品牌决策是指对同一种类产品使用两个或两个以上的品牌。制造商之所以愿意同时经营多种互相竞争的品牌,是因为:①制造商可以获得更多的货架面积,而使竞争者产品的陈列空间相对减少;②提供几种品牌可以赢得品牌转换者而扩大销售,事实上大多数消费者都不会因忠诚于某品牌而对其他品牌毫不注意,他们都是不同程度的品牌转换者;③通过将品牌分别定位于不同的细分市场上,每一品牌都可能吸引许多消费者;④新品牌的建立会在企业内部形成激励,并促进效率的提高。

不同的品牌经理们在竞争中共同进步,从而使企业产品销售业绩高涨。

然而,并不是品牌多多益善。如果每一品牌仅能占有很小的市场份额,而且没有利润率很高的品牌,那么采用多品牌对企业而言,是一种资源的浪费。

(七)品牌再定位决策

品牌再定位是指因某些市场因素的变化而对品牌进行重新定位。一般而言,当竞争者品牌定位靠近本企业的品牌并夺去部分市场,使本企业的市场份额减少时,或者消费者的偏好发生变化,形成某种新偏好的消费群,而本企业的品牌不能满足顾客的偏好之时,企业有必要对品牌再次定位。如"七喜"公司对"七喜"牌饮料进行重新定位,宣称"七喜"是非可乐饮料,从而大获成功。

企业在进行品牌重新定位的决策时,要认真考虑两个因素:①将品牌转移到新的市场位置所需的费用,包括改变产品品质费、包装费、广告费等。重新定位离原位置距离越远,变化越大,则所需费用越高;企业改进品牌形象的必要性越大,费用也就越多。②定位于新位置的品牌能获得多少收益。收益的大小取决于在这一细分市场上消费者的数量、平均购买率以及竞争者的数量和实力等因素。

第二节 经营决策方法

简单地说,决策就是行动之前的决定,或者说,决策就是在两个以上的行动方案中选择一个最优的方案,就是为了达到特定目标而采取的某种对策。决策的特性可以归结为以下四个方面:一是总是为了解决某一问题而进行决策,因此决策具有针对性;二是决策是行动的指南,因此决策具有现实性;三是决策是在一些可行的方案中选择一个最优的方案,因此方案具有择优性;四是决策是为了解决将要发生的问题,而将要发生的问题不一定是我们所能控制的,因此决策具有风险性。

决策的针对性、现实性、择优性和风险性,是决策行为发生时伴随而发生的四个属性,这往往也是评价是否是决策行为的标志。

一、确定型决策方法

所谓确定型决策,就是对各个备选方案的未来自然状态和信息完全稳定、明确掌握情况下的一种决策。确定型决策方法很多,有价值分析法、费用分析法、资源利用分析法、盈亏分析法等,下面仅介绍盈亏分析法。

(一)盈亏分析法

盈亏分析法又叫盈亏平衡点法,这种方法是根据与决策方案有关的产品销售量(产量)成本、利润三者之间的关系来分析决策方案对企业盈亏的影响程度,从而评价选择最优方案。因此,也把它称作"量—本—利"分析法。

盈亏平衡点,是指在一定的条件下企业生产某种产品,经营结果既不盈利也不亏损,其销售收入等于总成本之点,也称为盈亏临界点。围绕盈亏临界点,影响企业盈利的各个因素之间呈现出一些规律性。

第一,盈亏平衡点不变,销售量越大,所实现的盈利就越多或亏损越少;销售量越小,能实现的盈利就越少或亏损越多。

第二,销售量不变,盈亏平衡点越低,能实现的盈利就越多或亏损越少;盈亏平衡点越高,能实现的盈利就越少或亏损越多。

第三,在销售收入既定的条件下,盈亏平衡点的高低取决于固定成本和单位产品变动成本的多少,固定成本越多和单位产品的变动成本越多,盈亏平衡点就越高;反之,盈亏平衡点就越低。

1.产量、成本盈利关系的分析

影响企业盈亏的基本因素是产品的销售收入和产品销售总成本,这实际上在产量、成本和盈利之间存在一定的关系。为了说明问题,我们对产量和成本作静态现象的研究,即在一定条件下(如产品价格一定,固定费用一定),产量、成本盈利之间有一定的函数关系,即盈利、成本是产量的函数。

(1)产量和成本的关系

为了分析成本与产量之间的关系,通常把成本区分为固定成本和变动成本。所谓固定成本,是指其总额在一定条件下(在生产能力范围内)相对固定,不随产量的变化而变化的成本。例如固定资产折旧费、企业管理人员的工资等。即使产量很小,它也要照常支付。所谓变动成本,是指在一定条件下其总额随着产量的变动而变动的成本,如原材料、计件工资等。

(2)产量与销售收入的关系

我们知道,在一定条件下(价格一定),销售收入是随着产量的增加而呈直线增加的。设销售收入为 S,产品单价为 W,产量(销售量)为 X,则产品销售收入为: $S = W \times X$。

(3)盈利与销售收入、总成本的关系

产品盈利等于销售收入减去总成本。

2.盈亏平衡点的确定

在产品销售价格、固定成本和变动成本已知的条件下,就可以确定出盈亏平衡点。按该点的产量生产,销售收入将等于总成本,此时,企业既不盈利也不亏损,也就是销售收入等于总成本。设 S 为销售净收入(扣除税金后的销售收入), Y 为销售成本, W 为产品单价, X 为平衡点产量, F 为固定成本, C 为单位产品中的变动成本。其中, $S = W \times X$, $Y = F + C \times X$,在销售收入等于总成本的情况下,可得出 $S = Y$,也就是 $W \times X = F + C \times X$,经过整理可得出计算平衡点产量的公式: $X = \dfrac{F}{W - C}$。其中,分母 $W - C$ 表示企业每出售单位产品所能得到的收益,即边际贡献。

(二)盈亏分析法在经营决策中的应用

1.判断企业经营状况的好坏

判定企业经营状况的好坏,可以从以下不同角度进行。

第一,判定企业的现实产量(销售量)或新方案产量在盈亏平衡点的哪一边,也就是其在盈利区还是亏损区,这是做出决策的主要依据。判定的方法是:先计算确定盈亏平衡点及其所对应的盈亏平衡点的产量,如果现实销售量大于盈亏平衡点的产量,则现实的销售量在盈利区;现实销售量小于盈亏平衡点的产量,则现实的销售量在亏损区;若现实销售量等于盈亏平衡点的产量,则现实的销售量在盈亏平衡点上,经营该产品不亏不盈。

第二,计算经营安全率。所谓经营安全率是指可获利润的销售额与现有销售额之比,经营安全率是反映企业经营状况的综合指标,说明企业经营的安全程度。经营安全率越大,说明亏损的危险越小,经营状况越好;反之,说明亏损的危险越大,经营状况越差。至于安全率的标准,可以根据本企业的经验,并参考同类企业的资料来确定。

第三,判定达到目标利润的程度。现实利润和目标利润之比,就是达到目标利润的程度。

2.确定目标利润的销售量

当企业生产单一产品时,目标利润销售量的确定,可按下式计算:
$X = \dfrac{F + P}{W - C}$。其中,X为目标利润销售量,P为目标利润,W为产品单价,F为固定成本,C为单位产品中的变动成本。

二、风险型决策方法

所谓风险型决策,是指未来事件是否发生是随机的(可能发生,也可能不发生),但已知其可能发生概率的情况下的决策。其决策方法主要有期望值决策法和决策树决策法。

(一)期望值决策法

所谓期望值决策法,就是把每个行动方案的期望值求出来,加以比较。这里所说的期望就是概率论中离散随机变量的数学期望。我们把每个行动方案看成离散随机变量,其取值就是每个行动方案中相对应的损益值,即风险矩阵中的每个元素。

如果决策目标是效益最大,则采取期望值最大的方案;如果决策目标是损失最小,则采取期望值最小的方案。

(二)决策树决策法

1.单级决策树

决策树是图论中的树图应用于决策的一种工具。它是以树的生长过程的不断分枝来表示方案不同自然状态发生的可能性,以分枝和剪修枝来寻求最优方案的决策方法。决策树的结构是由决策点、方案枝、状态结点、概率分枝组成;决策点就是树的出发点,用来表明决策结果;方案枝就是从决策点引出的若干条直线,每一条直线代表一个方案,并由它与自然状态结点相连接;状态结点在各方案分枝末端,用以表明各种自然状态所能获得效益的机会;概率分枝就是从状态结点引出的若干条直线,每一条直线代表一种自然状态。如图7-1所示。

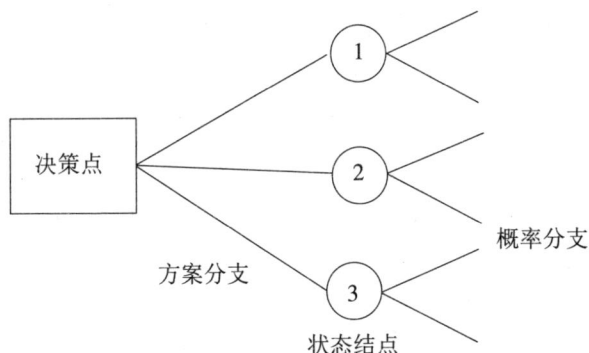

图7-1 单级决策树示意图

决策树法的基本原理,是以计算各方案在各种自然状态下的收益值或损失值,即损益期望值作为决策标准的。用决策树法进行决策分析,树形图是按书写的逻辑顺序从左向右横向展开。方案选优过程是从右向左逐一的计算损益期望值。然后比较期望值的大小分层进行决策选优。

因此,运用决策树决策的步骤如下:①绘制树形图。绘图前必须预先确定有几个可供选择的方案以及各个方案将会发生几种自然状态。②计算期望值。期望值的计算要由右向左依次进行,根据各种自然状态的发生概率分别计算各种自然状态的期望值,当遇到状态结点时,计算各个概率分枝期望值的和,标注在状态结点上,当遇到决策结点时,则将状态结点上的数值,与前面方案分枝上的数值(投资额)相加,哪个方案枝汇总的期望值大,就把它标记在决策点上。③剪枝就是方案比较选优的过程,从右向左,逐一比较。凡是状态结点上的数值与方案分枝上数值汇总后小于决策点上数值的方案分枝一律剪掉,最终剩下的方案分枝就是最佳方案。

2.多级决策树

多级决策树实际上是单级决策树的复合。即把第一个末梢作为下一阶段决策树的根部,从而形成二级及二级以上的多阶段的决策树。多级决策树的决策也可分为画树形图、计算期望值和剪枝三步,也是从左到右完成所有的第一步建树之后,再从右到左完成所有阶段的计算期望值和剪枝的步骤。

决策树分析方法有许多优点,比如:程序清晰,结果明了,形式形象化,特别是对于连续分阶段决策和多目标的风险决策,用决策表法不方便时,采用决策树法分析较为方便。所以决策树法在多阶段决策中应用得较多。

三、非确定型决策方法

所谓非确定型决策,就是存在着两种以上的自然状态,将来会出现哪种状态尚不能肯定,同时连各种自然状态发生的概率也都不知道。在企业经营管理中有许多问题常常出现一次或极少几次的事件,例如某厂新试制的产品是否应当投产、某种新设备是否应当购买等。像这类问题,我们不可能收集到必要的统计资料,也无法确定这些事件未来各种自然状态发生的概率。决策时,由于信息不全,就必然带有很大的主观随意性,经验判断就占很大的成份。但是,根据经验的积累总结,也有一些公认的决策准则。

非确定型决策方法,按决策标准可分为以下五种:保守主义准则(小中取大决策法),冒险主义准则(大中取大决策法),最小机会损失准则(最小最大后悔值法),等可能性准则(机会均等法),折衷主义准则(乐观系数法)。从上述五个准则可以看到,不管采用哪一种准则,主要是取决于决策者个人的特点。因此,决策方法的选择与决策者的知识、经验、综合分析判断能力和魄力有很大关系①。

(一)小中取大决策法

决策者比较稳健,处理非确定型的决策问题十分谨慎小心,怕由于决

---

①李明. 不确定型多属性决策理论与方法研究[D]. 北京:华北电力大学(北京校区),2016.

策失误而造成重大损失,决策时总是基于最坏的结果,在此基础上选择最好的方案。这种决策方法称为"小中取大"决策法,其特点是对方案的选择持保守主义的态度,故又称为悲观决策法。

(二)大中取大决策方法

决策者敢冒风险,对非确定型决策问题持乐观态度,决策总是基于最好的结果,并且争取好上加好。这种决策方法称为"大中取大"决策法,其特点是对方案的选择持冒险主义态度,一心追求收益最大值,一般只有实力很雄厚的企业,在损失影响不大时才采用。

(三)最小最大后悔值法

由于非确定型决策问题中各个方案的自然状态概率是未知的,就有可能出现这种情况:当某种自然状态出现时,由于错选了方案而蒙受了机会损失,出现机会损失时就会后悔。可得而未得的收益值,就是后悔值。现在的问题是要使这种后悔值减少到最低程度。首先将每种自然状态下的最大收益值减其他方案的值,从而求出每个方案的最大后悔值;其次再选择最小的最大后悔值相对应的方案为选用方案。

(四)机会均等法

决策者不能确切知道每一种自然状态出现的概率,可以认为各种自然状态发生的机会是均等的,即采用相同概率的办法来评价方案的优劣。

(五)乐观系数法

决策者根据资料分析和经验,确定乐观系数 $\alpha(0 \leq \alpha \leq 1)$,其值的大小表示对决策问题的乐观程度。当其值等于1时,为冒险主义标准;当其值等于0时,为保守主义标准。值得注意的是,α 的大小是依不同的决策对象而定的,是一个经验数字。其计算公式如下: $Q = \alpha \times Q_{max} + (1 - \alpha) \times Q_{min}$。其中,$Q$ 为某方案的平均收益值,Q_{max} 为该方案最大收益值,Q_{min} 为该方案最小收益值,$1 - \alpha$ 为悲观系数。决策者比较各方案的平均收益值,选择最大数值所对应的方案为决策方案。

上述的五种非确定型决策方法,都带有相当程度的随意性,由于决策方法不同,决策选用的方案也不同。实际上,这五种方法不仅可以单个使用,而且也可以并应该综合起来使用,即将五种方法计算的结果进行综合评价,将中选次数最多的方案作为决策方案。

第三节 经营决策敏感性分析与风险程度评价

在决策过程中,由于预测的误差或外界客观情况的变化,都会使决策具有一定的风险性。比如在确定型决策的量本利分析和产品结构优化中,产品成本、价格等都会因为各种因素产生变化;在风险型和非确定型的损益值的估算中,对概率的估计都不会很准确,这一切都必然对最优化方案的选择产生影响。因此,在决策中必须进行敏感性分析和对决策的风险程度予以评价,使决策更加科学、可靠。

一、敏感性分析

在决策过程中,必须对各类数据的变动是否会影响最优方案的选择进行分析。通过敏感性分析,可以知道这些数据在多大范围内变动,不会影响原定决策的有效性。如果超过这个范围,原来的最优方案就会变成不是最优的了。这样,就便于人们事先考虑好对策,争取主动,防止决策失误,给企业的生产经营带来不应有的损失。在敏感性分析中,凡是有关数据在很小范围内变动,但影响决策的,表示敏感性强;在较大幅度内变动才会影响决策可行性的,表示敏感性弱。进行敏感性分析是决策过程中的一个重要步骤[①]。

下面我们来看一个例题。某公司要生产某种产品,设计了两个建设方案:一是建大厂,需要资金3000万元;二是建小厂,需资金1500万元。两个投资方案的经济使用年限都是十年。在这十年内,根据市场调查资料估计,产品销路好的概率为0.7,销路差的概率为0.3。两个方案的年度损益值如表7-1所示。

---

①柳砚风,温素彬.敏感性分析在企业集团全面预算管理中的应用[J].会计之友,2017(24):132-135.

表7-1 年度损益值(单位:万元)

方案	销路好(0.7)	销路差(0.3)
建大厂	1000	−200
建小厂	500	200

如果建大厂,期望值计算如下所示:

$1000 \times 0.7 \times 10 + (-200) \times 0.3 \times 10 - 3000 = 3400$(万元)

如果建小厂,期望值计算如下所示:

$500 \times 0.7 \times 10 + 200 \times 0.3 \times 10 - 1500 = 2600$(万元)

经过比较,很明显建大厂是更优的方案。现在我们对上述方案进行敏感性分析:现假定销路好的概率从0.7变为0.8,销路差的概率山0.3变到0.2。经过重新计算(计算方法与上述相同),建大厂的期望值是4600万元,建小厂的期望值是2900万元,这时候建大厂仍然是最优方案。但如果我们再假定,销路好的概率从0.7变为0.6,销路差的概率山0.3变到0.4,经过计算就会发现,建大厂的期望值变成了2200万元,小于建小厂的期望值2300万元,也就是说,在这种情况下,建大厂就不是最优的方案了。

在实际工作中,需要把状态概率、损益值等,在可能发生误差的范围内进行几次不同的变动,反复计算,看看所得到的期望值是否相差很大,是否影响最优方案的选择。如果数据稍加变动,而最优方案保持不变,说明这个方案是比较稳定的;如果数据稍加变动,就影响最优方案的变化,说明这个方案是不稳定的,需要进一步深入分析。

二、风险程度评价

在进行决策的时候,由于各个方案所采用的数据大部分来自预测或估计,其中必然包含某些不确定因素和风险。例如,各投资项目实施后的利润额就是一个估计数,它受到未来市场情况、生产成本和外部条件变化的影响,从而使投资方案中的预计数和方案执行过程中的实际数产生差异,这种影响称为经营风险。为了使投资方案中所预计的各种数据尽可能符合或接近实际以提高决策的效果,在进行决策时需要对这种经营风险进行估计和衡量。

方案收益的分布是风险大小的表现(如图7-2所示)。方案收益分布的标准差越大,风险就越大;标准差越小,概率分布越密集,则风险越小。

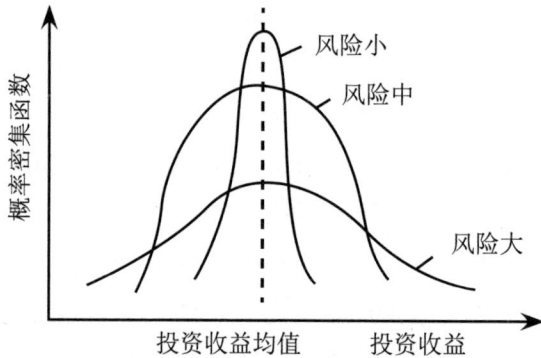

图7-2　投资收益分布图

(一)方案收益方差和标准差

各方案利润的预计值是按可能取得利润的概率分布计算的利润平均值,亦称"期望利润","期望利润"反映了各方案预计可能达到的平均利润值。方差是各种可能值与期望值的离差平方。标准差是各种可能值与期望值方差的平方根,标准差反映出各可能期望值的离散程度和有关方案包含的风险的大小。所以,标准差是衡量风险的一个尺度。方案收益的方差和标准差的计算方法如下。

第一步,计算期望值或概率分布的平均值。

$$\mu = \sum_{i=1}^{n} x_i p_i$$

上面公式中,x_i代表i种情况下可能出现的数值,p_i代表i种数值发生的概率,n代表观察的总次数。期望值μ是各种可能结果加权平均值,各项结果以其发生概率为权数。

第二步,从每个可能结果中减去期望值,得出一组偏离期望值的离差。

$$I = x_i - \mu$$

上面公式中,x_i代表i种情况下可能出现的数值,期望值μ是各种可能结果加权平均值,I为离差。

第三步,将每个离差自乘,再用平方离差乘有关结果的概率,然后将这些乘积相加,平方离差的算术和就是概率分布的方差。

$$\sigma^2 = \sum_{i=1}^{n} I^2 p_i$$

上面公式中,σ^2代表方差,p_i代表数值发生的概率,n代表观察的总次数,I代表离差。

第四步,取方差的平方根,得标准差。

$$\sigma = \sqrt{\sum_{i=1}^{n} I^2 p_i}$$

上面公式中,σ代表方差,p_i代表数值发生的概率,n代表观察的总次数,I代表离差。

让我们来看一个例题。例如,某公司有两个投资方案。两个方案所需资金均为1000万元。这两个方案不同情况下的概率和收益如表7-2所示。

表7-2 概率和收益表

投资方案	市场情况	概率	年收益额
A	畅销	0.2	600
	一般	0.6	500
	滞销	0.2	400
B	畅销	0.2	1000
	一般	0.6	500
	滞销	0.2	0

根据计算可得,两种方案的收益期望值都是500万元。两个方案利润与市场情况的关系如图7-3和图7-4所示。

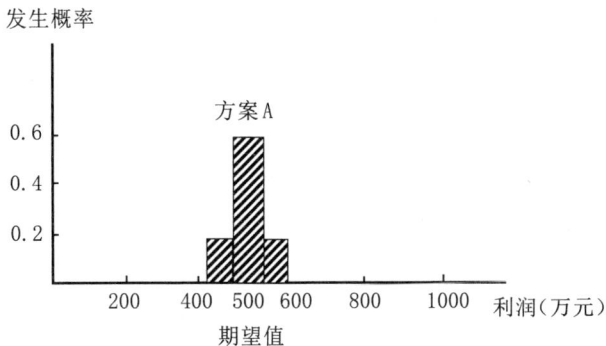

图7-3 A方案利润

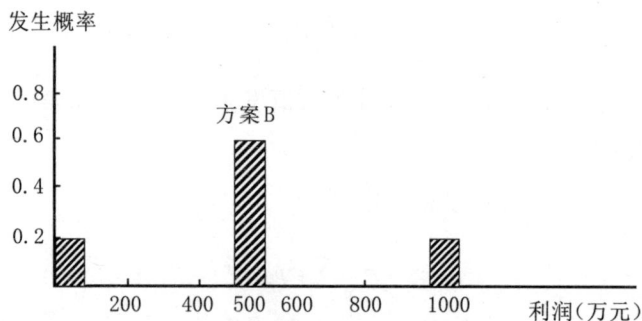

图7-4 B方案利润

　　图7-3、图7-4是假定市场变化存在的三种情况,即畅销、一般和滞销。但是在实际生活中,市场的变化(从畅销到滞销)有无数的可能情况。如果我们掌握每一种可能的市场情况的概率,并用货币测定每个方案在每一市场情况下的结果,就可以在"市场情况"栏、"概率"栏和"结果"栏(即"年收益栏")下得到许许多多数据,就可以把概率与结果绘成连续曲线如图7-5所示。

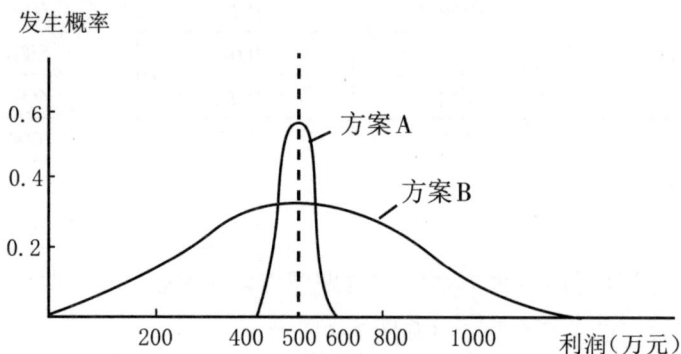

图7-5 利润概率分布图

　　图7-5是方案A与方案B的利润概率分布图,一般说来,概率分布越密集,实际结果就越有可能接近于期望值。也就是说,概率分布越密集,分布得越类似山峰,风险越小。从图中可以看出,方案A的概率分布比较密集,所以它的实际利润比方案B更接近于期望值500万元。

　　根据之前介绍的公式,可以算出方案A的标准差为63.25万元,方案B的标准差为316.53万元。比较两个方案,虽然其期望值是相等的,但是方案B的标准差比方案A大,所以方案B是一个风险较大的方案。

所以,一般情况下,标准差越小,结果的概率或风险就越小。但是,当一个方案的期望值比另一个方案大,也就是如果前者成本较高、预期现金流量较大时,它通常就会有较大的标准差,在这种情况下,标准差大并不一定表示风险较大。例如:预期利润为100万元,而标准差仅为1000元的方案,当然比预期利润为1000元而标准差为600元的方案风险小。因为这个较大值方案的相对标准差小得多。

(二)效益的变异系数

所谓效益的变异系数是指标准差对收益均值的比例关系。如果两个方案的收益期望值不相等,在这种情况下单以标准差的大小很难确定哪个方案所含风险的大小。这时,需要用效益变异系数来确定方案风险的大小。其计算公式如下。

$$C.V. = \frac{\sigma}{\mu}$$

上式中,$C.V.$ 代表效益变异系数,σ 代表标准差,μ 代表收益均值。

让我们来看一个例题。有两个方案,方案A的平均期望值为1000万元,标准差为300万元;方案B的平均期望值为1500万元,标准差为300万元。问哪个方案所含的风险大?

计算两个方案的效益变异系数可知,方案A的效益变异系数为0.3,大于方案B的效益变异系数0.2,因此,方案A的风险比方案B大。可见,变异系数比标准差更能衡量风险大小的程度。

第八章 企业经营管理创新的实践研究

第一节 基于设计生态链的跨界融合创新
——小米集团

小米集团(以下简称小米)成立于2010年4月,是一家有实体经济的互联网公司,2017年员工约15000人。小米始终坚持用真材实料做质高价优的产品,不仅专注于智能手机、智能家居、互联网电视等创新科技,同时在新零售、国际化、人工智能、互联网金融(银行、移动支付、信贷、保险、理财等)、互动娱乐和影业等领域积极布局,并初具规模。小米用互联网开发模式、极客精神研发产品,利用"硬件+新零售+互联网"铁人三项的创新优势,迅速崛起成为我国"互联网+"创新型企业的代表企业,如图8-1所示。

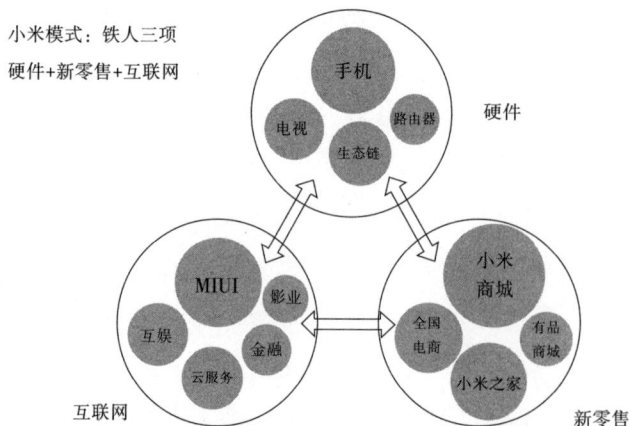

图8-1 小米的"铁人三项"商业模式

小米以工业设计达到国际一流水平为战略目标,围绕用户需求,坚持"质高价优""感动人心"的工业设计定位以及合理、简约、自然等工业设计原则,设置专门研究机构和吸引世界级设计人才,加强在工业设计项目启动规划、项目实施、项目监控及项目结尾全过程的项目管控,在内部实现研究机构与产品研发、生产等部门的无缝合作,在外部利用生态链的投资孵化模式,将工业设计风格和方法赋能合作伙伴,推动工业设计外延发展,从而将工业设计打造成企业的核心竞争力。

一、依据产品定位,明确工业设计定位

工业产品由传统的机械产品向机电一体化、电子产品方向发展,产品更新换代加快,市场竞争日趋激烈,消费者从只重视产品的技术功能转变到重视产品所承载的对使用者的良好匹配功能。决定消费者购买的最主要因素不单是功能,其创新性、美观性、宜人性等因素也日益受到重视。因此,在工业设计过程中秉承人本位现代设计理念,最大可能满足消费者的实用需求,成为工业设计的方向和目标。

小米以让每个人都享受科技乐趣为愿景,为用户提供质高价优、感动人心的产品,"质高价优""感动人心"为产品的工业设计提出了明确要求:产品不仅要有精美的外观,同时在实用性、功能性、创新性,以及细节之处做到极致,能够为用户带来美的享受。首先,工业设计要与技术相匹配,在国家相关的技术范围内充分应用创新技术改进用户体验和功能痛点。其次,工业设计与可靠性相匹配,通过可靠性为用户体验传递安全感。最后,工业设计要与美学相匹配,工业设计与美学的合理融合不仅提升产品外观,而且能够对生活美学产生潜移默化的影响[1]。

二、成立工业设计中心,与研发、生产、产品等环节无缝合作

小米于2010年9月1日在公司内部设立"小米科技工业设计中心"(以下简称中心),作为一个独立的部门为小米集团旗下小米科技有限责任公司、小米通讯技术有限公司、小米移动软件有限公司及生态链企业等多家法人单位提供设计研发服务。中心由小米创始人、董事长兼CEO亲自指导,联合创始人、副总裁带队管理下设造型设计部、结构设计部、平面包装部、UI设计部、UE设计部、米聊视觉部及独立项目部七个部门,

---

①高雄勇. 小米的"爆品"工程[J]. 企业管理,2020(02):35-37.

主要承担小米品牌系列产品的设计研发工作。

自创立以来,工业设计中心与产品研发和生产部门实现无缝合作,在小米的产品研发中具有较强的话语权和影响力,赢得了合作部门的尊重。小米工业设计活动,首先由产品计划部门提出产品设计的初步设想和任务需求,经由市场调研人员进行针对性地市场调研以及数据处理分析,获得消费者对手机设计需求意向,这些需求即包括了对使用功能需求,也包括了一些情感性的需求,然后交由设计部门,由工业设计师和工程设计师进行内、外形式的协同设计,形成可以投放生产的技术资料和模型等。再交付工艺设计部门进行产品成型工艺及表面处理的设计,然后再由生产部门进行制造,最后由销售部门设计销售模式进行市场销售。通过与产品研发和生产部门实现无缝合作,小米科技工业设计中心推动了诸多优秀产品问世。

2015年,中心被中国工业和信息化部认定为国家级企业工业设计中心,全国唯一的消费电子类国家级企业工业设计中心,为小米产品在工业设计领域的地位予以认可与肯定。

三、明确工业设计原则,打造独特设计风格

(一)兼顾美感、生产与实用的设计原则

小米及小米生态链产品以智能硬件为主,硬件设计的合理性和后期的生产制造、产品美感、用户体验都息息相关。因此,设计时在不违背硬件的设计原则的基础上,同时考虑能够帮助后面的环节提高效率,兼顾美感、生产、实用。小米的设计中70%理性,30%感性。首先,设计的合理性要求造型要与技术相匹配。工业设计师本能强调产品的造型美观,而工程师则主要考虑技术和功能,小米要求在技术合理的前提下实现产品的美观。其次,设计的合理性要与可靠性和美学相匹配。最后,还要与使用场景相匹配。

(二)聚焦核心功能与体验的极简风格

小米工业设计的第二个原则是追求极简。极简的第一个好处是普适,公司定义产品时会选择80%的大众用户群体所能接受的,20%小众

群体的偏爱通常会被放弃。极简的第二个好处是保证了后期的生产效率,特殊的造型效果会对后期的生产造成很大困难。极简的第三个好处是保持整体风格的协调统一。随着小米产品不断丰富,一个一个进入用户家庭,如果每件产品都极具个性,将为家庭环境的视觉与体验带来困扰。此外,极简的设计有利于保证聚焦到产品的核心功能,便于用户操作。

(三)突破产品自身,考虑整体环境和谐

通常用户的家居产品要考虑家庭装修风格,现实生活中用户的装修风格差异较大,多数家庭的家电产品是:一件一件采购,鲜有整体配套设计和购买。小米在设计产品时考虑如何与家庭环境相协调,与其他家具家电自然地融为一体,力求与每一种装修风格实现"百搭"。

通过大量实践与反复论证,小米选择白色作为主色调,一方面,白色简单、低调,符合小米极简的设计风格;另一方面,中国室内装修以白色墙体为主,小米产品进入家庭后能够很自然地与整体环境搭配。

(四)保持工业设计初心,站在产业链高度审视设计效益

小米坚持认为设计是从用户出发,而不是从工程师出发,大众产品要给用户带来便利,而不是带来困扰,"好用、实用、稳定"比拥有一堆用户搞不懂的新功能更有价值;此外,小米拒绝让80%的用户为20%的需求和功能买单,因为许多所谓的新功能、新技术,根本不在用户的使用范围内,而这部分往往是成本最高的部分,最终由用户来买单;最后,为了保证量产的稳定性,小米选用成熟和通用零件,因为越成熟的技术及工业化的零部件,越能保证生产的平稳性,对供应链合作伙伴也有益处。

基于以上三点原因,小米产品在设计时还有一个原则:选用成熟技术和通用零件。遇到不成熟的新技术,可能给用户带来烦恼或增加麻烦的新功能,工业设计师会砍掉功能,甚至整个项目。

(五)便于用户操作与掌握

由于每个人的背景不一样,对产品的认知差异也较大。同时,技术进步越来越快,这都要求小米对产品设计要采用最简单便捷的打开方式和应用方式。因此,小米工业设计的最后一个原则是"干掉说明书","干掉

说明书"的本质是通过技术解放人性,让人以最自然的方式使用科技产品,产品带来的便利又会将人带到一种最自然的状态中。"干掉说明书"并非不提供说明书,而是尽量减少用户在使用过程中的麻烦。基于此,小米要求在设计上尽量采用直觉设计,让产品使用符合人性的特点;通过一些快速引导语帮助用户在最短时间内了解产品;通过简单的图文结合设计说明书,帮助用户快速了解和使用产品。

四、开展工业设计团队建设,形成"精兵作战部队"

小米在工业设计领域一直保持着不遗余力地持续投入,目前小米的设计师团队已经超过了400人,团队成员多来自诺基亚、三星、联想、中兴、比亚迪及国内外著名设计咨询公司,手机设计团队平均工作经验超过10年。

在人员引进方面,为吸收和稳定优秀高水平人才,公司颁布了包括人才引进、公开竞聘、绩效考核管理、薪酬管理、荣誉管理和补充医疗保险在内的人力资源方面规章制度,确保人才"引得进、留得住";此外,公司根据长期发展要求,制订了切实可行的员工持股计划,将公司的成长与员工切身利益紧密挂钩,提高员工稳定性和创新积极性。

在人员培养方面,采用"小步快跑"方式,通过着力培养年轻设计师、吸纳外部优秀选手、少量末位淘汰等方式,在保持团队稳定的情况下,加速形成"精兵作战部队",提高设计师的个人生产力;此外,中心提供了良好的职业培训和再教育平台,每年安排多人次设计师赴国外参观、参展、参赛等交流学习;组织设计师参加高端设计论坛、培训。

五、加强设计项目管理,提供服务支持

产品设计的核心是为功能和用户体验服务,与通用项目管理相同,小米的设计项目管理主要由项目启动规划、项目实施、项目监控及项目结尾主要环节组成,不同之处在于工业设计是对美学与科技的融合管理,在管理中尤其强调工业设计与技术、可靠性、美学的匹配。

在项目启动阶段,主要是在项目前期准备工作阶段,对设计项目的实施进程进行全面、系统地描述和安排。小米科技工业设计中心通常会通

过研讨会明确设计项目的方向、目标以及制订详细的项目计划,对方案的实施计划、人员分配、计划变更、项目进度、财务预算以及其他资源进行规划,确保设计项目在最短的时间内以最小的成本完成小米产品的工业设计任务。

在项目实施阶段,小米科技工业设计中心会根据项目计划表推进项目。首先需要根据项目的任务需求进行市场调研及收集数据,提取对产品进行工业设计的有效信息,然后根据市场反馈信息进行产品的概念设计,接着由工业设计师与工程设计师通力合作进行产品的详细设计,最后将完整的产品设计方案交由生产制造部门进行产品的试制,最后进行批量生产,并推向市场。

项目监控通常是贯穿在整个项目实施过程中,小米科技工业设计中心会对每个设计项目进行设计质量和进度的双重监控。设计质量是监控的首要要素,会直接影响产品的设计质量,首先监控设计项目的质量,然后进行进度监控保证项目有序、按期完成。

在项目结尾阶段,主要是项目负责人正式提交产品设计给生产部门,保证项目井然有序地结束。小米科技工业设计中心还需要对项目进行审议,包括产品设计审议和视觉识别审议。产品设计审议内容包括:每项产品审议必须涵盖客观、适当的目的与执行、销售与财务记录、对公司的重要性、材料与零件的使用、美学与样式、制造与装配、包装与售后服务、行销与分配。视觉识别审议内容包括:审议企业识别的元素、应用的范围、使用识别系统的规定、整体视觉与企业形象。

六、广泛合作,打造设计生态链

小米工业设计系统的工作流可分为四大阶段:构想阶段、市场调查与分析阶段、开发设计阶段、生产准备阶段,在此工作过程中必须加强多方协同,除了需要内部人员参与之外,还需要与消费者、同行和供应商进行合作。

在与消费者合作方面,用户群和潜在用户群是小米产品的工业设计构想的主要提供者。在构想阶段,需要做大量消费者调查,了解消费者对产品造型和性能的需求;在开发设计阶段,从产品使用经验丰富的主要消费者处获得有关新产品的建议。

进行定性分析,完善并确定新产品概念。然后针对大量消费者进行新产品概念测试,以验证未来的目标市场;在生产准备阶段,市场部门制订试用计划,进入市场试用。通过市场试用后,根据试用顾客意见进行归纳并反馈到工程技术部门或者造型设计部门,对产品进行改进。

在与供应商合作方面,加强与各供应商的沟通,争取掌握业界最前沿的技术资讯,及时有效地应用于新产品线。小米科技工业设计中心将展开概念产品及制成效果的预研工作,选取具有前瞻性的概念设计,与供应商进行合作开发,推动新技术、新材料的可行性量产加速提升。在手机、电视/盒子竞争激烈的"红海"市场中,探索和确立小米独特的设计语言及品牌特征。

在与同行合作方面,小米科技工业设计中心向国内中小创业团队和传统家电制造企业提供工业设计、用户需求分析、智能大数据云平台和营销渠道等方面的服务,深入到产品的整个研发设计过程中,从产品定义、元器件选型、ID设计,到软硬件开发、测试等全方面,帮扶企业完成在智能终端、智能穿戴、智能家居等领域的智能产品研发及市场推广工作。

在与社会组织合作方面,为保证在设计领域的持续创新能力,小米科技工业设计中心本着产学研用的思路积极与清华大学、北京邮电大学等高校和科研院所开展关键创新技术研究合作和行业标准制定等工作。

第二节 面向创客的孵化平台建设——海尔集团

海尔集团公司(以下简称海尔)创立于1984年,是全球大型家电第一品牌,目前已从传统制造家电企业转型为面向全社会创客的孵化平台。2019年4月29日晚,青岛海尔发布2018年报及2019年1季报。整体来看,公司全年实现营业收入1833亿元,增长12.17%;归母净利润为74.4亿元,增长7.71%。青岛海尔同时披露的2019年第一季度显示,2019年第一季度收入增长10.17%,在行业下行背景下连续五个季度收入增速超10%。

海尔"双创"平台是首家以大企业创业转型为依托,全面开放大企业资源的开放式创业加速平台,着力搭建一个开放的、可复制推广的共享式"双创"平台:一方面,将员工创客化变成创业者,打造一个利益共享、共创、共赢的平台,每一位创客都有公平、公开创业发展机会;另一方面,向社会开放,为创业企业成长和个人创业提供低成本、便利化、全要素的开放创业生态系统,让每个有创业梦想的人都可以通过海尔开放平台进行孵化。

在实践中,海尔以人单合一管理模式为驱动,建设共享式创业平台,打造全球领先的"互联互通新生态,共创共赢新平台":以搭建共创共赢生态圈的战略明确"双创"平台的指导原则,颠覆传统的科层制为网络节点组织,开放连接世界资源;以用户付薪颠覆企业付薪,解决创业中的激励问题,创新战略损益表、共赢增值表。帮助创业者锁定引领的战略目标以及实践路径;搭建五大模块服务平台,创新创业服务生态系统;提供六种创客孵化模式,帮助创客实现创业梦想。

一、基于创业服务生态系统的五个模块创新

海尔致力于建成一个对全社会开放的共享式创业平台,依托海尔32年的用户资源、管理服务资源、供应链和研发技术资源以及海尔品牌的影响力,建设"众创—众包—众扶—众筹"的智慧生态圈,为创业者提供"创意→设计→制造→销售"全产业、全要素的专业服务,形成了专业、开放、共享三大特点,帮助解决创客项目成功率低、效率低、技术水平低的三大问题。

海尔双创平台下设创客学院、创客空间、创客工厂、创客服务、创新资源五个子平台,实现创新与创业、线上与线下、孵化与投资的系统结合,提供创客培养—创意落地—创业支持—产品市场化—小微引爆全流程、一站式孵化加速服务,构建了海尔的开放创业创新生态系统,如图8-2所示。

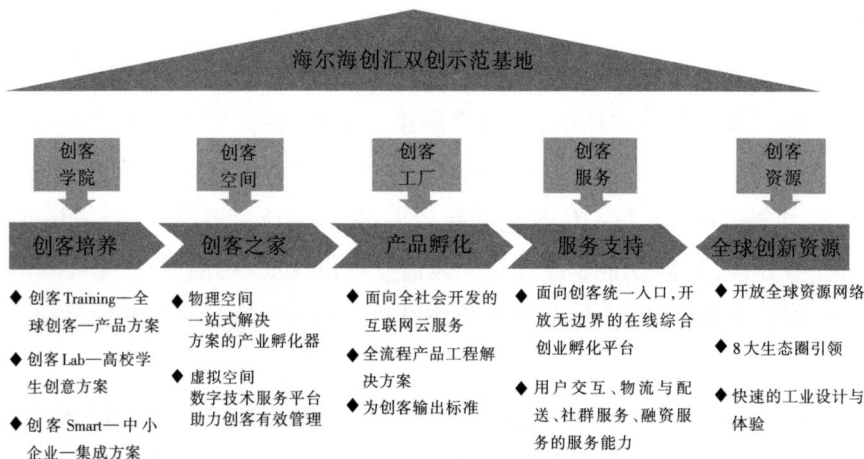

图8-2 海尔海创汇双创平台

（一）创客学院

创客学院专门为加速培养创客而设立，依托海尔平台，吸引内外资源，通过公开课、训练营、导师辅导、互动社区等多种形式提升创客能力，搭建创客项目与投资人对接的平台，已形成集创客公开课、创业训练营、导师辅导、互动社区等多样化的创客加速培养体系。

从具体实践来看，创客学院不仅培训创客，而且培养创客讲师，帮助创客由原来的执行者转变为创业者；同时整合全球一流导师资源，吸引包括世界一流的战略大师加里·哈默、"量子管理学"奠基人丹娜·左哈等20余名外部专家任创客学院客座导师，让普通创客也有机会聆听企业管理大师的指导。

截至2017年底，创客学院累计培养创客讲师195名，吸引加里·哈默、丹娜·左哈等20余名世界一流管理大师任客座导师，累计组织了95期免费公开课，培训了2.8万名创客。

（二）创客工厂

海尔开放企业核心模具资源，打造以国家级模具中心为基础的创客工厂，为小微企业提供高效低碳的创业服务。海尔也是第一家开放模具资源的企业。举例来说，搞智能制造的小微企业，要开发一个新产品，开发试制产品需要开模具，模具成本对于初创企业而言很高，但在海尔的

3D打印设备、模具工厂开放之后,就可以为初创企业提供这一项服务,可直接降低初创企业研发成本35%[①]。

2017年,创客工厂云设计平台已搭建完成,云数据平台已建成青岛海尔样板工厂;创客工厂已实现孵化创客团队8家,孵化创新产品15款;为创客提供大规模定制生产服务的产品种数15个,年生产创客产品50000台,带动社会就业10000余人。

(三)创客空间

创客空间建设项目包含新建海尔信息谷、海尔全球创新模式研究中心两个实体创客智慧空间及海尔创客数字技术服务平台(DTS)和海客会生活服务平台两个平台。2017年,海尔创客空间已升级为"产城创生态圈"模式,产业集群发展平台、双创平台、智慧生活平台三级联动,以产业带动创业,以创业促进就业。配套智慧生活社区,解决传统城市一个中心的发展掣肘,推动城市向多中心化发展,均衡城市的资源分配布局,为城市发展提供新动能和新样板,形成产业、创业、生活为一体,开放、共创、共赢的平台式生态圈。海尔产城创生态圈已在青岛、天津、上海、济南等城市落地,为创客提供不同体验的创业环境,打造"一公里"智慧生态圈。

(四)创客服务

海尔凭借数十年的管理优势,打造了线上创业孵化平台、创客交互平台、社区服务平台、物流配送平台、创客金融服务平台,形成一整套完善的创业服务体系,为小微企业提供专业服务,大大提高了创业效率。

(五)创新资源

海尔建立了开放的创新资源平台,包括HOPE创新平台、全球十大研发中心、检测验证与体验平台,致力于打造全球最大的创新生态系统和全流程创新社区,把研发者资源和创新创业结合起来,为创客创业创新提供资源和服务。

2017年,平台可触及全球一流资源达420万个,注册用户资源50多万户,平均每年产生创意项目超1000个,累计成功孵化220个创新项目。

[①]谭小芳,张伶俐. 海尔集团战略演变与价值链管理研究[J]. 财会通讯,2020(08):107-112.

通过创新资源平台的搭建,研发周期由12个月缩短到8个月,研发资源匹配周期从过去的8周缩短至4周,体验设计的服务周期较之前缩短了25%,模型检测验证周期缩短30%,大大降低创客创业成本。

二、基于人单合一模式的六6种创业孵化模式

海尔人单合一模式驱动创客以用户需求为中心,通过用户交互发掘创业机会和市场,开放整合世界资源,形成共创共赢生态圈,实现创客、用户和利益相关方的共赢增值。2017年,依托人单合一模式,海尔共享式双创平台为创客提供了六种创业孵化模式,帮助创客实现创新创业的梦想,如图8-3所示。

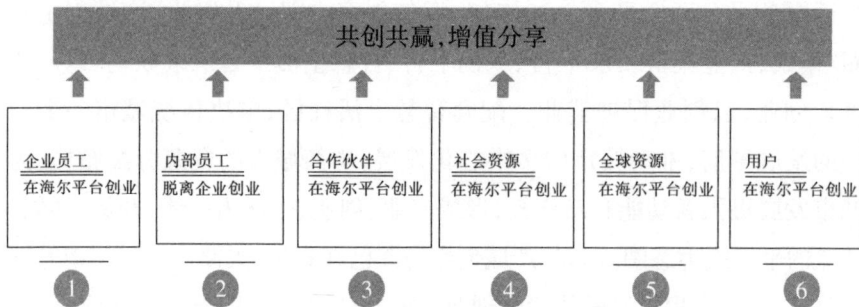

图8-3 海尔双创平台的六种孵化模式

(一)企业员工在平台创业

这种模式指的是如果海尔员工在提出创业项目之后,经过论证后,海尔能够支持,同时还能提供天使基金。在创业成立的公司中海尔是大股东,如果发展好并且和海尔的规划发展方向吻合,海尔享有优先回购权。如果创业公司的发展与海尔的方向不十分吻合,海尔就能够考虑卖出去。小帅私人影院就是海尔员工马文俊听到孕妇在网上留言说,坐着看电视不得劲,能不能躺在床上就能看电视。还有妈妈在网上留言说小孩看电视特别容易伤眼睛,希望有可以替代传统电视的产品。获得了用户需求和产品创意后,马文俊整合资源成立小微,需求一提出来就吸引了美国硅谷的创客团队及拥有大量供应链资源的行业专家一起创业。小微首先整合到美国硅谷技术,并找到了美国的德州仪器作为资源方,同时在武汉光谷做生产布局,并在青岛进行投资孵化,全过程

开放创新出解决方案,实现小帅投影仪的从无到有,首批5000台产品不足半小时即告售罄。2015年7月,小微创建小帅智能科技股份有限公司,2017年,小微产品已迭代到第三代,小微也获得了B轮融资,市场估值2亿元。

(二)内部员工脱离企业在平台创业

这种模式指的是海尔员工如果觉得海尔体系不支持他的发展,创业不够灵活,想脱离海尔,海尔会支持其创业。2001年成立的海尔家居,隶属于海尔集团家居平台。由于各种原因,业绩和人员反复变动,在市场上没有竞争力,发展前景不容乐观。2014年,海尔家居脱离海尔走上创业,通过实践人单合一模式,借助海尔资源实现了自身收入和利润的持续增长,并孵化出互联网装修的开创者——有住网。2016年,海尔家居、有住网等发起成立智慧住居生态圈——少海汇,2017年,该生态圈成员企业已有36家,年产值过百亿。2017年,海尔家居完成B轮融资,估值29亿元,继续朝着IPO的目标一步一步迈进。

(三)合作伙伴在平台创业

这种模式是指上下游企业在海尔平台上创业,共享价值,实现共赢增值。海尔日日顺乐家快递柜最初进入快递行业末端就是为了解决每个社区每天大量的快递给用户造成的问题,在小区里放置"日日顺乐家快递柜",用户只要凭借发送到手机上的密码就能够直接打开快递柜取走快递,通过服务获取用户信息,把用户变成资源,不仅可以入户营销,还可以把用户导流在线上。海尔日日顺乐家的商业模式包括四个方面:快递末端解决方案、便民服务(包含居家养老服务)、农特产品直供平台、社区新媒体。

(四)社会资源在平台创业

通过定制化产品组合打通上下游,匹配服务型平台,做通整条产业链,盘活产业生态,撬动整个行业升级。海尔产业金融致力于构建农业产业生态圈,提供的不是单一的资金,而是从整个产业生态角度提供金融工具。食品农业小微2014年成立,五个创业者从管理咨询公司来到海尔的创业平台,从帮助蛋鸡品牌商整合全产业链开始,通过产业金融支持,将供应端(种鸡农、饲料企业、设备商)、生产端(蛋农)、销售端(蛋品销售平台)、研发中心(蛋品研究中心)整合到一起,从培育健康的仔鸡开始,到安全养殖、稳定销售等,形成了一个完整的闭环,在强健产业链的同时,能够为广大的消费者提供安全健康的鸡蛋。同时,产业链上的各方资源都找到了创业成长的平台。

(五)全球资源在平台创业

海尔平台能够开放链接全球一流资源,与全球伙伴共创增值。在现代共享经济时代,海尔开放地搭建起相对的共享平台,将社会上更多资源的活力彻底激发出来。海尔坚持"世界是我的研发部""世界是我的人力资源部"的理念,全球所有人、机构都能够在海尔平台上看到用户提出的需求,可以根据需求提出自己的创意。

2013—2014年,海尔洗衣机团队在网上征集洗衣机内桶脏这一问题的创意解决方案,当时吸引了990多万用户参与互动交流,共收集到846个创意方案,最后一名19岁的重庆大学生网友提出的点子获得了众多创客的支持,被认为最具商业化价值。于是创意被采纳,该项目还吸引了来自全球的26个专家团队及美国3M、联合利华、陶氏等全球500强企业进行了资源整合和专利分享。免清洗系列洗衣机上市以来受到了用户广泛好评,也实现了多方共赢:每卖一台免清洗系列洗衣机,这名提交方案的学生就会获得利益分享,同时供应商参与设计,优先供给,员工也可以获得收益。

(六)用户在平台创业

这种模式就是用户可以自己定制产品,如果创意好,经过论证可在海尔平台发布,用户可以参与分成。顺逛微店是海尔官方微店,一开始消费者都可以通过此微店购买海尔旗下所有家电产品,因为此平台无边界、无门槛,面向全社会招募微店主,并且所有微店都可以获得日日顺的官方认证,所以很多用户都从消费者转为微店主,自己开起店来。不管你是企业单位的打工族,还是自营私人店主,还是农户、农民工等,只要你有手机,就可以注册微店进行创业。因为顺逛背靠海尔强大的产品质量、售后、物流等保证,微店主无须为送货犯愁。同时,微店有独特的赚取佣金方式,解决了很多普通消费者想创业但没有货源、渠道、资金和场地的瓶颈。

三、海尔人单合一为"双创"平台建设提供保障机制和工具

(一)战略转型明确"双创"平台建设方向

战略转型是企业转型发展的前提。互联网时代,海尔以人单合一模式探索互联网转型,战略上就是要从"有围墙的花园"变成生生不息的"热带雨林",从以企业为中心、以利润最大化为目的的封闭体系变成以用户为中心的共创共赢生态圈。

海尔的目标是成为互联网企业,颠覆传统企业自成体系的封闭系统,变成网络互联中的节点,互联互通各种资源,打造后电商时代基于用户价值交互的共创共赢生态圈,实现相关各方的共赢增值。这为海尔建设"双创"平台奠定了基础,指明了方向。海尔颠覆传统的企业边界思维,转型为开放的创业平台,为创业者提供低成本、便利化、全要素的开放创业生态系统,驱动实现从制造产品到创客孵化的转型。

(二)搭建互联互通的节点组织,开放连接世界资源

战略和组织的关系是从属关系:战略跟着时代走,组织跟着战略走。战略上海尔要变成一个无边界的平台,组织就必须把封闭的科层制的企业变成互联网的一个节点,甚至企业里的所有人、组织都要变成节点。海尔颠覆了传统组织方式,将企业从金字塔式科层组织颠覆为以创业小微为基本单元的节点组织。组织颠覆后,海尔平台上没有传统的管理者,而是有平台主、小微主和创客三类人:平台主是平台服务者,小微主是小微的负责人,创客是小微的员工、创业者。

三类人不是传统的上下级管控关系,而只是掌握的用户资源不同,他们都在为用户的最佳体验服务。创业小微作为海尔平台上的基本单元,以用户需求为中心,开放链接、整合外部优势资源,搭建共创共赢生态圈。

与此同时,海尔颠覆了传统的"市场分析—技术研发—工业设计—采购—制造—营销—服务"串联流程而改为并联流程,建立以用户为中心的开放并联平台,让研发、生产、制造、销售等环节围绕着用户需求并联起来,组成生态圈,协同为用户提供整体解决方案。

传统的产品是一个硬件,而海尔馨厨首创了全球第一代互联网冰箱,除了具备一台传统冰箱的功能之外,更是互联网的入口,连接电商、娱乐、菜谱等服务,构建厨房场景下的生态系统。馨厨的创造者是一群不懂冰箱的人,但正因为不懂冰箱,所以他们更专注于用户的交互体验,更开放地整合全球一流资源,参与到冰箱的全流程设计制造中。实际上,不仅小微成了一个节点,小微产品也成了服务用户的节点,通过构建馨厨生态圈,馨厨冰箱也成了服务用户生活的平台与载体。目前,馨厨生态圈已吸引了中粮、欣和、金龙鱼、古井贡、雪花、统一、瞄上生鲜、蜻蜓FM、爱奇艺等资源方入驻平台。

(三)从企业付薪到用户付薪,驱动人人创客

在科层制企业中,员工往往唯上是从,听从上级的命令和指挥,被动执行,往往会丧失创造力、创新性。即使硅谷创业企业,一旦规模扩大,也采用科层制,原来的创业创新精神逐渐消失。如何激发员工创业创新活力和精神,已成为当前全球企业面临的重要现实问题。

建设"双创"平台过程中,海尔颠覆传统的"选、育、用、留"式人力资源管理,驱动员工从雇用者、执行者,变成创业者、合伙人,实现"人人创客"。海尔平台上,海尔不再给员工提供一个工作岗位,而是提供创业机会,海尔把自主决策权、分配权、用人权的三权让渡给小微,小微创客不是和用户、企业博弈,而是与自己的能力博弈。在实践中,小微"竞单上岗、按单聚散",坚持人力、资本社会化的原则,实现"自创业、自组织、自驱动"的"三自"机制的动态循环,如图8-4所示。

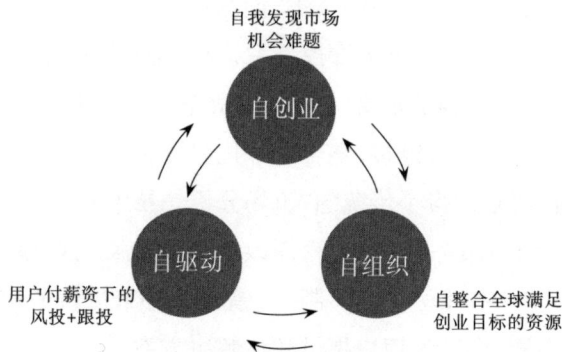

图8-4 海尔平台的"三自"机制

作为企业的重要驱动力,在激励方面,海尔颠覆传统的企业付薪为用户付薪,创客的薪酬不是由领导决定,而是由用户决定,每个创客的薪酬和自己创造的用户价值一一对应,这避免了传统模式下,所有人吃企业的"大数",个人贡献和收益不匹配的问题。此外,海尔"双创"平台坚持资本社会化的原则,创业型小微企业需要外部风险投资,即社会资本的参与,同时创业者参与跟投,跟投多少与创客自身能创造的价值相对应,并以跟投股本做对赌,实现利益共享、风险共担。

海尔雷神游戏笔记本小微团队就是由"80后""三李"创建的。李艳兵、李宁和李欣利用互联网交互平台深入挖掘了3万条用户数据,自主发现市场机会,并开放链接、整合代工厂和设计资源,实现雷神品牌的从无到有,逐渐成为游戏本行业第一。

此外,创业过程中,小微实现自驱动,以资本社会化为原则,积极探索"第二曲线",由硬件产品向搭建共创共赢生态圈的方向演进,探索"硬件引爆→周边引爆+软件→竞技引爆→直播电竞生态平台引爆"的战略和转变路径,雷神小微已实现向海外用户市场的拓展。

(四)创建"二维点阵表、共赢增值表"管理工具

基于让员工、创客实现自我管理和自我激活,在创造用户价值的过程中实现自我价值的目的,海尔创新地提出了纵横轴匹配的二维点阵表和共赢增值表的管理工具,帮助创客更好地锁定创业创新的战略方向、差异化路径及绩效衡量。

1.纵横轴匹配的二维点阵表

"二维点阵"上接海尔的战略损益表,下连创客的对赌承诺,是全流程闭环的单与绩效管理工具。二维点阵承接战略损益表中的"战略与目标",包括横轴和纵轴两个维度。横轴是企业价值(如收入、利润、平台交易额、市值等),体现企业在市场上的竞争力位次。纵轴是网络价值,是实现市场竞争力的驱动机制和发展所需的具体路径,聚焦的不是短期而是长期的持续发展,如图8-5所示。

纵轴
（战略绩效）

引领目标的
竞争力

10分区为各缺限
要达到的引领目标

10分区—目标

超利高酬

—8分区

—6分区

—4分区

2分区到10分区之间则为从
样板到全周阶段性创造用户
价值

2分区—基础

1分区—前提

横轴
（市场竞争力）

2	4	6	8	10
行业平均水平	行业平均12倍	行业第一	行业引领	持续优化

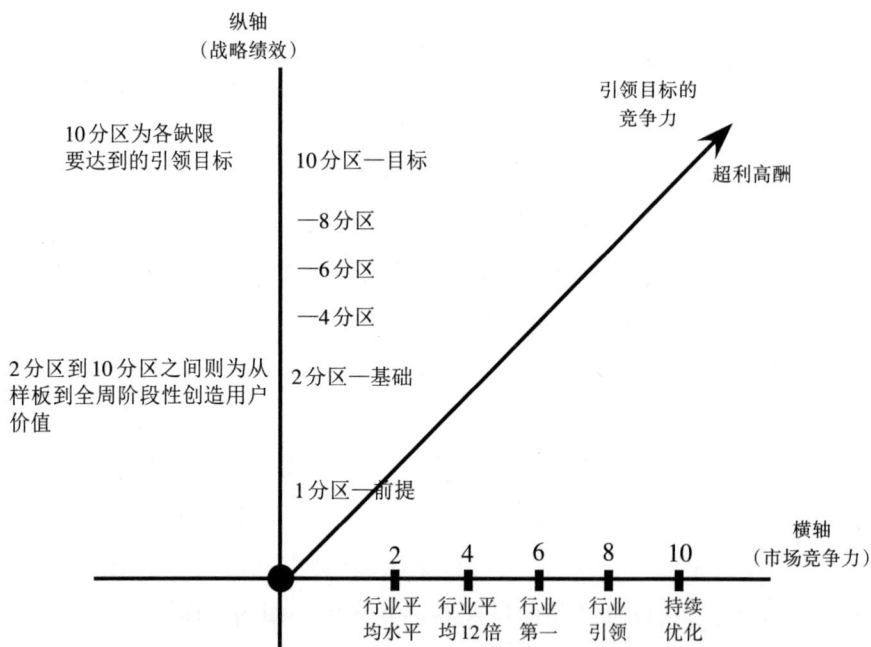

图8-5　二维点阵图

　　二维点阵的创新性体现在四个方面。一是横轴目标设定：不是和自己比，比的是在行业中的竞争力。横轴分2、4、6、8、10五个分区，每个分区代表目标在行业中的竞争力，2区位表示行业水平，4区位表示行业1.2倍水平，6区位表示行业第一，8区位表示行业引领，10区位表示行业持续优化，分区越高，说明目标在行业中的竞争力越强。二是纵横轴互为验证：纵轴是对横轴的校验，纵轴承接战略的因，产生横轴市场竞争力的果。横轴区位和纵轴区位相互匹配，如横轴实现6区位的目标，纵轴不会达到8区位的水平。三是自主抢单：摒弃传统组织自上而下分配任务的模式，通过竞单上岗鼓励员工主动挖掘用户需求，抢更大的单。单是事前算赢的，每个员工都有事前算赢的三项，评价流程为公开透明、自报公议的方式。四是体系开放：单目标是开放的、动态优化的，体现的是行业竞争力水平。海尔的二维点阵体现了"过程+结果"的结合。传统企业通过做广告就能在市场上获得不错的表现，企业的财务也不错。在海尔，任何产品的价值都是横轴和纵轴交叉匹配后最终确定，比如一个横轴市场盈利很好的产品，如果纵轴它没有体现用户交互，或者用户交互水平很低,其价值也很小。

2.共赢增值表

传统企业都有三张表,即损益表、资产负债表和现金流量表。传统损益表反映的是:收入—费用—成本=利润,以数字损益为导向,只有冷冰冰的数字,见数不见人,所有人的薪酬都吃企业的大数。

为实现创客收益与其创造的价值的匹配,海尔创新探索出了共赢增值表。海尔平台上每个创客都有自己的共赢增值表,创客只有创造了用户资源才能实现个人的分享。共赢增值表主要包含五个部分,即用户资源、用户增值分享、收入、成本、边际收益,如图8-6所示。

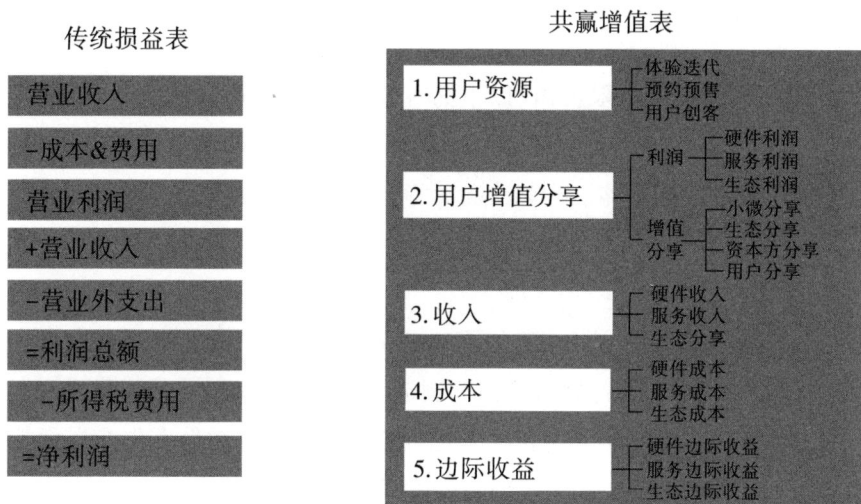

图8-6　海尔共赢增值表

用户资源,全流程参与设计,最佳体验迭代升级,形成生态圈的用户;用户增值分享,差异化模式让生态利益各方按创造的增值共赢共享;收入,用户资源价值转化的直接体现,包括硬件及生态收入;成本,为实现用户价值所投入的资源成本,包括硬件及生态成本;边际收益,每单位(产品/用户/资金)所创造的收益。

共赢增值表的目标是促进创客建立多边市场,创造出共创共赢的平台。与传统损益表见数不见人不同,共赢增值表以用户增值为核心,目的是使生态圈中的所有利益相关方共赢增值。它驱动小微实现由封闭到开放的、有用户和资源方参与的模式,将消费者从产品购买者加速转化为用户资源,并持续驱动小微生态圈从边际效益递减的同质化竞争泥潭进入边际效益递增的自演进生态。

共赢增量表是海尔探索的互联网时代企业新的衡量标准和工具。2017年,共赢增值表已吸引了传统损益表规则的制定者——美国管理会计协会的关注、认可和研究。共赢增量表是海尔探索的互联网时代企业新的衡量标准和工具。

第三节 服务型制造的转型创新之路——北汽集团

北京汽车集团有限公司(以下简称北汽集团),成立于1958年,现已发展成为涵盖整车(包括新能源汽车)研发与制造、汽车零部件制造、汽车服务贸易、通用航空、产业投融资等业务的国有大型汽车企业集团。美国《财富》杂志正式日前公布的"2020年世界500强企业"排行榜中,北汽集团排名第134位。

北汽集团自成立以来,建立了中国汽车工业第一家整车制造合资企业,中国加入WTO以后第一家整车制造合资企业,收购了瑞典萨博汽车相关知识产权,在汽车行业进入新转折的时代又前瞻性地率先布局新能源产业、通用航空产业等,创造了中国汽车工业的多个第一①。

北汽集团以服务型制造为战略转型方向的目标,构建"智慧(SPIRIT)模型",全面围绕用户需求,倾力打造符合市场需求的产品与服务,通过大数据与智能化技术实现产品、服务、制造各个环节的大数据互联互通,以多个关联性服务业以及创新型产品获取市场数据,以大数据等智能化手段分析数据、发现需求,以智能制造、个性化定制等手段落实并满足需求,实现服务与制造相互促进、螺旋上升发展,带动北汽集团整个产业链转型升级,如图8-7所示。

①郑劼. 北汽的"小目标"[J]. 汽车观察,2020(02):44-46.

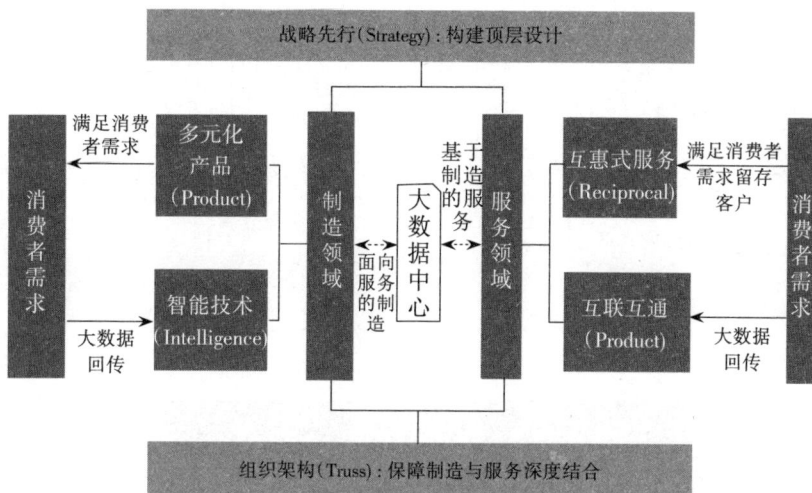

图8-7 北汽集团服务型制造"SPIRIT"模型

一、确立服务型制造转型的战略架构

北汽集团为了实现向服务型制造的战略转型,将其企业使命定位从汽车制造商转变为出行解决方案供应商。在战略目标方面,集团调整发展方向,促进服务与制造相融合,围绕出行场景,开展出行服务,服务消费者的同时挖掘市场需求,最终通过智能化手段满足市场需求。

在具体的发展策略上,北汽集团提出以数据管理为基础的制造与服务相融合的发展模式。具体来说,就是在需求层面以智能化的产品和网联化的服务为基础,将产品和服务变成市场的触角,变成消费者各个维度需求数据的搜集者和"传感器",在提供产品和服务的同时获取消费者数据,并将数据反馈给企业数据中心,作为下步研发、生产制造的现实依据。

在制造层面,北汽集团一方面基于来自需求层的数据,通过VOCe+、众创研发等项目充分形成产品预言,使产品从最初始的状态就反映出消费者的本质需求;另一方面,北汽集团通过对工厂的智能化改造,使得制造环节不断反馈数据,形成工业大数据,精确控制生产环节,准确预测生产问题,高效实现生产业绩。结合消费者大数据和工业大数据,北汽集团积极推动大批量个性化生产,高效全面地服务消费者,将传统的制造转变为基于服务的制造。以数据为媒介,北汽集团基于服务的制造和基于制造的服务相互沟通,共同促进,最终实现服务与制造深度融合,如图8-8所示。

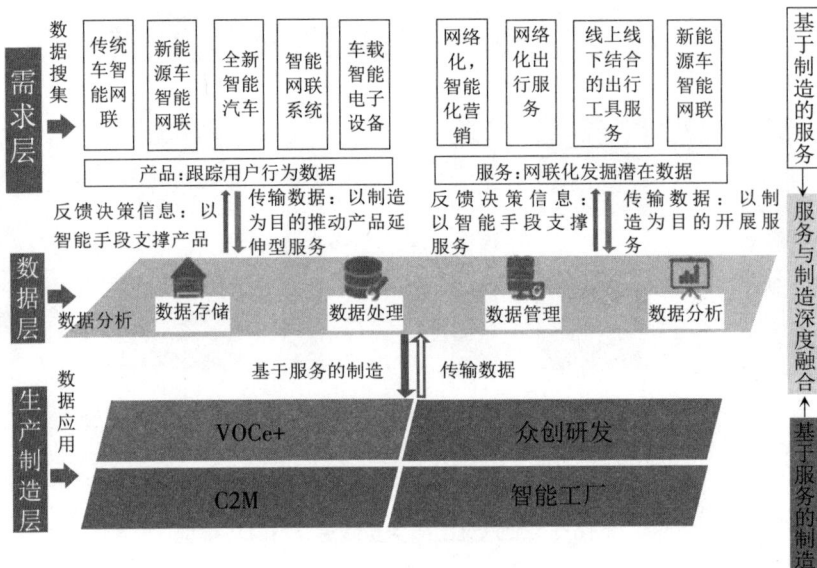

图8-8　北汽集团服务型制造战略构架

二、构建多样化的产品创新体系

北汽集团紧跟市场消费升级,围绕以消费者为中心的核心理念,以强大的自主创新和自主研发能力,不断丰富产品系列,满足消费者日趋多样化、个性化的需求、打造全系列轿车、SUV、MPV交叉型乘用车和新能源车全面覆盖的产品线,并以"越野世家"的差异化优势推出军车品质的越野车,与此同时,北汽集团福田的商用车产品也在国内商用车市场连年赢得领先地位。

除汽车以外,北汽集团抓住消费升级和供给侧改革的时机,主动向高精尖领域发展,拓展出行的空间范围。目前在通用航空领域,北汽集团已经拥有P750超短距离起降多用途飞机、AW109轻型双发直升机等多款产品,并积极谋划进军商用无人机市场,为补汽车出行市场之不足,形成出行环节闭环创造条件。

三、基于智能技术沟通企业与用户

除了通过产品的广度满足消费者需求外,北汽集团同时注重从潜在需求角度对消费者需求的挖掘,实现在深度方面满足消费者需求的目的。这种对消费者需求的深入探查和高效满足,就是智能技术从产品领域到生产全过程的全面覆盖。

(一)产品领域的多维度智能化

在传统车和新能源车智能网联方面,北汽集团以 C80 电动汽车为基础进行技术开发,目前已能实现交通标识、信号灯、车辆、行人的识别,相应的车载多传感器数据融合的环境感知技术已经能够兼容多种激光雷达、毫米波雷达;在人体特征识别领域,目前已能够完成人脸识别、指静脉识别、眼动识别、掌纹识别等多种人车交互方式;而在 V2X 技术领域,目前已完成总体技术方案、紧急刹车预警、车辆变更预警、特殊车辆预警、前方碰撞预警等场景的开发,为北汽集团开发前装或后装的智能网联汽车打下坚实的基础。

在全新的无人驾驶与智能汽车方面,北汽集团与百度合作推动"NOVA PLS"战略,在环境感知技术、车载平台技术、V2X 通信技术、高精地图定位技术等领域展开深度合作,初步实现产品使用行为数据的记录与分析。

在智能网联系统方面,北汽新能源公司于 2015 年推出 I—LINK 系统,在国内首次将 4G 通信技术应用于车联网系统,同时拥有自然语音识别技术,实现车端与大数据云平台的交互,车与人的交互以及车与手机等其他智能终端的交互。近两年来,北汽集团将这一系统不断完善,将系统能够参与的互动范围扩展到车与充电桩的互联以及车与车的互联等领域,目前 I—LINK 已经超越单独的车载操作系统,形成一个包含人、车、机、桩互联和车车互联的生态系统,极大扩展了北汽集团的产品终端与消费者生活的接触范围,对北汽集团了解用户行为、不断迭代产品提供源源不断的动力。

在车载智能电子设备方面,北汽鹏龙基于当前用户使用习惯和全新时代背景下汽车更多的应用场景,从 WIFI 接入、PM2.5 监测与空气优化、安全设备、共享设备、多功能物流配送、无人机、增强现实等多个角度开发系列个性化的智能硬件,将汽车电子变成一整套针对车主的"可穿戴设备",并互相联网,不断分析消费者行为信息,以期不断改进产品,同时使客户车内外各类产品广泛互联,提供给消费者"知心管家"般优质的产品体验。

经过多个维度的智能化设计,北汽集团新上市的汽车,无论是以车的方式直接与消费者互联,还是以手机映射的方式间接与消费者互联,均能够实现与消费者的实时交互,部分实现与汽车其他智能设备的交互,并在交互的过程中,不断发现新的需求、新的场景,不断为生产制造反馈来自需求端的数据,实现产品不仅满足客户需求,同时服务生产制造的目的。

(二)生产领域智能化

当消费者的行为和需求数据通过产品通道及服务业各业务人口回传至大数据中心,生产制造环节就需要对数据进行加工整理,具体化消费者潜在需求,并通过先进的制造能力对消费者需求快速回应。这需要企业不断整合生产技术资源,提升生产过程的智能化水平。

在这一领域,北汽集团首先打造VOCe+(聆听消费者声音)系统,在全价值链环节贯彻"以消费者为中心"的发展理念。通过内部来自产品与服务领域的大数据,结合外部大数据仓库,进行顾客定位、顾客需求分析,产品特征分析,为产品研发、生产制造提供从品牌与产品战略到产品型谱、产品线DNA到产品特征定义等各种策略支持,其后通过投放市场的大数据反馈,诊断产品各个策略的偏差,快速反馈消费者声音,高效迭代产品,使产品的生产制造围绕客户需求展开,实现市场收益的最大化,如图8-9所示。

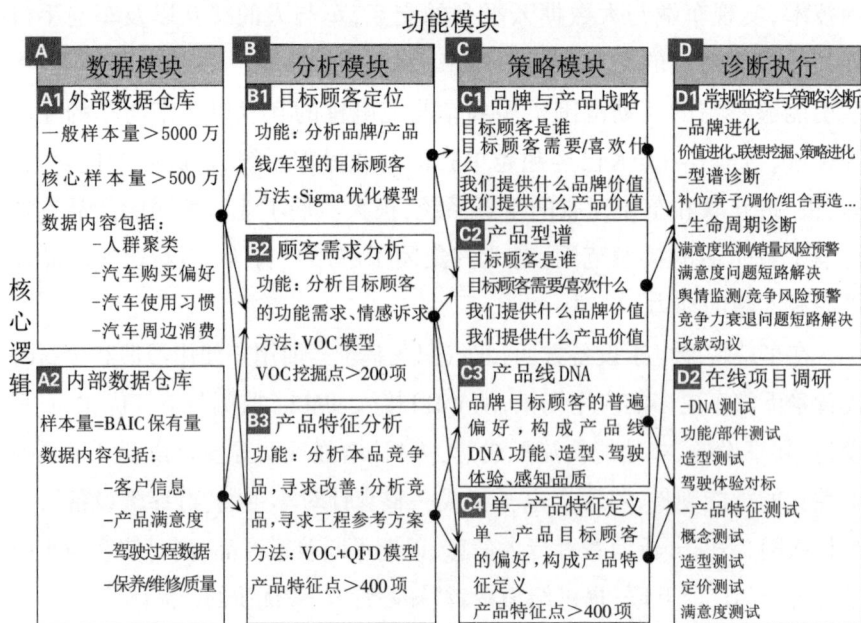

功能模块

A 数据模块	B 分析模块	C 策略模块	D 诊断执行
A1 外部数据仓库 一般样本量>5000万人 核心样本量>500万人 数据内容包括: -人群聚类 -汽车购买偏好 -汽车使用习惯 -汽车周边消费	**B1** 目标顾客定位 功能:分析品牌/产品线/车型的目标顾客 方法:Sigma优化模型 **B2** 顾客需求分析 功能:分析目标顾客的功能需求、情感诉求 方法:VOC模型 VOC挖掘点>200项	**C1** 品牌与产品战略 目标顾客是谁 目标顾客需要/喜欢什么 我们提供什么品牌价值 我们提供什么产品价值 **C2** 产品型谱 目标顾客是谁 目标顾客需要/喜欢什么 我们提供什么品牌价值 我们提供什么产品价值	**D1** 常规监测与策略诊断 -品牌进化 价值进化、联想挖掘、策略进化 -型谱诊断 补位/弃子/调价/组合再造… -生命周期诊断 满意度监测销量风险预警 满意度问题短路解决 舆情监测/竞争风险预警 竞争力衰退问题短路解决 改款动议
A2 内部数据仓库 样本量=BAIC保有量 数据内容包括: -客户信息 -产品满意度 -驾驶过程数据 -保养维修/质量	**B3** 产品特征分析 功能:分析本品竞争品,寻求改善;分析竞品,寻求工程参考方案 方法:VOC+QFD模型 产品特征点>400项	**C3** 产品线DNA 品牌目标顾客的普遍偏好,构成产品线DNA功能、造型、驾驶体验、感知品质 **C4** 单一产品特征定义 单一产品目标顾客的偏好,构成产品特征定义 产品特征点>400项	**D2** 在线项目调研 -DNA测试 功能/部件测试 造型测试 驾驶体验对标 -产品特征测试 概念测试 造型测试 定价测试 满意度测试

核心逻辑

图8-9 北汽集团VOCe+系统构架

(三)打造众创研发平台

为了进一步提升消费者的参与度,进一步把握消费者需求,最大限度地将全球范围内创新资源为我所用,北汽集团倾力打造众创研发平台。在该平台上,北汽集团定期发布相关研发任务,由企业外的用户和企业内的工程师分别参与完成任务并由平台回收多个任务方案,评审团队和市场用户分别在线下和线上展开评审,筛选出排名靠前的任务方案,最终交评审团队线下评审,选出最符合用户需求和技术需求的方案,交由平台发布,实现用户、技术、品牌营销等多目标的共同达成,如图8-10所示。

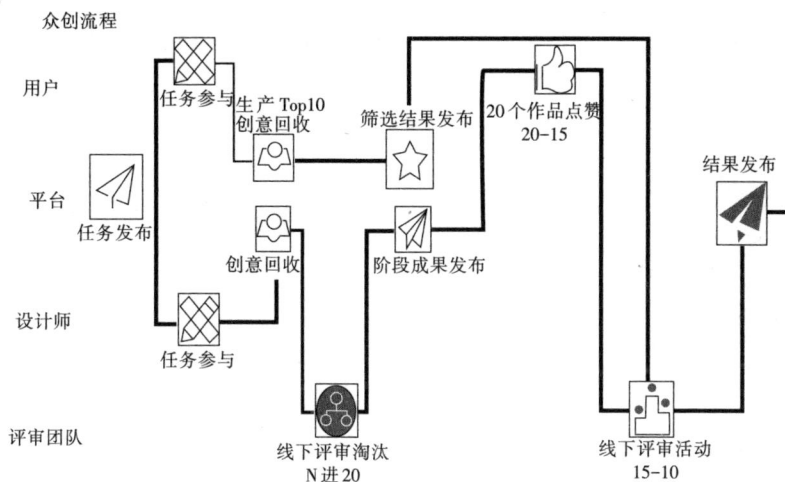

图8-10 北汽集团众创研发平台流程

(四)建立智能工厂

为了使根据消费者需求研发的产品真正满足消费者对品质与体验的严苛要求,进一步打磨产品工艺,提高生产效率,北汽集团同时投入智能工厂的推广建设工作,与德国奔驰合资建设的北京奔驰工厂,已经达到工业4.0水平,为我国制造领域最高水准。与此同时,北汽海纳川零部件工厂、北汽新能源常州工厂等也纷纷在不同程度上投入智能工厂建设,为北汽集团更高效率满足用户需求提供根本保障。

在北京奔驰的智能工厂中,北汽集团大量采用基于嵌入式Internet技术和无线通信技术进行模块与模块之间、设备和设备之间、系统与系统之间的通信和信息交流,实现设计、生产、物流、销售、服务等业务领域信息化管理的综合集成。通过建设智能化的产品信息系统,将订单管理、BOM管理、产品数据管理、产品生命周期管理、变更管理等,进行无缝信息化的集成,最终达成六个方向的生产智能,包括智能计划排产、智能生产协同、智能资源管理、智能决策支持、智能质量过程管控、智能的设备互联互通等,催生传统的制造业生长出个性化定制等全新业态,如图8-11所示。

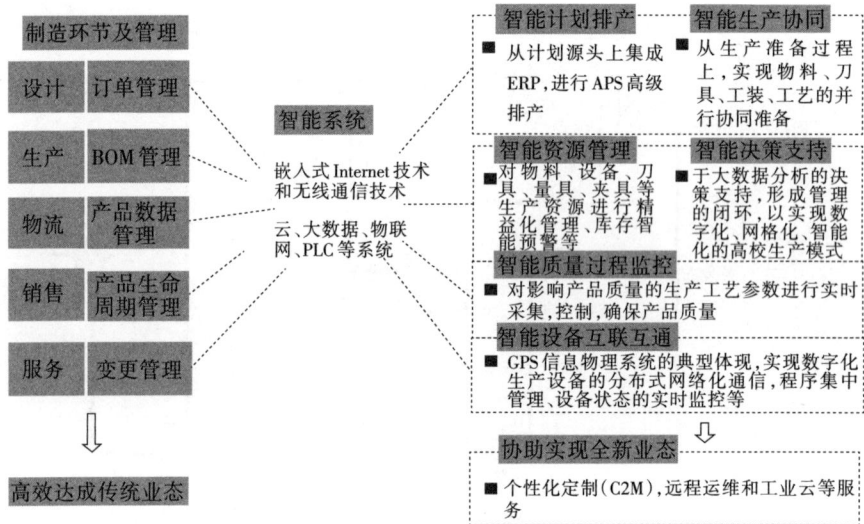

图8-11　北京奔驰智能工厂示意

在推动智能制造的过程中,北汽集团围绕消费升级中日益个性化发展的消费者需求趋势,大力推进C2M个性化定制商业模式。以智能化的方式实现客户与厂商的信息透明沟通,供应商与厂商的信息集成与即时互通,实现厂商价值链的整体集成,改传统的人工驱动为信息驱动,减少过程库存,提高自动化程度,最终通过物联网实现个性化订单的批量化生产,高效率地满足客户个性化需求,将传统的制造业转变为"基于服务的制造"

四、基于互惠服务构建产业生态圈

由于汽车购买频次低、与消费者接触环节少,汽车企业急需通过其他方式实现客户留存,用以提升价值,获取消费者信息。所谓互惠式服务,即指与传统服务业态不同,北汽集团开展服务业务不仅要满足消费者日益多样化且始终处于变革中的出行需求,同时还要弥补行业缺陷,通过服务业为自己留存用户,提升价值,形成稳定的消费者需求信息源。由于这样的服务在交易的过程中不仅是企业服务消费者,同时也有消费者反向服务企业的过程,故称之为"互惠服务"。

围绕这一方向,北汽集团首先以多样化的出行服务构建有自身特征的出行服务业,如图8-12所示。

图8-12 北汽集团围绕出行场景的产业生态

该生态圈由四部分构成,内核是消费者出行这一核心需求,围绕这一核心,北汽集团首先以多样化的出行服务构建有自身特征的出行服务业。

(一)出行服务

围绕出行需求,北汽集团整合集团内的全部出行资源,包括北汽鹏龙及北汽新能源出租车平台,形成多种购车、租车渠道的汽车租赁平台和二手车平台,新建北汽车咖出行平台和北汽华夏出行公司,为消费者提供从一次性购车、到中短期租车、再到单次打车等在内的各类出行服务。

(二)出行工具服务

出行工具的服务是对北汽集团提供的全部产品的服务价值延伸。围绕这一领域,北汽集团开展从零部件供应到汽车销售再到维修保养等一系列服务。在零部件领域,北汽海纳川整合优质资源,围绕出行工具——汽车的生产和维修保养,提升自身系统化解决问题能力,逐渐由单一的零部件供应商转型为出行工具解决方案供应商。

在销售领域,围绕从一次性出行到短租、长租再到购买整车等不同的"出行购买行为",北汽集团推出一揽子金融方案,帮助消费者以最适合自己特征的方式购买北汽集团的出行服务。在维修保养领域,北汽鹏龙推出"黑马"养护服务、二手车电商等全新的服务平台,竭尽全力解决针对车的服务。在北汽集团的新产品通用航空领域,北汽集团不仅为出售的飞机提供全生命周期的保养服务,还提供包括飞行员培训等在内的一系列增值服务,使消费者在出行工具的使用上实现真正解决后顾无忧。

(三)出行生活服务

除了直接面对出行的一系列服务,北汽集团还为消费者解决出行过程中生活上的种种问题,开发出各种便捷化的服务解决方案。北汽鹏龙成立后,开发市场统一的App,建立"北汽后花园"服务系统(以集团资源为基础,具有关联性和互通性的多个服务业组合生态)。在物流方面,北汽鹏龙帮助有自驾游需求的消费者以个性化的方式实现汽车物流、异地取车等业务;同时针对当前养宠物家庭众多,宠物成为家庭出行后顾之忧的难题,提供宠物寄养等服务,不仅提供消费者出行服务方案,还为消费者出行过程中种种生活问题提供个性化的解决方案。

五、互联互通,推动服务智慧化

信息化时代向智能化时代转变的重要一环即是大数据分析,而能够支持深度学习等智能化分析的大数据,一定是多环节、多维度的海量数据。对北汽集团来说,除了通过产品智能化获得消费者行为数据外,另一个重要的数据来源就是服务市场、通过服务消费者深入地了解消费者需求,搜集相关数据形成顾客行为画像,为制造环节向智能制造升级提供源头活水。

为了实现这种对数据的掌握,北汽集团在服务生态的每一环节上均进行"互联网+"。在出行服务层面,北汽华夏出行与车咖出行两大出行公司均提供网约车服务,使客户行为数据充分在数据库中沉淀;在出行工具服务层面,北汽鹏龙的维修保养平台推出电商模式,北汽集团的销售渠道普遍采用IDCC网络营销,并在部分销售网点开展VR营销。北汽新能源的充电桩业务配备与智能网联系统相联系的"智惠管家"App,使电桩发现以及充电的整个过程成为人、车、机、桩智能互联生态系统中的重要一环,为消费者提供便捷的同时,也使新能源公司能够通过多维度用户数据,构建立体化的用户画像,更精准地发现用户痛点,不断为用户提供更满意的产品与服务。

在出行服务生态圈的整体整合层面,北汽鹏龙是通过统一化的鹏龙App,将大服务体系纳入移动互联网管理。在该App的整体构架中,经销商、车友圈,以及潜在消费者个人从选车、修车、二手车置换、购物、自驾出行、汽车租赁、医疗咨询乃至宠物服务等全方位服务联系在一起,不但使北汽集团不断挖掘围绕4S店的各类潜在需求,实现服务增值;更是将每一次通过鹏龙App"触网"的客户通过各个角度记录下他们的行为习惯和需求特质。在充足的数据量支持下,北汽集团将可逐渐实现预测性生产,从而逐步引领整个行业。

北汽集团通过多圈层服务业务的构建,并将这些业务联网,从而获得大量消费者行为数据。由于这些数据来自各种不同层次、不同维度的服务消费,北汽集团将能够获取比百度(单纯搜索型用户数据)、汽车之家(单纯汽车论坛数据)、微信(纯社交型数据)等外部数据库更立体、更有结构性、更有价值的用户大数据。通过这些数据的分析建模,北汽集团的研发制造将更有效率、更具智能化特质。由此,北汽集团的多圈层服务已经超出传统服务业的范围迈入以大数据为基础,以智能化为手段的新阶段。

六、完善组织构架,保障制造与服务深度融合

为了实现对产品、服务、制造三个领域的大数据统一调配,综合分析,北汽集团成立数字化委员会用于协调各个部门的数据。在数字化委员会的基础构架部分,北汽集团联合外部机构共建云平台与大数据中心,IT人员负责其基本的运行维护和开发工作。在应用层,北汽集团将整体业务划分为研发、制造、供应链、产品与销售五大部门,统管各个口径数据的上传与数据决策的传达,其中研发部包含从新技术研究、众创研发平台到各车型开发项目的相关数据;制造部主要涉及生产、制造的

各个环节,负责各工厂的数据监控和调配;供应链部门逐步实现对供应商体系的统一协调管理和数据调度;产品部则关注以产品作为物联网接口的数据收集、分析和管理;销售部则更广泛地包含从销售到服务的整个环节。数字化委员会的决策层为集团高层,通过对数字化的全局把控和掌握,实现管理决策的科学化和智能化,秘书处则负责在高层的指导下开展具体的管理工作。

在数字化委员会的推动下,北汽集团的组织机构随之发生变革,传统的直线式部门管理由于数字化管理的加入成为矩阵式结构。在垂直事务方向上,各部门以部门长为中心开展工作,处理日常事务;在横向数据协调沟通上,各部门以大数据工作组为组织形成跨部门数据沟通。跨部门事务的协调、决策与争端解决则由数字化委员会统一负责。

通过数字化委员会的构建,北汽集团以数据的方式将整个集团的产品、服务和制造融合在一起。通过在服务端推动"互联网+",产品上实施智能化,实现服务与产品使用过程中的大数据搜集,积极为制造环节提供客户需求的大数据;通过对消费者数据的把握,引进智能化技术,使制造的全过程更加贴近消费者。两者通过消费者对出行的需求这一关键因素紧密结合,推动北汽集团的产品与服务不仅为服务消费者而存在,同时也为服务制造环节而存在,更好地实现为了满足消费者需求而制造,从而将服务和制造深度融合,实现了北汽集团从传统制造业向服务型制造企业的转型。

第四节　全产业链国际优质资源整合管理创新
——蒙牛乳业

内蒙古蒙牛乳业(集团)有限公司(以下简称蒙牛),自1999年创立至今,一直稳步向前发展,现已建成集奶源、研发、生产、销售为一体的大型乳及乳制品产业链。蒙牛致力"以消费者为中心,成为创新引领的百年营养健康食品公司",并将"专注营养健康,每一天每一刻为更多人带来点滴幸福"作为自己的使命,努力打造世界一流乳制品企业。

蒙牛以"打造世界一流乳制品企业"为目标,全面整合国际顶尖优势资源,统筹全球最佳的技术、研发和管理经验,与国际顶级文体品牌建立合作伙伴关系,从发展战略到行业水平到营销平台,将领先、科学、智能、环保的先进管理理念与乳品研发、奶源、生产、营销的全产业链相结合,努力打造全产业链国际优质资源整合管理的动力系统、服务系统和支持系统,为中国消费者提供更具国际化品质的产品和服务,全面提升全产业链的国际竞争力。

一、明确"打造世界一流乳制品企业"的发展目标与重点方向

蒙牛结合乳制品行业发展现状及企业自身发展实际,综合评定优劣势,基于公司在全产业链不同环节的实际,寻找最匹配的全产业链合作伙伴,打造全产业链的国际竞争力。

(一)准确识别公司优势与不足

蒙牛的优势主要体现在机制优势、团队优势和企业文化优势上,这为公司打造世界一流乳制品企业提供了良好的基础保障。在机制优势方面,蒙牛已逐渐发展为混合所有制企业,有利于统筹更多优势资源,提高企业效率。同时,蒙牛还拥有具有丰富经营管理经验的团队优势和具有凝聚力的企业文化。这些都是引领整个团队向着更加创新、更加国际化的方向发展的动力。

要实现"打造世界一流乳制品企业"的目标,蒙牛还存在一些不足,如缺乏产品持续创新的能力,以及市场营销渠道的扩展等。这些短板的存在,一定程度上影响了蒙牛"打造世界一流乳制品企业"目标的实现[1]。

(二)明确战略目标和重点

以国际竞争的眼光来制定发展战略,强化学习型企业文化建设;用创新的方法,整合全球有效资源,用5～10年时间,成为中国和世界乳制品专业制造商的领导者。通过对标国际先进乳品企业,明确世界一流的基本内涵:一流的奶源、一流的研发、一流的产品和一流的服务。一流的奶源,即规模化、集约化牧场奶源比例达100%;一流的研发,即营养配方、加

①张衍飞.卢敏放:蒙牛集团 赢在未来[J].商业文化,2019(23):64-67.

工工艺等达到世界一流标准;一流的产品,即乳品蛋白含量国际领先,比肩发达国家乳蛋白含量标准;一流的服务,即消费者满意度行业领先。

世界一流乳制品企业就是要用全球优质资源来服务中国乳业,用中国优质乳制品来满足全球消费者的需求。为实现这一战略目标,蒙牛将国际优质资源整合作为发展的关键点和突破口,明确三大重点推进方向。

第一,发挥混合所有制企业机制优势,引入国际资本和行业资本,优化公司治理架构,组建勤勉尽职的董事会和健全的内部监控制度,不断提升公司技术和管理水平,增强各方资源协同调动的能力,为"打造世界一流乳制品企业"提供动力源泉。

第二,汇集奶源、研发、生产、市场等全产业链优质资源,整合国内外顶级科研力量开展产品研发和技术创新,布局全球优质的奶源资源,整合全球最先进的技术和设备,为中国消费者生产最优质的牛奶,服务公司战略目标的实现。

第三,建立健全国际优势资源整合的保障机制。明确国际优势资源整合管理的牵头管理主体、具体执行主体,发挥公司内部整体合力。做好国际人才培养及引进工作,为国际优质资源整合提供人力支撑。注重信息化系统建立与完善,提高资源整合工作效率。培养开放包容的企业文化,吸引更具优势的合伙伙伴、人才团队,促进国际优质资源的融合。

二、引入国际资本,提高公司治理水平

蒙牛从治理架构入手,充分发挥上市公司的平台作用,积极引入国际投资机构和产业链合作伙伴,加大资产注入力度,提升技术和管理水平,以更好地实现国际优质资源整合。

(一)引入国际投行,完善治理架构

资本结构在很大程度上:决定着企业的偿债和再融资能力,是企业吸引国际优质资源的重要影响因素。蒙牛凭借优秀的管理层和良好的成长势头,吸引国际知名投行的青睐,接受摩根士丹利、英国鼎晖、香港英联等加盟成为合作伙伴。三家知名投行的加入,为蒙牛发展带来雄厚资金的同时,为蒙牛初步搭建起比较规范、完善的治理架构,形成"董事会—党委—

经营班子"分工而治的模式。董事会由两名执行董事、六名非执行董事、五名独立非执行董事组成,主要负责制订公司整体战略和政策、订立绩效和管理目标、评估业务表现和监察管理层表现。董事会下设四个董事委员会,分别为审核委员会、薪酬委员会、提名委员会和战略及发展委员会。蒙牛还借鉴国际先进治理经验,聘请职业经理人,组建公司管理层团队。董事会向管理层转授权力和责任,以管理和经营公司。管理层负责实施董事会所决定的策略及指示,并在董事会制订的任何书面程序及指示架构内工作。设立出资人委员会,每次开完生产经营例会后,专门召开"出资人与经营班子沟通会",讨论重大事项,确保公司决策更科学、严谨。

(二)引进行业资本,提升公司专业水平

蒙牛在乳制品的研发、销售上已形成独特的竞争优势,研发优势、销售渠道优势较为突出。

1.引入国际一流乳企成功管理经验

蒙牛通过与欧洲最大、成立时间最长的乳品企业 Arla Foods 的合作,借助 Arla Foods 150 年来在产品、技术、质量体系及牧场管理等方面积累的丰富经验,有效提升公司产品的品质,更好地获得消费者的信赖。引进 Arla Foods 的 Arla Garden 牧场管理体系,通过国内 200 余位专家对 661 个关键点的梳理,将其转化为适用于中国牧场的 MN Carden 牧场管理体系,并在全国牧场因地制宜进行管理改善。自 2012 年蒙牛引入 Arla Foods 参与实际运营以来,双方的合作覆盖从前端奶源管理到生产质量控制等关键领域,实现生产技术、牧场管理、质量管理及研发系统方面经验的 100% 共享。

2.整合国际顶尖低温乳品业务资源

蒙牛主营业务是常温液态奶,低温酸奶业务相对薄弱。达能进入中国市场多年,在低温酸奶方面拥有全球顶尖的技术,这为双方的合作提供了很好的基础。2014 年,蒙牛向达能定向增发相当于其总股本 6.6% 的股份,达能持有的蒙牛股本增至 9.9%,成为蒙牛第二大股东。蒙牛还与达能设立合资控股公司——蒙牛达能乳制品有限公司,作为蒙牛和达能在境内收购、投资、经营低温产品业务的唯一平台。蒙牛参照达能全球生产和质量管理标准,对蒙牛原有低温工厂进行对标改造。使用全球统一的质量管理体系,并依据国际标准和中国标准对出厂产品进行双重审核。

凭借全球18个营养健康中心多年关于发酵乳的菌种研究经验和研究成果,研发生产"碧悠""冠益乳""优益C"三大明星品牌以及深受中国家庭喜爱的蒙牛原味酸奶、大果粒、红枣酸奶等产品。通过与达能的深度合作,蒙牛在低温酸奶业务方面的短板得到有效弥补,在低温酸奶市场的认可度和美誉度有效提升,市场占有率也实现了显著提升。

3.全面接轨国际权威标准认证规范管理流程

蒙牛与Asure Quality,协同中粮集团以及新西兰普华永道会计师事务所,共同探索成立食品质量安全第三方独立认证机构,帮助蒙牛在国内率先把具有国际先进水平的食品质量安全认证覆盖到乳品行业的全产业链,进一步提升蒙牛对食品质量安全的掌控,推动中国乳业与国际标准的全面接轨。

蒙牛与国际质量巨头SCS(通标标准技术服务有限公司)、LRQA(英国劳氏质量认证有限公司)达成战略合作,对蒙牛目前管理体系认证以及成熟度审核进行整合、改进,率先使用符合GFSI(全球食品安全倡议)组织认可并推行的FSSC 22000标准为蒙牛提供专业指导,有效降低蒙牛的认证与审核成本,同时,蒙牛可与国内外专家共同探讨质量管理新思维,实现优势互补、资源共享,持续推动管理体系的改进。

三、加强奶源优质资源整合,做好产品源头保障

为了充分利用"黄金奶源带"的低廉原奶成本和品质优势以及国外成熟的牛奶深加工技术,蒙牛不仅从国外引进优质奶源,还注重将国际先进经验引入国内,实现国内国外产品"同线同质同标",成为国内首家获得国家出口内销产品"同线同标同质"审核认证的企业。

(一)布局掌控全球优质奶源

世界上最好的牧场集中于南北纬40°~50°区间的温带草原,包括荷兰、丹麦、法国、德国北部、奥地利、蒙古、中国内蒙古、澳大利亚、新西兰等国家和地区,蒙牛特别重视这一优质奶源带的布局,在新西兰建立工厂,在澳大利亚、新西兰全球布局奶源,与新西兰鹏欣、Miraka建立战略合作关系。如今蒙牛奶源地已延伸至丹麦、澳大利亚、新西兰等黄金奶源带,并在大洋洲彻底打通从奶源到生产销售、从自主研发到质量管控的全部环节。相应地海外市场也连年增长,产品远销加拿大、澳大利亚、新加坡、缅甸、马来西亚、柬埔寨、蒙古等国家。

蒙牛选用国际高端奶源,加工生产出多种高端乳产品,包括特仑苏、鲜语牧场MouMil、欧世等。蒙牛高端品牌特仑苏设有专属牧场,其牧场里的牧草均是从加拿大、澳大利亚等世界牧业发达的地区引进来的优质牧草,其蛋白质含量高达18%~23%。蒙牛第一批全球直供牛奶——鲜语牧场MouMil,其原奶则来自于澳大利亚精选小牧场。蒙牛旗下婴儿奶粉品牌欧世,其奶源100%源自Arla Foods的北欧斯堪的纳维亚地区牧场。不仅如此,蒙牛还与天猫开展战略合作,开启全球牧场直供战略,采用海外精选小牧场直采、独家直供天猫的模式,依靠全球极速物流网络,让中国消费者可在第一时间享受到全球优质小牧场生产的高品质鲜奶。

(二)设置海外工厂,实现奶源地生产及包装

蒙牛投资11亿元建立雅士利新西兰工厂,开创奶粉行业国内品牌在海外100%自主建厂的先河,是中国乳企"走出去"的标志性事件。雅士利新西兰工厂"不仅能够享受新西兰的优质奶源,更能够吸收国外的先进技术、全产业链管理经验,实现完全自动化生产,不但产品质量更加稳定可靠,生产效率也远高于国内水平,为蒙牛品质管理全程智能化打造出一个参考样本。其生产的雅士利新西兰原罐产品超级α—金装是雅士利与新西兰儿童健康营养学研究排名第一的奥克兰大学Liggins研究所根据中国宝宝发育需求研发的新产品。

四、加强研发优质资源整合,构建多元化产品体系

蒙牛特别注重研发创新,研发能力非常强,仅冰激凌公司就有三大研发中心。然而,蒙牛并不满足于自我的不断创新,还注重联合更多合作伙伴,发挥合作伙伴的资源优势,研发更多新型产品。为此,蒙牛已先后与全球30多家学术单位、科研机构建立合作关系,在美国、丹麦、法国,蒙牛建立三大海外研发中心,与合作伙伴合作建立三大研发基地,提高研发力度,优化产品结构,全方位为中国乃至全球消费者提供更适合的、更具营养价值的产品。

(一)合作建立研发基地

蒙牛不断与国际接轨,与合作伙伴陆续建立起三大研发基地——蒙牛—加州大学戴维斯分校(UC Davis)营养健康创新研究院、蒙牛达能乳制品有限公司、中国—丹麦乳品技术合作中心,分别提升自身在基础营养、低温酸奶、奶酪等方面的研发力度和产品开发力度。一是基础营养研发方面,与加州大学戴维斯分校签署合作框架备忘录,在营养健康创新以及食品安全领域展开全球合作。基于UC Davis在营养领域的研究资源,为蒙牛提供营养解决方案;并结合其研究资源,助力蒙牛开发营养健康的产品。二是低温酸奶研发方面,与达能成立合资企业,借助达能公司在酸奶产品研发方面的技术支持,对蒙牛基础品牌酸奶产品进行配方、规格或包装升级。不断增强菌种培育能力,确保高品质菌种的稳定性,将产品保质期从21天延长至25天。三是奶酪方面,借助中粮、蒙牛、丹麦 Arla Foods 三方的研发能力,为两国的乳品技术,特别是奶酪研发提供创新平台。将百年奶酪研发经验带到中国,研发适合中国人口味的奶酪,让对奶酪还不算熟悉的中国消费者也能充分体会到奶酪的美味。

(二)联手优化产品结构

蒙牛核心产品业务主要是液态奶,为此,蒙牛着力加强国际优质资源整合,以优化产品结构,弥补低温乳品业务、奶粉业务的不足,同时开发植物蛋白新的萌芽业务。

一是低温乳品业务方面,与达能合作推进,共同成立蒙牛达能乳制品有限公司,研发生产"碧悠""冠益乳""优益C"三大明星品牌以及深受中国家庭喜爱的蒙牛原味酸奶、大果粒、红枣酸奶,同时还为有特殊需求的消费者开发"消健""未来星儿童酸奶"等功能性产品,充分释放中国低温乳品的巨大潜力。二是奶粉业务方面,并购雅士利,通过资源整合与互补,充分利用双方在产品、品牌、渠道等方面的优势,实现蒙牛奶粉业务更快、更好地协同式专业化发展，建立更具竞争力的奶粉平台，加快高端奶粉行业整体升级的速度。三是植物蛋白业务方面，与 White Wave 白波集团共同创立合资公司——植朴磨坊，开展植物基营养品业务开发，开创性地打造零胆固醇、低脂肪、富含钙、富含维生素 E 等产品特性，为消费者提供更多营养健康的产品选择。

（三）研发个性化产品，满足消费者多元化的需求

随着迪士尼落户中国，迪士尼唐纳德、米奇等形象已深入人心，上海迪士尼度假区期望合作的乳品企业能够提供相同形象的产品。蒙牛作为上海迪士尼度假区的官方唯一乳品合作伙伴，结合中国消费者的口味偏好，在制作工艺上将牛奶与水果、巧克力、饼干、雪泥等进行创意搭配，为度假区开创出口味多样、层层惊喜的八款定制冰激凌，包括米奇经典冰激凌、米妮趣夹心冰激凌、绅士唐纳德蓝莓柠檬口味雪泥等，确保游客在度假区游玩期间享受到高品质、有趣味的乳制品。

五、加强生产优质资源整合，严格产品质量过程管控

蒙牛想打造世界一流乳制品企业，就需要一流的工厂设备、一流的生产管控体系以及一流的工厂管理考核体系做支撑，而蒙牛强大的市场份额和企业品牌也成为其吸纳合作伙伴的重要优势。蒙牛投巨资建立全球样板工厂，引进瑞典利乐、德国 GEA、英国 APV 等世界知名公司车间生产设备，引入独立的国际第三方审核公司审核自有工厂成熟度，并采用 LIMS 系统全面升级实验室信息化系统，加强生产过程质量控制。

（一）打造"全球样板工厂

蒙牛采用无菌包装生产商瑞典利乐公司的设备，按照国际 CMP 和 HACCP 的标准要求进行设计和安装，共放置 20 多条液体奶生产线，日处理鲜奶 1000 余吨，为目前全球放置生产线数量最多、处理鲜奶能力最大、智能化程度最高的单体车间，和林格尔生产基地"三期工程"被利乐公司列为"全球样板工厂"。整个生产过程完全由电脑控制完成，一切生产活动均在无菌管内进行，包括自动化包装，有效避免人为的污染，也最大限度地保留牛奶所含的维生素及其他营养成分。

（二）开展工厂成熟度审核

蒙牛聘请外部专业机构,对蒙牛自有工厂实施质量及食品安全管理成熟度进行系统性审核,帮助工厂找准改进机会点。审核按照"优标准、强过程、重改进"的思路,依据现行法律法规、行业要求、认证规范以及国际先进食品安全标准进行评价,重点关注工厂的持续改进能力,评审其对质量及食品安全管理薄弱环节的发现、分析和改进能力。蒙牛组织认证公司、受审核工厂、审核委托方等三方,对现有评价机制进行评审。依据现行法律法规、行业要求、认证规范等内容完善现行评价标准。借鉴国际知名企业达能公司的食品安全标准,将最先进、最严格的食品安全理念融入审核标准中,确保审核的先进性和完整性。工厂审核过程完全由具有食品行业从业经历、国家注册的资深审核员负责,按照既定审核标准从严审核,以此保证审核过程的专业性、独立性和公正性。审核过程重点关注工厂的持续改进能力,评审其对质量及食品安全管理薄弱环节的发现、分析和改进能力。审核结束后,集团质量部门持续追踪所有受审核工厂问题改进的有效性。

（三）加强生产过程管控

蒙牛与西门子结合战略合作伙伴,将检验和质量控制有机结合,推广LIMS实验室信息化系统,实现质量控制自动化、检验流程标准化、检验记录电子化、数据采集自动化。通过信息化手段实现实验室检测流程、产品质量判定、产品转序控制集于一体。这使得检验和质量控制流程有机结合,按照奶车生乳、奶仓生乳、半成品、成品、原辅料、线下创建样品六大检验流程,结合各自不同的物料流转工序、不同的质量控制要求个性化设计。覆盖全国36个事业部的66个型号1186台检验设备,通过软件解析和数据提取,自动采集仪器检测数据,并上传至信息化系统中,作为原始记录信息进行检测结果计算或直接作为检测结果出具。1200多种检验方法的电子原始记录全面信息化,实现无纸化检验原始记录。这一系统目前已在蒙牛全国36个法人单位应用实施,建立了操作简便,管理科学、严谨,全面升级的实验室信息化系统,直接通过信息化手段自动判定代替人工进行质量判定的比例达80%,出具数据的检验设备中已实现数据自动采集,提取、上传的设备所占的比例达92%,检验原始记录电子化比例达85%。

六、加强市场优质资源整合,实现跨界合作共享

蒙牛的国内销售渠道和产品种类不断完善,然而要实现产品的国际化以及提升产品的市场竞争力,仅仅依靠国内营销是远远不够的,蒙牛迫切需要走出去开拓海外市场,寻求国际营销热点,提高品牌的国内外影响力。

(一)布局海外销售网络

蒙牛海外发展战略定位从两个方面考虑:一是当地乳品市场是否具有较大的市场空间,二是是否有巨大的华人消费群体支持。在此战略下,东亚、南亚地区成为蒙牛乳业实现海外推广战略的最重要市场。

蒙牛结合当地消费需求,有针对性布局产品结构。一是常温奶方面,蒙牛在海外上市NBA球衣包装、纯甄,特仑苏投放独立小货架。二是低温奶方面,用哆啦A梦、全智贤做代言,终端生动化陈列拉动销售。三是冰品方面,拓展冰品市场,在中国澳门、缅甸上市冰品,利用节假日进行推广。

(二)借助国际营销热点,提高品牌的国际影响力

蒙牛与NBA、上海迪士尼度假区、好莱坞影片等加强营销合作,加强在媒体、活动、市场推广等领域的合作。NBA中国首次授权蒙牛在产品包装设计上使用NBA标识,在中国市场推出包装设计中含有NBA元素的蒙牛品牌的定制牛奶制品。蒙牛成为"上海迪士尼度假区官方乳品合作伙伴"及"上海迪士尼度假区官方冰激凌合作伙伴",在迪士尼度假区内的一系列位置呈现蒙牛的综合品牌。里约奥运会期间,蒙牛在巴西里约和圣保罗两大奥运核心城市机场交通枢纽,投放大量覆盖墙贴、电子屏等内外各类广告,以"中国牛,蒙牛!"等标识为中国队加油喝彩,也推动蒙牛在世界赛场上的更多亮相,真正实现从高空到地面、从受众行为到视角360度无缝信息传递。

七、做好全方位配套和基础保障,增强公司发展软实力

开展全产业链的国际优质资源整合需要以健全的组织体系、强大的

人才团队、系统化管理体系以及开放包容的团队文化为支撑,为国际优质资源整合提供基础支撑。

(一)健全组织保障

蒙牛将可持续发展委员会作为国际优质资源整合管理的重要组织保障。公司总裁任委员会主任,各系统负责人任副主任,明确公司国际优质资源整合管理的战略方向和发展重点。奶源、研发、生产、销售等核心业务系统,结合国际化合作项目实际,配合可持续发展委员会对国际化合作进行管理和指导。同时,公司法务部门设置专人专岗,专职负责国际化资源整合涉及的法务事宜,逐步建立国际化合作的法律风险防范机制。

(二)加强人力资源保障

蒙牛集成内部人才优势,开展"百人晨曦计划",为现有骨干员工提供培训提升的平台。选拔技术拔尖的乳品从业人员到丹麦学习,拓宽中国乳业人员的国际化视野。还积极引入"外脑"力量,通过引进中粮集团、Arla Foods、Danone SA 等多家战略合作伙伴的管理人才,委任蒙牛管理高层,参与蒙牛生产管理、市场推广等具体业务决策。蒙牛借助这批"外脑"的丰富经验,有效提升公司决策的科学性和管理的效率。

(三)做好信息化支撑

蒙牛与美国IBM展开全面深入的合作,协同推进SAP系统提高运营效率,推动全产业链食品安全信息的大数据建立,对社交化媒体信息进行自动采集和快速分析等。SAP项目为蒙牛带来的变革点达126项,包含价值链端到端的供应、生产、物流、销售、财务、管理多个方面。蒙牛作为中国首家将SAP系统拓展性应用的企业,通过SAP系统高效协同工作,为从原奶入厂、原辅料采购、生产制造过程到终端销售的全产业链提供智慧化、系统化的品质保障,实现产品在全产业链的质量控制点的正反向资讯追溯,达到质量、数量的层层可控。

(四)培养开放包容的合作文化

蒙牛坚持"诚信、创新、激情、开放"的核心价值观,不断培养整合国际化的合作文化氛围,吸引更多的国际合作伙伴。编制《蒙牛画册》《员工行为准则》等,规定根据公司商业道德标准,员工所必须遵循的行为。明确提出致力于创造包容、多元化的环境,公平对等与尊重他人,不因民族、宗教、性别、年龄、国籍、遗传、残障或其他与公司合法利益无关因素而歧视或差别对待,这不仅适用于公司内部员工,也适用于合作伙伴、客户、消费者等。蒙牛致力于以开放的态度,吸引更多的国际合作伙伴,营造开放包容的企业文化氛围。

第五节 企业经营管理"核心价值观"创新——华为集团

一、华为企业发展历程及趋势

(一)华为企业发展历程

华为的创业阶段为1988—1998年,华为基本法颁布,业务扩展到全国的主要城市。1999—2007年,华为进行改革,成为欧洲顶级运营商合作伙伴。2008年开始,华为不断壮大,2018年度华为手机全球发货量突破2亿,稳居全球前三。目前,华为5G研发成功,在全球引起轩然大波。

(二)华为企业发展特点

第一,管理方式改革。经过持续的改革,华为的流程越来越规范,财务十分的清晰,华为的研发项目也变得高效化。

第二,轮值制度。任正非独创的轮值CEO制度,华为的CEO由四人轮值,每人三个月,避免出现一朝天子一朝臣的现象。

第三,坚持研发策略。为了在研发项目上取得突破,华为花费巨资和心血,通过与世界领先的芯片提供商、解决方案供应商、通讯设备供应商、软件及系统供应商建立了联合研发实验室,这一些举措为后来5G的研发成功埋下了伏笔。

(三)华为企业发展趋势

从目前来看,华为发展形势大好,在中国、东南亚、欧洲的表现强劲,不过可惜的是,华为始终不能进军美国市场,但5G的横空出世展现了华为本身具备的超强能力,面对美国的抵制采取的一系列措施也证实华为技术不容小觑。

二、华为的理念创新——"核心价值观"创新

华为的理念创新最核心的是"核心价值观"创新——以客户为中心,以奋斗者为本,长期坚持艰苦奋斗,坚持自我批判[①]。

华为从创立之日到今天,关注的核心点是华为价值观的形成、实施、长期不懈的传播。华为"核心价值观"包含四句话,其中前三句话是一个闭环的系统。

(一)"以客户为中心"

第一句话是"以客户为中心",讲的是价值创造的目的。华为的一位顾问写过一篇文章《为客户服务是华为存在的理由》,任正非在题目上加了两个字,变成《为客户服务是华为存在的唯一理由》。就是说,除了客户以外,没有任何人、任何体系可以给公司持续地带来价值。近30年以来,华为持续进行组织变革,但变革只有一个聚焦点,围绕着以客户为中心这个方向进行变革。华为的任何一级管理者,包括任正非,到全世界出差,不能坐飞机的头等舱,如果坐头等舱,多出来的钱需要自费。这是任正非和华为各级管理者的道德自觉吗? 当然不是,这是一种价值趋向,即整个组织的所有神经末梢、任何人,所有的劳动和奋斗,所有的组织成本都只能围绕客户这样一个方向。

华为没有专为领导人使用的专车、司机,在国内任何地方,多数情形下,任正非出差不是自己开车就是打出租车,上飞机没有人送,下飞机没有人接。经常自己拉着一个行李箱去坐出租车。作为企业领袖或者创始人的任正非,必须通过严格的自我约束形成表率——公司支付的成本是要用于客户,而不是用于各级管理者。

(二)"长期坚持艰苦奋斗"

第二句话是"长期坚持艰苦奋斗",这是中华民族的传统精神。

[①]任正非. 华为的冬天[M]. 海天出版社,2015.

"令笔者印象深刻的是华为的新生代员工。笔者去南非地区、中东地区与华为员工交流。在最艰苦地区奋斗的大多是80后、90后员工。在非洲的80后员工用很快乐、阳光的语调,向笔者讲述了他们在艰苦环境下艰苦奋斗的故事。在非洲工作最大的体会是什么？他们说,最大的体会是,我们三十多个人,每个人都得过疟疾。有人五年内得了四次疟疾。有一个85后的员工,主动要求到一个由三个岩石小岛构成的小国工作。只有一个人常驻,每天只有一小时有电,没有水。这个小伙子去了以后就在门口挖了个坑,用坑来积雨水,用来每三四天洗一次澡。正是这个年轻人,在那坚守了三年。从总部临时派到南非区的管理者、技术支持的同事,都会遵守一个默契,任何人到那里出差都不住酒店,要跟在这里坚守的员工住在一起。类似这样艰苦奋斗的故事非常多。"浙江大学管理学院睿华创新管理研究所联席所长田涛在自己的文章中写下了这一段话,笔者在搜集资料之时看到,甚为触动。

(三)"以奋斗者为本"

那么华为依靠什么机制来驱动一代代的华为人,在数十年里为客户而长期艰苦奋斗？相当重要的一点是,华为选择了"以奋斗者为本"的价值评价和价值分配的准则。过去一百多年来,西方经济学的主流思想在价值分配上更多地倾斜于资本方的利益。华为所选择的"以奋斗者为本"的价值评价和分配的理念,某种程度上,是重大的经济现象的创新。

田涛所著的《下一个倒下的会不会是华为》这本书的英文版出版后,英国学者比较认同华为"向劳动者优先分配",或者说"价值分配更多地向劳动者倾斜"的理念。美国就有著名学者质疑,说这种理念虽然牵引了华为二十多年的快速发展,但这种理念是社会主义的,这种社会主义理念在全球范围内都很少有成功的先例,所以华为"向劳动者优先分配"的价值分配理念还有待时日去证明。

华为之所以能发展到今天,"劳动者普遍持股制"的确产生了核能效应,不过这仅是华为成功的要素之一。华为成功的核心要素还是"以奋斗者为本"的价值理念。

华为的价值理念首先肯定的是劳动者,是面向客户需求的奋斗者、贡献者。华为的 28 年，是不断对劳动者进行识别的 28 年。如果仅仅是一个劳动者，也不是华为理想的员工角色，华为所谓的劳动者是有贡献的劳动者，是面向客户需求为公司创造价值的人。华为不断从劳动者中识别谁是"奋斗者"。

除了财富分配过程中的"劳动者分配优先"，还有物质激励，华为最核心的是权力的激励。华为始终坚守以责任结果为导向的考核机制，按照实际贡献选拔干部。任正非有很多形象化、军事化的语言，比如"上甘岭上选拔干部"。华为的干部不是培养出来的，是从"上甘岭"上打出来的。在干部晋升方面，是基于多种标准来选拔干部，还是基于简单的一元标准来选拔干部？华为坚守的是简单的一元标准：干部是打出来的，将军是从上甘岭上成长起来的。有一次，任正非在深圳总部主持一个会议，在会议中间，任正非不厌其烦地讲这样几句话：在座的哪一位没有在一线干过？机关里没有在一线干过的不要去主持变革，不要参与变革的方法论设计，这种设计是要误人、误事，会害了公司的。

（四）"坚持自我批判"

简单地说，华为的财富、权力分享机制，都是基于一个核心——面向客户的显性和隐性需求为组织创造价值的人，才可以获得更多的奖金、提薪和配股，以及晋升的机会。

我们知道，一个好的理念随着时空条件的变化，也会发生扭曲和变形，乃至于变质。为什么近 30 年来，华为能够始终坚持价值观不走样地落地和实施？很重要的一点是"长期坚持自我批判"。华为不倡导互相批判，更多强调自我批判，而且是不能夸大，不能为了过关给自己扣帽子，要实事求是并且有建设性。

华为已经成为全球通信企业的领导者，成长起来的华为很有可能走上很多大组织发展的"老路"——大而傲，大而封闭，大而惰怠。

在"坚持自我批判"上，以华为财务和投资部门为先导发动的部门的自我批判，在整个公司炮声隆隆。华为有个内部网站叫"心声社区"，是全球大公司里最开放的内部网站之一。在这个内部网站，可以看到对公司各级领导，甚至对任正非的尖锐批评，也能看到对公司重大决议的尖锐批评。随着财务和投资部门的自我批判,公司高级领导有五六个人发表了文章,也主动进行自我批判。华为所讲的自我批判,不是简单地否定,核心是纠偏,是建设性的自我纠偏。

华为的核心价值观,或者说观念的力量、文化的力量、精神的力量,是构成华为成为全球大公司以及近30年发展史的最核心基础。

三、不在非战略机会点上消耗战略竞争力量

华为理念创新的第二个方面是,不在非战略机会点上消耗战略竞争力量。

华为没有做过资本化的运营,既不是上市公司,也没有做过任何规模性的并购。过去近20年,围绕公司核心目标和方向,只做了针对核心技术的小规模并购,涉及十几家公司,其中只有一家公司人数超过100人。华为也没有做过多元化运营。

从创立至今,华为只在攻击大数据传送管道这个城墙口投入全部战略资源。华为每年用500亿元左右的研发投入,500亿~600亿元的市场和服务的投入,聚焦于管道,饱和攻击,终于炸开了这个城墙,在大数据传送技术上达到世界领先。在华为的战略家眼中,随着大数据越来越扩张,管道会像太平洋一样粗。华为今天真正进入到了蓝海市场,在管道领域已经全面领先,但华为还要持续密集地在管道战略上加大投入。

战略资源的长期、密集、高度的聚焦,"饱和轰炸一个城墙口",今后还会持续地聚焦同一个目标,这也是任正非讲的"针尖战略"。但很清晰的一点是,"精神制胜"、观念制胜是基础。

华为的价值观,包括华为的自我批判、自我纠偏机制,更多的是向中国共产党学习的结果,中国共产党的理论思想体系影响了几代人,今天的商业组织能够从这个巨大的思想理论宝库中汲取很多商业管理经验。

四、开放式创新

华为理念创新的第三个方面是,把能力中心建立在战略资源聚集的地方,开放式创新,站在巨人的肩膀上发展。

今天,华为在全球有16个研究所,主要分布在欧洲、日本、美国、加拿

大、俄罗斯、印度等。为什么要做这样的研发布局？就是要充分运用不同区域的资源要素的优势，这也是华为今天能够在技术上领先的根本原因。这里需要特别强调两点，华为创新是开放的创新，而不是关起门来的创新，华为从来不讲自主创新，而是站在巨人的肩膀上去发展。华为在欧洲的研发战略布局，使华为受益匪浅。华为手机终端业务为什么能在最近五年快速发展？这和华为欧洲研究所，特别是法国研究所的贡献有很大关系。同时，华为的日本研究所在材料研究方面，也给终端的发展提供了很重要的支撑。

从今年开始，华为将进一步加大在美国的基础研发布局。全球科技创新的资源主要还是集中在美国，尤其是基础创新的人才资源。由于华为的崛起和欧洲公司的发展，美国通信设备公司基本都衰落了。由于商业组织的衰落，美国的通信基础研发也衰落了。我们看到一个惊人的数据，从2007年至今，美国的大学没有贡献过一篇关于通信的基础研究论文。华为很敏锐地意识到这一点，所以华为要利用美国高校里通信研究的资源，加大和美国高校的合作，加大对他们的支持与投资。过去20年，华为与全球200多所大学合作研发，与个人或者研究所、研究室合作。今后华为会将相当大的比重投入到美国的大学，目的就是利用全球不同区域的战略资源进行开放式创新。

华为从过去的追随者，发展成为今天的领导者。做追随者是相对容易的，做领导者就要肩负起人类的责任，对未来做出判断和假定。爱立信总裁曾在某个场合很不客气地说，假如爱立信这盏灯塔熄灭了，华为将找不到未来的方向。任正非的回答是：我们一定不能让爱立信、诺基亚的灯塔熄灭；同时，我们也要在未知的彼岸竖起华为的灯塔。这句话背后的理念是：与竞争对手开展开放式的创新，联合进行创新，与竞争对手共同对未来的不确定性进行探索和假定。

五、组织创新

华为的组织制度创新，初期全面向西方公司学习管理流程和管理体系，从2009年开始，华为的组织变革主要是基于一线作战、客户导向、结果导向的简化管理变革。

华为的公司治理结构是一个三权分立、三权制衡的治理结构。董事会、监事会、道德遵从委员会,三个权力体系在华为的发展中,各自承担不同的角色和职责。董事会的主要职能是公司经营管理的决策、战略决策、各体系高级干部的人事任免等。监事会是代表全体股东对董事和各级高管履行监督权,对经营管理层的财务经营状况履行检查权,对内外部合规履行监督权。由于华为是全球化公司,党委的另外一块牌子是道德遵从委员会,它是公司员工的政治核心,职能是引导全体员工热爱国家,拥护共产党,遵守各国道德规则,这是华为二十多年以来坚定不移的准则。华为的干部任命也是三权分立制,用人部门有推荐权,上级部门有决定权,党委还有一票否决权。全部过关了,还有十五天公示,这也是华为向共产党学习的。华为的党委在发动群众和团队激励方面也发挥了巨大的、无形的作用,即员工的荣誉表彰权。

今天的华为是一个五级层叠的金字塔组织。未来将是前端面向客户的精干的作战部队,后台有一个大体系支持服务的精兵作战组织。最近距离和客户连接,发现市场机会,然后向后方呼唤炮火。前方是作战系统,后方是精干的资源、服务、支持系统。实行管理权与指挥权适当分离。后方对前方反馈的信息做评估,然后组成重装旅,包括技术专家、产品专家、财务专家、谈判专家、供应链专家等,帮助完成解决方案。其目的就是要在一个充满变化的不确定时代,形成整个组织对市场、对客户,及对前方的快速响应能力。大组织的综合实力与快速应变力的结合,将必然形成强大的战斗力。

六、法律意识

清醒地意识到知识产权和法律遵从在全球化中的重要性,华为才获得了今天的成功。

华为的全球化到目前看是成功的,华为的销售收入来自于全球170多个国家,65%以上来自中国以外。全球化其实是极其复杂的国家实力的较量,文化的较量,企业综合技术和管理能力的较量,这其中相当重要的一点就是知识产权的冲突。华为为什么能从中国走出去,并在西方发达国家市场一路挺进? 相当重要的一点是华为在知识产权上坚定地遵循全球规则。这是企业生存的底线，也是企业持续扩张的底线。

2002年，西方公司不约而同地密集对华为发起专利进攻，说华为侵犯了某项专利。这使华为领导层集体意识到，要想走出中国，在全球尤其是在发达国家市场获得立足之地，进而获取成功，必须坚守知识产权的底线。任正非第一次提出"以土地换和平"的观点，华为的法务部门主动登门西方公司进行谈判，讨论专利使用的付费问题。与此同时，华为提出了"08战略"，就是在2008年前用5年时间构建自己的知识产权体系。这个体系建设可以分为两部分，一部分是大量普通专利的申请，用于专利互换，并形成对核心专利的拱卫。第二，形成自己的大专利，到2008年初，华为核心专利和无数普通专利构成的专利体系，终于形成了和竞争对手平等谈判的基础。每年净付出专利费3亿多美元，近两年华为每年也有2亿多美元的专利收入。

华为15万员工中接近7万人从事研发，是全球大企业中研发人数最多的研发团队，这里面还包括很多西方顶级科学家。连续几年，华为的全球专利申请都排名前三。由于华为拥有庞大的专利组合，才可以跟西方公司形成平等的专利交叉许可格局。在全球170多个主流标准组织中，华为担任了180多个重要职位，包括主席、副主席等。

华为全球化的第二个重要保障是法律遵从。二十多年来，华为每年都要遭遇上千件法律诉讼，足以表明全球化之路布满荆棘和不可知的陷阱。华为之所以在遭遇无数来自竞争对手、专利流氓公司的法律纠纷时能够立于不败之地，根本是源于对法律的遵从。从2002年开始，华为在构建强大的研发体系的同时，也在构建强大的法律体系。

今天的华为在全球范围内有600多个资深律师，也与全球各国顶级的法律资源密切合作。华为的法律遵从主要是遵守各国法律，守法经营，同时遵守联合国规定，在部分敏感地区视美国法为国际法。华为在美国法庭和美国公司打官司，目前还没有失败过。华为法务部总裁说，有的美国政客有政治诉求，他们不需要事实和证据，有的美国媒体也不需要事实，但是美国的法律我们还是信任的，因为美国的法律是"一切基于discovery"，一切摊在阳光下进行判定。思科起诉华为时，思科亚太区总裁公然讲,要用一场诉讼让华为倾家荡产。摩托罗拉曾经因为一件很小的事情起诉华为,主张的损失是232亿美金,但这些官司最终都以和解而告终,而且摩托罗拉最后赔偿华为数千万美金。什么原因?首先,企业要守法经营,其次,知法懂法,善用法律的武器,才能够不被打败,并进而获得胜利。

华为正是清醒地意识到知识产权和法律遵从在全球化中的重要性,才走到了今天。

★☆参考文献☆★
References

[1]常玉生.市场经济体制下加强标准化监督的意义[J].科技经济导刊,2019,27(09):235.

[2]迟令桂.财政金融政策对产业结构升级的影响[J].财经界(学术版),2019(04):3.

[3]董明堂.市场经济原理研究[M].上海:上海三联书店,2014.

[4]房汉廷,张磊.加快完善现代市场体系[M].广州:广东经济出版社,2015.

[5]高雄勇.小米的"爆品"工程[J].企业管理,2020(02):35-37.

[6]胡乃武.中国宏观经济管理[M].北京:中国金融出版社,2013.

[7]胡壮程.我国产业结构演进和经济增长关系的实证研究[D].太原:山西财经大学,2018.

[8]季辉.管理学[M].重庆:重庆大学出版社,2017.

[9]康大海,吴波虹.企业组织管理理念与方法的分析[J].长沙铁道学院学报(社会科学版),2007(02):79-81.

[10]李明.不确定型多属性决策理论与方法研究[D].北京:华北电力大学(北京校区),2016.

[11]柳砚风,温素彬.敏感性分析在企业集团全面预算管理中的应用[J].会计之友,2017(24):132-135.

[12]李予晟.论企业现代化经营的战略[J].中国管理信息化,2016,19(19):99-100.

[13]任正非.华为的冬天[M].海天出版社,2015.

[14]孙天法.出口导向战略适宜性研究[J].行政事业资产与财务,2019(09):38-40.

[15]谭小芳,张伶俐.海尔集团战略演变与价值链管理研究[J].财会通讯,2020(08):107-112.

[16]王洋.企业经营战略创新的研究[J].现代营销(下旬刊),2018(03):129-130.

[17]吴晓.经济学[M].北京:北京理工大学出版社,2016.

[18]肖遨尘.中国的社会资本与内生经济增长[D].长春:东北师范大学,2017.

[19]肖艺.我国中小企业市场营销策略调整与创新研究[M].北京:中国经济出版社,2016.

[20]薛克鹏,张钦昱.经济法学[M].北京:中国政法大学出版社,2017.

[21]许晓冬.世界经济概论[M].武汉:武汉理工大学出版社,2017.

[22]尹长燕.企业经营战略与企业文化的"互动性"探析[J].商讯,2020(20):117-117.

[23]翟简.产业组织理论研究综述[J].合作经济与科技,2018(24):33-35.

[24]张海霞.浅谈托宾Q与投资关系的发展现状[J].经济研究导刊,2018(08):161-162.

[25]张维东.在市场经济条件下对完全竞争市场的分析[J].管理观察,2018(14):22-23.

[26]张衍飞.卢敏放:蒙牛集团 赢在未来[J].商业文化,2019(23):64-67.

[27]郑劼.北汽的"小目标"[J].汽车观察,2020(02):44-46.